臺灣史研究名家論集

（三編）

尹章義　林滿紅　林翠鳳

武之璋　孟祥瀚　洪健榮

張崑振　張勝彥　戚嘉林

許世融　連心豪　葉乃齊

趙祐志　賴志彰　闞正宗

蘭臺出版社

作者簡介（依姓氏筆劃排序）

尹章義　社團法人臺灣史研究會理事長、財團法人福祿基金會董事、財團法人兩岸關係文教基金會執行長。中國文化大學民國 106 年退休教授，輔仁大學民國 94 年退休教授，東吳、臺大兼課。出版專書 42 種（含地方志 16 種）論文 358 篇（含英文 54 篇），屢獲佳評凡四百餘則。

赫哲人，世居武昌小東門外營盤（駐防），六歲隨父母自海南島轉進來臺，住臺中水湳，空小肄業，四民國校、省二中、市一中畢業，輔仁大學學士，臺灣大學碩士，住臺北新店。

林滿紅　專攻歷史學，國立臺灣大學歷史學系學士與碩士、國立臺灣師範大學歷史研究所博士、美國哈佛大學歷史與東亞語文研究所博士；1990 年之後擔任中央研究院近代史研究所研究員與國立臺灣師範大學歷史學系教授，2008-2010 年間曾任中華民國國史館館長，2015 年迄今擔任中央研究院與陽明醫學大學合開人文講座課程兼任教授，2021 年轉任中央研究院近代史研究所兼任研究員；研究課題包括：近代中國或臺灣的口岸貿易與腹地變遷、晚清的鴉片觀與國內供應、十九世紀中國與世界的白銀牽繫、亞太商貿網絡與臺灣商人（1860—1961）、亞太歷史與條約：臺海，東海與南海等。

林翠鳳　臺灣彰化人。國立中山大學中文研究所博士，國立臺中科技大學應用中文系教授。曾任國立臺中科技大學應用中文系主任。主要研究方向：臺灣文學、民俗信仰等。著作：《陳肇興及其陶村詩稿之研究》《黃金川集》《鄭坤五及其文學研究》《施梅樵及其漢詩研究》等專書。主編《臺灣旅遊文學論文集》《宗教皈依科儀彙編》等十餘種。擔任《田中鎮志》《大里市史》《媽祖文化志》《登瀛書院簡史》等史志單元編纂。已發表期刊論文數百篇。

武之璋　河南孟縣（現孟州市）人，1942 年生，1949 年七歲隨父母赴台，淡江大學外文系畢業，曾經營紡織、營造業多年，從商期間自修經濟學，常發表財經論文，為當局重視，曾擔任台北市界貿易中心常務董事、行政院經濟改革委員會務顧問，多次參與台灣財經政策討論，後從商場退休，專心治學，範圍遍及中國近代史、台灣史及儒家學說，曾經出版《二二八真相解密》、《策馬入林》、《中庸研究》、《解剖民進黨》、《台灣光復日產接收研究》、《二二八真相與謊言》、《原來李敖騙了你》、《武之璋論史》、《外省人的故事》等書，近年

致力兩岸和平統一，強力反對民進黨文化台獨，並組織「藍天行動聯盟」，從文化、思想各方面與民進黨展激烈戰鬥。

孟祥瀚 國立中興大學歷史學系兼任副教授，國立臺灣師範大學歷史系博士，曾任臺灣古文書學會理事長。研究領域為臺灣區域史、臺灣原住民史、台灣方志學與台灣古文書研究等。主要關注議題在於清代與日治時期國家力量對於地方與族群發展的影響，如清末至日治初期，國家政策對於東台灣發展的形塑，清代封山禁令下番界政策對於中台灣東側番界開發的影響等。方志與古文書的研究，則是企圖透過在地生活的豐富紀錄，以思考與探討台灣基層社會運作的實際面貌。本書所收各篇，大致回應了上述的學思歷程。

洪健榮 臺灣臺南市人，籍貫澎湖縣。省立臺南一中畢業，輔仁大學歷史學系學士、清華大學歷史碩士、臺灣師範大學歷史博士。曾任僑生大學先修班、臺師大歷史學系、明志科大通識教育中心、中央大學歷史研究所、臺北科大通識教育中心、輔大歷史學系兼任教師、國立故宮博物院圖書文獻處助理研究員，現職國立臺北大學歷史學系教授兼海山學研究中心主任。主要研究領域為臺灣社會文化史、臺灣方志學、臺灣區域史、臺灣族群史，著有《龍渡滄海：清代臺灣社會的風水習俗》、《西學與儒學的交融：晚明士紳熊人霖《地緯》中的世界地理書寫》，發表相關學術論文五十餘篇，另曾主編《五股志》、《延平鄉志》、《新屋鄉志》、《續修五股鄉志》、《續修新竹縣志卷九·人物志》。

張崑振 1970 年生於台北木柵，成大建築系畢業，成大建築博士，現任北科大建築系副教授，兼文化部、台北市及地方政府文資委員。曾擔任北科大創意設計學士班創班主任 2005-2008、北科大建築系主任 2016-2019。專長為建築史與理論、傳統建築與風土、遺產與都市保存，二十多年來一直從事台灣文化資產的保存、修復研究工作，主持六十餘件古蹟、聚落、文化景觀、產業遺產、遺址等類型文化資產調查研究計畫，近年也擔任古蹟修復設計及再利用策展工作。近年著有 2020《再尋冷戰軌跡-臺糖南北平行預備線文化資產價值研究》、2016《找尋曾經艱困的時代輪廓》、2015《傳家—新埔宗祠的故事》、2015《關渡宮—宮廟與文化景觀》等書。

張勝彥 臺灣大學歷史學學士、碩士，日本京都大學博士。先後任東海大學歷史系教授、日本京都大學文學部外國人招聘教授、中央大學歷史研究所教授兼所長、日本私立關西大學經濟學部外國人招聘教授、臺北大學歷史系教授兼民俗藝術研究所所長、及人文學院院長等教職。此外曾任臺灣歷史學會會長、內政部古蹟評鑑小組委員、臺中

縣志總編纂、續修臺中縣志總編纂、續修臺北縣志總編纂等職。現為臺北大學兼任教授、續修新竹縣志總編纂。已出版之學術著作有《南投開拓史》、《清代臺灣廳縣制度之研究》、《認識臺灣（歷史篇）》、《臺灣開發史》、《台中市史》、《臺灣史》等著作。

戚嘉林　Dr. Chi Chia-lin，中國統一聯盟前主席，1951 年生於台灣（原籍湖北沔陽/仙桃），輔仁大學商學士、中國文化大學經濟研究所碩士、南非首都比勒陀利亞大學（University of Pretoria）國際關係學博士。台灣外事人員特考及格，任職駐外單位、退休后曾任中國統一聯盟主席、並在世新大學授課。現為《祖國》雜誌發行人兼社長，社團法人台灣史研究會理事長，著有《台灣史》《台灣二二八大揭秘》《李登輝兩岸政策十二年》《台灣史問與答》《謝南光-從台灣民眾黨到中國共產黨》，及主編《坎坷復興路》等書。

許世融　雲林縣口湖鄉人，1966 年生，臺灣師範大學歷史學系博士，現任臺中教育大學區域與社會發展學系副教授兼系主任。先後於嘉義農專、國空大、建國科大、清華大學歷史研究所擔任兼任講師、助理教授；陸續進行過科技部諸多專題研究案。2011-2013 年並參與京都大學經濟學部堀和生教授主持的「東アジア高度成長の史的研究—連論から東アジア論へ——」跨國研究計畫。主要學術專長：臺灣經濟史、社會史、族群史等。博士論文〈關稅與兩岸貿易（1895-1945）〉曾獲得彭明敏文教基金會臺灣研究最佳博士論文獎。

連心豪　福建省仙遊縣人，1954 年 3 月生於安溪縣文廟廖厝館，旋移居泉州市區。廈門大學歷史學碩士，歷任廈門大學歷史學系教授，廈門大學中國海關史研究中心主任，福建省連橫文化研究院院長，福建省文史研究館研究館員，中國海關博物館顧問。專攻中國近代海關史，兼治閩臺關係史、閩南民間信仰與譜牒學。著有《近代中國的走私與海關緝私》、《水客走水》、《中國海關與對外貿易》，主編《閩南民間信仰》、《福建連氏志》、《仙遊鳳阿阿頭連氏譜牒》等書。

葉乃齊　1960 年出生於嘉義。1982 年自文化大學建築系畢業，1987-1989年曾就讀於台灣大學土木研究所交通乙組，1989 年曾於文化大學造園景觀系兼任執教，1990-1993 年服務於行政院文建會，從事古蹟保存業務。1993 年就讀台灣大學建築與城鄉研究所博士班，2002年 7 月獲台大城鄉所博士學位，曾擔任南亞技術學院建築系專任助理教授及華梵大學建築學系專任助理教授。2005 年 8 月接任華梵大學建築學系主任、所長，於 2008 年 1 月卸任。曾參與王鴻楷教授主持之研究案有《澎湖天后宮之彩繪》等五案。及夏鑄九教授主

持之研究案有《新竹縣三級古蹟新埔褒忠亭整修計畫》等七案。專業研究規劃案有近二十五本著作，個人代表著作有博士論文《台灣傳統營造技術的變遷初探--清代至日本殖民時期》，碩論《古蹟保存論述之形成─光復後台灣古蹟保存運動》及近百篇論文與著述。

趙佑志　1968 年，臺北人，臺灣師範大學歷史系學士、碩士、博士。現任新北高中教師兼任學務主任、清華大學歷史研究所兼任助理教授、真理大學人文與資訊學系兼任助理教授、淡江大學師培中心兼任助理教授，曾參與《沙鹿鎮志》、《梧棲鎮志》、《桃園市志》、《續修臺北縣志》、《高中歷史教科書》的編纂。著有：《日據時期臺灣商工會的發展(1895─1937)》、《日人在臺企業菁英的社會網絡(1895─1945)》、《續修臺北縣志》卷八文教志、〈躍上國際舞臺─清季中國參加萬國博覽會之研究〉等近百篇論文。

賴志彰　臺灣彰化人，逢甲建築系學士，國立臺灣大學建築與城鄉研究所碩、博士，長期參與文化資產保存工作，從最早的內政部到目前幾個市縣的文化資產諮詢委員，深入研究霧峰林家的歷史與建築，研究臺灣地方民居（包括新北、桃園、苗栗、臺中縣、彰化、嘉義市等），碩博士論文攢研臺中市的都市歷史，研究過新莊迴龍樂生療養院、臺灣古地圖、佳冬蕭宅、彰化縣志的公共藝術與工藝篇等。目前服務於國立臺南大學文化與自然資源學系臺灣文化碩士班，擔任副教授，指導超過 180 篇以上的碩士論文。

闞正宗　1961 年出生於臺灣嘉義，成功大學歷史學博士。1985 年起年從事新聞編採工作，進而主持佛教出版社、雜誌社。長年從事佛教寺院及文物的田野調查，二十餘年間完成有關佛寺、人物田野調查專著、合著十餘冊。1996 年起先後出版《臺灣佛寺導遊》九冊、《臺灣佛教一百年》、《臺灣佛寺的信仰與文化》、《重讀臺灣佛教──戰後臺灣佛教（正續編）》、《臺灣佛教史論》、《中國佛教會在臺灣──漢傳佛教的延續與開展》、《臺灣日治時期佛教發展與皇民化運動──「皇國佛教」的歷史進程（1895-1945）》、《臺灣佛教的殖民與後殖民》、《臺灣觀音信仰的「本土」與「外來」》等學術著作。除臺灣佛教史研究之外，研究領域尚延伸至臺灣宗教、中、臺、日三邊佛教交涉、日本文化等研究領域。曾任法鼓佛教學院、玄奘大學宗教研究所兼任助理教授，現任佛光大學佛教學系副教授。

《臺灣史研究名家論集》——總序

　　《臺灣史研究名家論集》即將印行，忝為這套叢刊的主編，依出書慣例不得不說幾句應景話兒。

　　這十幾年我個人習慣於每學期末，打完成績上網登錄後，抱著輕鬆心情前往探訪學長杜潔祥兄，一則敘敘舊，問問半年近況，二則聊聊兩岸出版情況，三則學界動態及學思心得。聊著聊著，不覺日沉西下，興盡而歸，期待半年後再見。大約三年前的見面閒聊，偶然談出了一個新企劃。潔祥兄自從離開佛光大學教職後，「我從江湖來，重回江湖去」（潔祥自況），創辦花木蘭出版社，專門將臺灣近六十年的博碩士論文，有計畫的分類出版，洋洋灑灑已有數十套，近年出書量及速度，幾乎平均一日一本，全年高達三百本以上，煞是驚人。而其選書之嚴謹，校對之仔細，書刊之精美，更是博得學界、業界的稱讚，而海峽對岸也稱許他為「出版家」，而不是「出版商」。這一大套叢刊中有一套《臺灣歷史文化叢刊》，是我當初建議提出的構想，不料獲得彼首肯，出版以來，反應不惡。但是出書者均是時下的年輕一輩博、碩士生，而他們的老師，老一輩的名師呢？是否也該蒐集整理編輯出版？

　　看似偶然的想法，卻也是必然要去做的一件出版大事。臺灣史研究的發展過程，套句許雪姬教授的名言「由鮮學經顯學到險學」，她擔心的理由有三：一、大陸學界有關臺灣史的任務性研究，都有步步進逼本地臺灣史研究的趨勢，加上廈大培養一大批三年即可拿到博士學位的臺灣學生，人數眾多，會導致臺灣本土訓練的學生找工作更加雪上加霜；二、學門上歷史系有被社會科學、文學瓜分，入侵之虞；三、在研究上被跨界研究擠壓下，史家最重要的技藝——史料的考訂，最後受到影響，變成以理代証，被跨學科的專史研究壓迫得難以喘氣。另外，中研院臺史所林玉茹也有同樣憂慮，提出五大問題：一、是臺灣史研究受到統獨思想的影響；二、學術成熟度仍不夠，一批缺乏專業性的人可以跨行教授臺灣史，或是隨時轉戰研究臺灣史；三、是研究人力不足，尤其地方文史工作者，大多學術訓練不足，基礎條件有限，甚至有偽造史料或創

造歷史的情形，他們研究成果未受到學術檢驗，卻廣為流通；四、史料收集整理問題，文獻資料躍居成「市場商品」，竟成天價；五、方法問題，研究者對於田野訪查或口述歷史必須心存警覺和批判性。

　　十數年過去了，這些現象與憂慮仍然存在，臺灣史學界仍然充滿「焦慮與自信」，這些焦慮不是上文引用的表面問題，骨子裡頭真正怕的是生存危機、價值危機、信仰危機，除此外，還有一種「高平庸化」的危機。平心而論，臺灣史的研究，不論就主題、架構、觀點、書寫、理論、方法等等。整體而言，已達國際級高水準，整個研究已是爛熟，不免凝固形成一僵硬範式，很難創新突破而造成「高平庸化」的危機現象。而「高平庸化」的結果又導致格局小、瑣碎化、重複化的現象，君不見近十年博碩士論文題目多半類似，其中固然也有因不同學門有所創見者，也不乏有精闢的論述成果，但遺憾的是多數內容雷同，資料重複，學生作品如此；學者的著述也高明不到哪裡，調研案雖多，題材同，資料同，析論也大同小異。於是乎只有盡量挖掘更多史料，出版更多古文書，做為研究創新之新材料，不過似新實舊，對臺灣史學研究的深入化反而轉成格局小、理論重複、結論重疊，只是堆砌層累的套語陳腔，好友臺師大潘朝陽教授，曾諷喻地說：「早晚會出現一本研究羅斯福路水溝蓋的博士論文」，誠哉斯言，其言雖苛，卻是一句對這現象極佳註腳。至於受統獨意識形態影響下的著作，更不值得一提。這種種現狀，實在令人沮喪、悲觀，此即焦慮之由來。

　　職是之故，面對臺灣史這一「高平庸化」的瓶頸，要如何掙脫困境呢？個人的想法有二：一是嚴守學術規範予以審查評價，不必考慮史學之外的政治立場、意識形態、身分認同等；二是返回原點，重尋典範。於是個人動了念頭，很想將老一輩的著作重新整理，出版成套書，此一構想，獲得潔祥兄的支持，兩人初步商談，訂下幾條原則，一、收入此套叢書者以五十歲（含）以上為主；二、是史家、行家、專家，不必限制為學者，或在大專院校、研究機構者；三、論文集由個人自選代表作，求舊作不排除新作；四、此套書為長期計畫，篩選四、五十位名家代表

作，分成數輯分年出版，每輯以二十位為原則；五、每本書字數以二十萬字為原則，書刊排列起來，也整齊美觀。商談一有結論，我迅即初步擬定名單，一一聯絡邀稿，卻不料潔祥兄卻因某些原因而放棄出版，變成我極尷尬之局面，已向人約稿了，卻不出版了。之後拿著企劃書向兩家出版社商談，均被婉拒，在已絕望之下，幸得蘭臺出版社盧瑞琴女史遞出橄欖枝，願意出版，才解決困局。但又因財力、人力、市場的考慮，只能每輯以十人為主，這下又出現新困擾，已約的二十幾位名家如何交代如何篩選？兩人多次商討之下，盧女史不計盈虧，終於同意擴大為十五位，並不篩選，以來稿先後及編排作業為原則，後來者編入續輯。

　　我個人深信史學畢竟是一門成果和經驗累積的學科，只有不斷累積掌握前賢的著作，溫故知新，才可以引發更新的問題意識，拓展更新的方法、理論，才能使歷史有更寬宏更深入的研究。面對已成書的樣稿，我內心實有感發，充滿欣喜、熟悉、親切、遺憾、失落種種複雜感想。我個人只是斗膽出面邀請同道之師長友朋，共襄盛舉，任憑諸位自行選擇其可傳世、可存者，編輯成書，公諸同好。總之，這套叢書是名家半生著述精華所在，精彩可期，將是臺灣史研究的一座豐功碑及里程碑，可以藏諸名山，垂範後世，開啓門徑，臺灣史的未來新方向即孕育在這套叢書中。展視書稿，披卷流連，略綴數語以說明叢刊的成書經過，及對臺灣史的一些想法、期待與焦慮。

卓克華

2016.2.22 元宵　於三書樓

《臺灣史研究名家論集》——推薦序

《臺灣史研究名家論集》這套書本身就是一種臺灣史研究。其性質與意義，可以我擬編的另一套書來做說明。

相對於大陸，臺灣學界個性勝於群性，好處是彰顯個人興趣、自由精神；缺點是不夠關注該學科的整體發展，很少人去寫年鑑、綜述、概括、該學科的資料彙編或大型學人論著總集。

所以我們很容易掌握大陸各學科的研究發展狀況，對臺灣則不然。比如哲學、文學、社會學、政治學都各有哪些學派、名家、主要著作，研究史又如何等等，個中人也常弄不清楚，僅熟悉自己身邊幾個學校、機構或團體而已。

本來名家最該做這種事，但誰也不願意做綜述、概括這等沒甚創見的勞動；編名家論集嘛，既抬舉了別人，又掛一漏萬得罪人，何必呢？

我在學生書局時，編過一些學科綜述，頗嘗甘苦。到大陸以後，也曾想在人文與社會學科中，每學科選二十位名家，做成論文集，以整體呈現臺灣二十世紀下半葉的學術成果，遷延至今，終於未成。所以我看卓克華兄編成的這套《臺灣史研究名家論集》特有會心、特深感慨。

正如他所說，現在許多學科都面臨大陸同行的參與，事實上也是巨大的壓力。大陸人數眾多，自成脈絡。臺灣如果併入其數量統計中去，當然立刻被淹沒了。他們在許多研究成果綜述中，被視野和資料所限，也常不會特別關注臺灣。因此我們自己的當代學術史梳理就特別重要、格外迫切。

《臺灣史研究名家論集》從這個意義上說，本身就是一種臺灣學術史的建構。所選諸名家、各篇代表作，足以呈現臺灣史這個學科的具體內容與發展軌跡。

這些名家，與我同時代，其文章寫作之因緣和發表時之情境，讀來歷歷在目，尤深感慨。

因為「臺灣史」這個學科在臺灣頗有特殊性。

很多人說戒嚴時期如何如何打壓臺灣史研究，故臺灣史尟有人問津；

後來又如何如何以臺灣史、臺灣文學史為突破口，讓臺灣史研究變成了顯學。克華總序中提到有人說臺灣史從「鮮學變成顯學」，然後又受政治影響，成了險學，就是這個意思。

但其實，說早年打壓臺灣史，不是政治觀點影響下的說詞嗎？卷帙浩繁的《臺灣風物月刊》、《臺北文獻季刊》、《臺灣文獻季刊》、臺灣銀行《臺灣文獻叢刊》等等是什麼？《臺灣文獻季刊》底下，十六種縣市文獻，總計就有四億多字，怎麼顯示五十年代到八十年代中期政府打壓了臺灣史的資料與研究？我就讀的淡江大學，就有臺灣史課程，圖書館也有專門臺灣史料室，我們大學生每年參加臺灣史蹟源流會的夏令營，更是十分熱門。我大學以後參與鄉土調查、縣誌編撰、族譜研究，所感受的暖心與熱情，實在不能跟批評戒嚴時期如何如何打壓臺灣史研究的說詞對應起來。

反之，對於高談本土性、愛臺灣、反殖民的朋友所揭櫫的臺灣史研究，我卻常看到壓迫和不寬容。所以，他們談臺灣文學時，我發現他們想建立的只是「我們的文學史」。我辦大學時，要申辦任何一個系所都千難萬難，得提前一兩年準備師資課程資料及方向計畫去送審；可是教育部長卻一紙公文下來，大開後門，讓各校趕快開辦臺灣史系所。我們辦客家研討會，客家委員會甚至會直接告訴我某教授觀點與他們不合，不能讓他上臺。同樣，教師在報端發表了他們不喜歡的言論，各機關也常來文關切……。這時，我才知道有一個幽靈，在監看著臺灣史研究群體。

說這些，是要提醒本叢刊的讀者：無論臺灣史有沒有被政治化，克華所選的這些名家，大抵都表現了政治泥沼中難得的學術品格，勤懇平實地在做研究。論文中匕鬯不驚，而實際上外邊風雨交加。史學名家之所以是名家，原因正要由此體會。

但也由於如此，故其論文多以資料梳理、史實考證見長。從目前的史學潮流來看，這不免有點「古意盎然」。他們這一輩人，對現時臺灣史研究新風氣的不滿或擔憂，例如跨學科、理論凌駕史料、臺灣史不盡

為史學系師生所從事之領域等等，其實就由於他們古意了。

　　古意，當然有過時的含義；但在臺灣，此語與老實、實在同意。用於臺灣史研究，更應做後者理解。實證性史學，在很多地方都顯得老舊，理論根基也已動搖，但在臺灣史這個研究典範還有待建立，假史料、亂解讀，政治干擾又無所不在的地方，卻還是基本功或學術底線。老一輩的名家論述，之所以常讀常新，仍值得後進取法，亦由於此，特予鄭重推薦。

　　　　　　　　　　　　　　　　　　　　　龔鵬程

《臺灣史研究名家論集》──推薦序

臺灣，在許多大陸人看來是一個地域相對狹小、自然資源有限、物產不夠豐富、人口不夠眾多且孤懸於海外的一個島嶼之地。對於這座寶島的歷史文化、社會風貌、民間風俗以及人文地貌等方面的情況知之甚少。然而，當你靜下心來耐心地閱讀由臺灣蘭臺出版社出版的《臺灣史研究名家論集》（已出版三編）之後，你一定會改變你對臺灣這個神奇島嶼的認知。

《臺灣史研究名家論集》到目前為止，已經輯錄了近五十名研究臺灣史的專家近千萬字的有關臺灣史的研究成果。這些研究成果大都以臺灣這塊獨特的地域空間為載體，以發生在這塊神奇土地上的歷史事件、人物故事、社會變遷、宗教信仰、民間習俗、行政建制、地方史志、家族姓氏、外族入侵、殖民統治、風水習俗以及建築歷史等等為研究內容，幾乎囊括了臺灣的自然與社會生活的方方面面。例如，尹章義的《臺灣移民開發史上與客家人相關的幾個謎題》，林滿紅的《清末臺灣與我國大陸之貿易型態比較（1860-1894）》，林翠鳳教授的《臺灣傳統書院的興衰歷程》，武之璋先生的《從純史學的角度重新檢視二二八》，洪健榮的《明鄭治臺前後風水習俗在臺灣社會的傳佈》，張崑振的《清代臺灣地方誌所載官祀建築之時代意義》，張勝彥的《臺灣古名考》，戚嘉林的《荷人據台殖民真相及其本質之探討》，許世融的《日治時期彰化地區的港口變化與商貿網絡》，連心豪的《日本據臺時期對中國的毒品禍害》，葉乃齊的《臺灣古蹟保存技術發展的一個梗概》，趙佑志的《日治時期臺灣的商工會與商業經營手法的革新（1895─1937）》，賴志彰的《台灣客家研究概論─建築篇》，闞正宗的《清代治臺初期的佛教（1685-1717）──以《蓉洲詩文稿選集》、《東寧政事集》為中心……

上述各類具體的臺灣史研究，給讀者全面、深刻、細緻、準確地瞭解臺灣、認知臺灣、理解臺灣、並關注臺灣未來的發展，提供了「法國年鑑學派」所說的「全面的歷史」資料和「完整的歷史」座標。這套叢書給世人描摹出一幅幅臺灣社會、文化、經濟、生態以及島民心態變遷

的風俗畫。它們既是臺灣社會的編年史、也是臺灣的時代變遷史，還是臺灣社會風俗與政治文化的演變史。

《臺灣史研究名家論集》在史學研究方法上借鑒了法國年鑒學派以及其他現代史學流派的諸多新的研究方法，給讀者提供了新的研究視角，使得史學研究能夠從更加廣闊、更加豐富的空間與視角上獲取歷史對人類的啟示。《臺灣史研究名家論集》的許多研究成果，印證了中國大陸著名歷史學家章開沅先生對史學研究價值的一種「詩意化」的論斷，章開沅先生曾經說過，「**從某種意義上說，史學應當是一個沉思著的作者在追撫今夕、感慨人生時的心靈獨白。史學研究的學術的價值不僅在於它能夠舒緩地展示每一個民族精神的文化源流，還在於它達到一定境界時，能夠闡揚人類生存的終極意義，並超越時代、維繫人類精神與不墮……**」

閱讀《臺灣史研究名家論集》，能夠讓讀者深切感受到任何一個有限的物理空間都能夠創造出無限的精神世界，只要這塊空間上的主人永遠懷揣著不斷創造的理想與激情。我記得一位名叫唐諾（謝材俊）的臺灣作家曾經說過，由於中國近代歷史的風雲際會，使得臺灣成為一個十分獨特的歷史位置。「**在很長一段時間裡，臺灣是把一個大國的靈魂藏在臺灣這個小小的身體裡面……**」，的確，近代以來的臺灣，在某種程度上來講成就驚人。它誕生過許多一流的人文學者、一流的史學家、一流的詩人、一流的電影家、一流的科學家。它曾經是「亞洲四小龍」之一。

臺灣之所以能夠取得如此驚人的文化成就，離不開諸如《臺灣史研究名家論集》裡的這些史學研究名家和**臺灣蘭臺出版社**這樣的文化機構以及一大批「睜眼看世界」的仁人志士們持之以恆的辛勤耕耘和不畏艱辛的探索。是這些勇敢的探尋者**在看得見的地域有限物理空間拓展並創造出了豐富多彩的浩瀚精神宇宙。**

為此，我真誠地向廣大讀者推薦《臺灣史研究名家論集》這套叢書。

王國華　2021 年 6 月 7 日於北京

《臺灣史研究名家論集》——編後記

　　我在〈二編後記〉中曾慨嘆道，編此《論集》有三難：邀稿難、交稿難、成書難。在《三編》成書過程中依然如此，甚且更加嚴重，意外狀況頻頻發生，先是新冠肺炎疫情耽誤了近一年，而若干作者交稿、校稿拖拖拉拉，也有作者電腦檔案錯亂的種種問題，也有作者三校不足，而四校，五校，每次校對又增補一些資料，大費周章，一再重新整理，諸如此類狀況，整個編輯作業延誤了近一年，不得已情商《四編》的作者，將其著作提前補入《三編》出版，承蒙這些作者的同意，才解決部分問題。

　　如今面對著《三編》的清樣，心中無限感慨，原計畫在我個人退休前將《臺灣史研究名家論集》四輯編輯出版完成，而我將於今年（2021）七月底退休，才勉強出版了《三編》，看來又要耗費二年歲月才能出版《四編》，前後至少花了十年才能夠完成心願，十年，人生有多少個十年？！也只能自我安慰，至少我為臺灣史學界整理了乙套名家鉅作，留下一套經典。

卓克華　　于三書樓

2021.6.7

武之璋

臺灣史研究名家論集

蘭臺出版社

目　錄

參、臺灣史考察

談古論今：大歷史角度觀文明發展

自從我從事歷史研究以來：

西方學者認為，歷史都是勝利者寫的。

英國史學家克林伍德說歷史是百分之百的科學。

克羅齊說一切真歷史都是當代史。

中國學者如唐朝劉知幾的歷史研究方法提出的史學、史才、史識。

清章學誠的觀點「整輯排比謂之史纂，參互搜討謂之史考，皆非史學。」

這些觀念一直在我心中糾結不休。時而感到融會貫通，時而覺得其中尚有矛盾。

在研究的過程之中漸漸感覺到幾十年的商場經驗對研究史學而言非常有參考價值。

我從商資格甚老，經歷過蔣介石時代，蔣經國時代，一直到馬英九執政後期退休。

我目睹台灣從貧窮到富裕，到衰敗。其中轉變從歷史的角度去觀察、解釋，許多史學問題得到啟發，許多歷史因果得到印證。

累積史學方法及對台灣社會的觀察，我提出一些對於歷史研究我的心得，跟讀者分享。

一，歷史當然是一門科學

在過去歷史不是科學或歷史不是純科學是因是其一，很難掌握正確的史料其二，歷史的評論沒有一個標準。

但是隨著人類文明的發展，兩個問題都會解決。因為科技的進步，政府檔案制度的健全等原因，掌握正確的史料已經不是問題；隨著人類文明的發展，地球村的逐漸成形，普世價值的建立，許多標準漸逐一致。

歷史成為一門純科學或許還有一段遙遠的路程，但是追求歷史走向科學應該是我們每一個歷史研究者的信念與責任。

二，歷史絕不是勝利者寫的：

中國是全世界古文明中最喜歡歷史的民族。中國早期宮廷即有設有

史官，中國一直有優良的史官傳統，所謂的在齊太史簡，在晉董孤筆。

　　中國史官的主要任務是保存史料，而且在唐朝李世民以前有「天子不看起居注」的傳統，原因是怕史官不敢秉筆直書。許多史書是亡國以後，前朝遺老配合新朝史官編修的，此時前朝帝王早就灰飛煙滅，對修史者已經毫無影響力了。修史者沒有隱惡的理由。

　　即使當朝撰寫的史書，如同司馬遷的史記，陳壽的三國誌，對於本朝君王的批評往往也不留情面。

　　何況漢朝以後修史因為有大量官方檔案可稽查證，所以帝王左右史官或篡改資料或偽造史料都很困難。即使篡改史料也逃不過史家法眼。如宋高宗、明成祖都有篡改歷史或偽造史料的紀錄，但是這偽史經過檔案比對、追索都會還原真相，因為相關的檔案及當朝的史料數量龐大，不可能銷毀或篡改所有的檔案。

　　現代人修史多根據官方檔案。今日之檔案皆當年之公文也，公文之保留與否或解密時間多根據檔案法。當年批公文者不會想到今日之公文有朝一日成為史家檔案資料，故沒有作偽之動機。今日檔案相關人物可能都已經不在人世。所以史家可以完全公正客觀地修史。

　　由以上分析，歷史從古迄今都不是勝利者寫的。勝利者的威權是一時的，史家的褒貶是史家行使的獨立特權。

　　根據中國傳統文化的傳統，知識分子相信歷史之譴責嚴如斧鉞。在大量的資料面前史家是檢察官，史家可以對人犯（歷史人物）做缺席審判。

　　三，我也認為真歷史是永遠的現代史，因為文明永遠在進步，許多是非的標準也常變動，審視歷史事件的因果關係以及視野角度的寬度也迭有變化。也就是說回顧、檢討歷史的標準也不斷在變。

　　如唐朝以前學者評秦始皇幾乎都是負面的，嚴刑峻罰、焚書坑儒、修萬里長城等，幾乎沒有一句好評。但是到了唐朝大家漸漸注意到秦始皇書同文車同軌以及郡縣制度對中國政治的影響。又如宋朝歷來中國人談到宋朝，一定會批評宋朝重文輕武，積弱不振。但是史學家跳脫富國

強兵不是唯一的標準以後，赫然發現，宋朝是一個偉大的朝代。無論文化、經濟、科技甚至老百姓的幸福指數都是全球之冠。即使以軍事而論宋朝都不是弱國。蒙古大軍橫掃中亞，所向披靡。只有宋朝堅決抵抗到底。蒙哥汗戰死四川釣魚城下。宋人堅守釣魚城達三十六年之久。

　　蒙古人征服中國整整花了四十多年，可見宋朝在軍事上並非弱國。而史學家一直到近代才對宋朝有不同以往的評價。所以換句話說所有的真歷史都是當代史這句話是成立的。清朝學者趙翼詩曰：「預支五百年新意，到了千年又覺陳」最能闡明這個觀點。

　　一個史學工作者必須具備法官的大公無私的品德以及勿縱勿枉的求真精神，這種精神中國人謂之史德。唐史學理論家就提出史德的概念，研究歷史要「心正氣平」，否則會寫出一堆穢史。

　　劉知幾史學、史才、史識以及章學誠史德的概念與西方史學家的觀點其精神實有貫通之處，其中也有互補之處的空間。台灣的史學界不是正有一批「苟欲取悅當代，逐乃輕侮前朝」（唐劉知幾史通）「教授」正在誤導我們的下一代嗎？這本書的出版希望能讓歷史回歸學術，教授們也不要再做政客的打手，因為你們的作為也是歷史，將來也逃不過史家的有罪判決。

從純史學的角度重新檢視二二八

二二八是個大悲劇，但是這段歷史從國民黨諱疾忌醫的避談階段突然跳到被民進黨當成政治鬥爭工具，二二八的歷史真相非但混沌不明，而且藍綠雙方各自為了政治考量，共同把二二八解讀成「種族滅絕」、「國家大屠殺」，而老百姓的行為是「官迫民反」、「偉大的、神聖的起義」，在歷史上可媲美「黃花崗」起義……。

解嚴以後，我們從大量的官方資料可以發現事實並非如此，所以我建議我們從幾個不同的方向、角度來探索二二八的真相，拋開政治立場，用純學術的角度重新解讀二二八這段歷史，我的建議如下：

一、徹底檢討陳儀的功過，以當時的中國情勢，陳儀治臺的理念是不錯的，尤其把臺灣跟大陸的金融貨幣體系脫勾，以及帶來大批財經人才像任顯群、孫運璿、嚴家淦等。把二二八的帳算到他頭上，陳儀對臺灣都可能功大於過。

二、葉得根、傅學通當時在執行公務，整個事件的經過，以今天的法律標準，傅學通是否犯了死罪？整個審判過程及判決是否合法？合理？公正？

三、由政府明令，褒揚那些冒了生命危險保護拯救外省同胞的善良本省人，假如政府不願意做，那麼由本人做專題研究並公諸社會大眾。

四、參與暴動的臺人應該找出一些真正的暴徒，這些暴徒打殺無辜外省同胞，或乘機奪取財物，被判死刑死有餘辜，而不是一味的將所有參加暴亂的人都冠以被害者、悲劇英雄的美名。

五、處委會的三十二條主張是否過頭了？而變成「民迫官反」？

六、二二八前軍紀真的很敗壞嗎？敗壞到什麼程度？具體的證據在那裡？二二八前臺灣社會發生過多少件軍人違紀的事件？多少人被判軍

法？軍紀壞到官迫民反的地步嗎？

七、國民黨政府的官員之中哪些人該負濫權濫殺的罪行。

八、中外檔案資料之比對，並挑出偽造不實之資料，以免繼續誤導研究者或被政客利用。以上是我的建議，謹供大家參考。

從歷史方法學的角度
檢視臺灣二二八歷史著作

人類文明的進化先有史學，後來產生歷史方法學，中西皆然。中國史學方法成為一門獨立的學問，始自唐朝劉知幾的《史通》，《史通》是世界第一部有系統談論史學方法的書。第二部談史學方法的書是清朝章學誠的《文史通議》。時間是《史通》問世後一千年。西方一直到十九世紀才開始發展史學方法論。

史學方法論發展到今天，非但已成為一門獨立的學問，而且日趨專精，可謂百家爭鳴、琳瑯滿目。本文不擬對史學方法做深入的討論，而只想從史學方法的基本常識來檢視臺灣學術界對臺灣史的一些問題。

一、絕對證據主義：歐洲在一百年前的法學家就提出「絕對證據主義」理論，證據有一點瑕疵都不可入人於罪。史學亦然，所謂「有一分證據說一分話」，資料不足時只能根據已有之資料暫做假設。如有新證據出土，應立刻根據新證據修正錯誤。如長久以來史學懷疑孫臏就是孫子，孫子就是孫武，而孫子兵法就是孫臏所作。錢穆就認為孫臏就是孫子，《孫子兵法》是孫臏的作品，並對此做了大量考據。但是大陸一考古學家在山東發現了一部漢代竹簡《孫臏兵法》有一萬一千多字，內容與《孫子兵法》不同。地下文物的出土，證明了許多史家的考據是錯的，新資料證明，孫子、孫臏是兩人，孫子兵法有兩部。

二、新方法推翻老方法：治史方法不停的在進步，歸納法不但彌補了演繹法的缺點也導正了許多演繹法的錯誤。科學的進步許多高科技也被應用在史學界研究。如古文明的時間、年代等問題對考古學而言是一個痛苦的題目，考據時間，年代要引用大量的資料比對，結果不見得正確，但是發明了碳十四測定法以後，無論古人類遺骸，或古器物年齡之推算就相對準確得多了。又如人類之起源、多元說、一元說一直爭論不休，爪哇人、北京人、尼安德塔人，曾經被認為是歐洲人、中國人的祖先。

經過 DNA 人類圖譜的完成，誰也沒想到我們居然是一家人，都是六萬年前非洲移民。歷史方法學不斷的改進，歷史也要不停地被改寫。

　　三、避免泛道德主義：褒貶歷史人物應從歷史人物對歷史文明的影響是否屬於正面以及不可用今日之標準來衡量古人等基本原則。把歷史人物二元化，強調好人、壞人是很幼稚的想法，以二二八為例：把當時二二八政府的處置說得一無是處；把處委會的作為、老百姓的動亂認為一點錯都沒有；把參加與二二八的臺灣人一律視為英雄，烈士；把政府官員一律視為貪官汙吏，不但背離事實，而且也背離了基本證據原則。從法院的檔案，我們發現許多人被判刑，罪名是「搶劫」是罪有應得，用「泛道德主義」，用「二分法」來寫歷史是笑話。

　　四、判別資料真偽的能力：研判史料的真偽是一個史學家的必備功力，研判史料的真偽除了核勘、比對等基本功夫以外，邏輯訓練也是基本功夫之一，如對二二八官方檔案的真偽之辨，去懷疑大量地方鄉鎮、公所、學校、事業單位的檔案真偽是很愚蠢的事、因為他們層級太低，沒有作偽的動機、數量太大沒有作偽的可能。

　　坊間看到有關二二八的著作，幾乎完全違背上述史學方法。他們完全無視於解嚴以後大量官方資料，或者選擇性的引用官方資料。完全不理會暴民打殺外省老弱婦孺的罪行；完全無視當時各地蜂起的反抗組織，單位之多、分子之複雜，滿街自封總司令、總指揮之類的大官，「新華民國」也封了一大堆文武百官。各地軍方、警方武器損失調查表等等一手資料的出現，還把二二八定調成「官逼民反」，把暴民的主張視為「單純的政治改革」，把軍事鎮壓視為「國家大屠殺」，軍人殺「手無寸鐵的百姓」。這些文字都忽略了史學方法最基本的證據原則，當然也無視於新證據推翻舊論述的原則。

　　當年二二八參與者的分子包括不識時務的書生、皇民奉公會的走狗、大陸返臺的「臺灣歹狗」—日軍翻譯、地方角頭、逃亡日軍，他們的行為打殺外省人、搗毀機關學校。二十一師登陸後大多數的反抗組織聞風

而逃，後來治安恢復以後不少人搖身一變成為軍警單位的線民，或為報私怨或邀功求償出賣誣陷臺灣人。這些人、事，可以說鐵證如山。根據這些證據來評斷二二八，無論如何二二八都不能算革命，都不能算起義。革命、起義要有一個偉大的、共同的理想，而二二八的目標是模糊的、是不統一的。一場起義向權力挑戰，總要有幾個烈士吧！照綠色學者的論述，受難者全是冤死的，沒有人要革命、要造反，既是冤死何來烈士，既無烈士如何能稱之謂革命？

　　綜觀目前坊間大多綠色學者的二二八著作如何從歷史方法的角度來檢視，包括陳翠蓮的《派系鬥爭與權謀政治－二二八悲劇的另一面相》，都不及格，用方法學的角度去批評二二八歷史著作。如同要一個大學教授用修辭學的標準去改小學生的作文一樣，有無從改起之嘆，一篇小學生寫的作文錯字連篇、文法不通、語意不清。這些問題都是基本國文程度問題，其實與修辭學無關。在臺灣坊間看到的二二八歷史莫不如此。

　　大多數的二二八文章非但立場偏頗，而且選擇性的引用資料，如大量引用粗製濫造的口述歷史，而不是重視國家檔案，或選擇性的引用資料，如引用楊亮功報告批評長官公署、批評柯遠芬的部分，而絕口不提有關柯遠芬指責暴民暴行的部分。大量引用唐賢龍指責官方的文字而絕口不提唐賢龍文中臺灣人殺外省人的記載，這種選擇性的引用資料其目的不在寫歷史，而只不過是找「罪證」，先認定有罪，再找罪證不是歷史家的工作，是預設定見檢察官的工作，用史學法的標準去評論這種故意入人於罪的檢察官，是牛頭不對馬嘴，是一件很滑稽的事。就好像大學教授用修辭學的標準去改小學生的作文一樣。這是一種荒唐到極點的無奈，我們不幸就生活在這樣的一個「無奈」的島上。

二二八歷史資料分類、分析、研究

　　二二八事件距今七十多年，作為一個歷史事件時間是很短的，許多當事人依然健在，解嚴以後各種檔案史料大量出現，照理講二二八應該真相大白才對。但是很遺憾的是非但真相更令人撲朔迷離，而且看不到一部客觀的、立場不偏頗的、沒有意識形態的歷史的著作，非但如此，二二八這段歷史被政治人物歪曲塑造成綠營的政治籌碼，坊間有關二二八的文字讀來完全不像歷史，而像國民黨執政時代的文宣作品，對臺灣學術界，尤其史學界的墮落感到悲哀。悲哀之餘不禁使人想到一千多年前唐代大史學家—劉知幾先生建構的史學理論，在劉知幾先生的名著《史通》中說歷史失實的原因有：

　　一、著史者懾於當權者的權威，不敢振筆直書：最常見的現象是隱匿當權者的罪惡，另外一種現象是誇大醜化前朝的罪過，在〈編次篇〉說：「苟欲取悅當代，遂乃輕侮前朝。」，臺灣政黨輪替，「李規扁隨」的結果，對臺灣政治、文化、社會、各層面的影響之大，跟古時改朝換代並無太大區別，所以風派學者為討好當代遂乃「輕侮前朝」。

　　二、修史者全憑一己之好惡，而全無是非之心，劉氏舉北齊魏收所修《魏書》為例：「……其撰《魏書》也諂齊則輕仰關右，黨魏則深誣江外，愛憎出於方寸，與奪由其筆端……。」回顧今天臺灣寫二二八歷史的學者，又何嘗不是如此，為了替自己的立場論述找證據，對堆積如山的檔案、公文視而不見，而採信旁觀者的道聽途說之詞。

　　三、對於記述不同的資料不去嚴格求證其真偽。這種情形在二二八事件的記述矛盾、相反之處非常之多，在沒有經過嚴格分析、比對、求證的情形下不可隨便引用，而臺灣的問題尤有甚者，往往執筆者根本不願意作分析、比對、求證的工作，而是選擇性的採用資料。

　　總之從事歷史工作的人，首先心中不能有成見，不能有好惡之心，

不能預設立場，否則你應該去從政，去做某黨的文宣工作，其次你要有分析、辨識、解讀原始資料的基本訓練，否則沒有能力辨識材料真偽，焉能求得歷史真相？同時更重要的要有宏觀的史識，否則其結論往往是令人啼笑皆非，甚至貽笑大方的，比如，李筱峰著《解讀二二八》中，第五十九頁引述當時行政院長官公署公布之「臺灣物價統計月報」自一九四六年一月到一九四七年二月臺北市主要物價上漲情況來證明當時臺灣同胞的遭遇是多麼可憐。其中米上漲三點八八倍，麵粉上漲四點三七倍，白糖上漲最多二十一點三三倍。但是熟悉那段歷史的人都知道，這個數字，相對的比當時中國大陸、日本以及全世界大多數的國家，好太多了。同時也可以證明陳儀的財經措施，將臺灣在大陸經濟全面崩潰時的衝擊壓到最低。

有關如何判讀二二八史料的部分我們在此做一點分析探討：

一、國家檔案部分，其中又可分：

中央部分：蔣介石直接介入部分、蔣介石與陳儀之間函電、蔣介石南京總理紀念周二二八事變報告、蔣介石對二十一師劉雨親卿諭令「監察院、行政院、大溪檔案、省級以下檔案、縣市政府、各縣市警察局、各公營事業單位檔案、各級地方法院檔案、中央警特系統檔案、國防部警總、中統，軍統憲兵司令部等」。

二、報紙有關報導：當時大陸及臺灣的許多報紙都競相報導二二八有關新聞，這些報導是研究二二八的珍貴的資料。有《新生報》、《中央日報》、《文匯報》、《申報》、《藍世報》、《全民報》、《新聞報》、《泉州日報》、《南京建設日報》、《聯合報》、《太平洋日報》、《中國時報》、《自立晚報》、《自由時報》、《臺灣時報》等多家報紙。

三、國外資料：美國、英國駐臺領事館對該國大使館、外交部報告、美國駐臺領事館副領事柯爾回憶錄、外國在臺傳教士商人回憶錄。

四、當事人回憶錄，口述歷史等。

　　以上已公開的資料經過仔細研讀，我們發覺可信度最高的反而是官方檔案，可信度較低的是民間當事人之回憶錄或口述歷史，最不可靠的是國外資料，其所以如此，我們分析原因如下：

　　A、當年國府因為史迪威事件，蔣介石與美國政府交惡，後來更因為馬歇爾來華調停國共衝突不果，致使中美關係陷入低潮，美國朝野對國府蔣介石十分不友善。這種態度影響到英國等友邦，故在二二八期間，美國領事館副領事柯爾，鼓勵並支持臺獨人士，並在二二八處委會給美英兩國電文中刪去「軍隊繳械」、「要求獨立」的部分，為臺獨分子爭取國際同情。又如美國駐中國大使館武官致參謀處的報告「周末小型槍聲不斷，到三月十一日槍聲密集程度降低。陳儀宣布此係流氓及共產主義所為，但唯一可見的開槍者是軍隊。」，這是明顯的胡扯，三月十二日起北部已經平靜，而且尚在戒嚴，何來槍聲？除非你親臨戰場，否則你如何得知只有軍隊開槍？又如《紐約時報》引述美僑在臺所見：「沒有武裝的臺灣人，三月四日接管市政（外省官員都溜了）秩序良好……不久來了一大隊兵沿街拿機槍掃射……」，請問老百姓沒有武器，依當時情形，如何接管市政？總之當時友邦領事館的報告對整個中國國際關係的影響甚大。這種報告及公文書中對暴民的動亂深表同情及支持，而誇大國府及陳儀的無能及罪行，其史料價值必要審慎評估，至於國際媒體如《國際前鋒論壇報》、《紐約時報》之報導多偏頗不實，至於在臺商人、傳教士的回憶錄多屬「見人就殺」、「滿街屍體」之類的形容詞，只有參考價值絕不直接當作史料。

　　B、大量的政府檔案出現意味著真相漸漸明朗，雖然真相可能不如部分「早有定見」的學者的希望，但是史料畢竟是史料。面對這些史料，豈能視而不見，裝聾作啞。

　　官方資料可信度高，原因如下：

　　一、單位太多作假不易：

　　目前可見的檔案，包括：內政部、立法院、監察院、警備總部、憲

兵司令官、中統、軍統、保密局、各縣市政府、各地方警察局。其檔案可分為事變報告（呈上級）、傷亡損失統計表、評述、檢討建議等，評述檢討等檔案可能有爭功諉過之嫌而不必盡信，但是事變經過、人、時、事、地、傷亡統計、財物損失統計應視為原始資料，應無作假的可能，有假也易於比對，更何況上述單位那麼多，有的並無隸屬關係，即使作假也不可能逃過今天史家的法眼。

二、沒有作假的時間：

上述單位尤其是軍、情單位，從二月二十七日至三月底幾乎每天都有報告給中央，以時間論，根本沒有申供作假的時間。

三、大部分檔案沒有作假的動機：

二八八當時在中央的認定是叛亂，當時參與其事的官員自認為是平亂，平亂以後自認為是有功，自認有功的情況下，有些事情是沒必要說謊的。如傷亡人數民間的說法從數千人到數萬人都有。我們判斷在二十一師登陸前，臺灣因兵力不足，政府機關或或軍方大多是被攻擊或防守的一方，二十一師登陸後情勢逆轉，大量死亡人數應該在二十一師登陸到清鄉結束這一段時間，但是我們請看：

二二八事變斃俘自新暴徒統計表			
單位	擊斃	俘虜	自新
臺北綏靖區	11	51	5
基隆綏靖區	19	22	46
新竹綏靖區	3	17	91
中部綏靖區	7	19	2,818
南部綏靖區	0	384	0
東部綏靖區	3	92	62
總　　計	43	585	3,022

清鄉後斃俘自新暴徒統計表，赫然發現死亡四十三人，被俘五百八十五人，對照民進黨政府的二二八基金會受難人數統計資料，向政府申請得到補助的只有六百七十三人。

四、當年的國民黨政府是一種鬆散的專制政府，國民黨統制綿密是

蔣經國來臺後培養大批政戰人員，安插到各單位以後的事。二二八那個時代國民黨想大規模變造歷史，恐怕也無此能耐。我們都知道古今中外軍人沒有不謊報戰功的，二次大戰據統計，同盟國、軸心國的戰報將雙方宣稱的敵人死人數加起來超過當時全球人口總數，可見戰報誇張不實到什麼程度，但是我們看看二二八清鄉戰報，每天死傷人數多以個位計，總數也不過死四十三人。死四十三人有什麼功勞可言，顯見這些數字是相對可信的。何況誰又料到歷史的轉折，二二八從「暴亂」變成「起義」呢？所以死人數也沒有縮水的可能，我們有充分理由相信檔案資料，尤其是數字的部分。至於當時的軍政首長的回憶錄，對上級報告的評述、檢討、建議部分因事關當事人的責任，當然不可輕信。

　　五、當事人回憶錄，口述歷史：

　　當年參與其事的人物或受害者的口述歷史，是偏民進黨的學者最常引用的資料，尤其是民間的資料，民進黨學者幾乎不加審查一律採信，但是經過比對口述歷史的資料錯誤百出，如口述歷史多把二十一師登陸時間說成三月八日，實際登陸時間為三月九日。

　　口述歷史及回憶錄不可盡信的原因如下：

　　A、涉及當事人責任問題，難免為了爭功諉過而有誇大、隱飾之處。

　　B、即使當事人身歷其境，但是他們瞭解的往往是局部而非全貌。

　　C、記憶受時間、情緒、立場影響而有失真，不實或錯誤之處。如「千呼萬喚始出來」的張學良口述歷史出版以後學術界大失所望，就是一例。

　　當年報紙資料：

　　《藍世報》三十六年三月二十三日—臺灣事變後福州旅臺者紛紛逃回。「查福綏商船中搭客，頗多已受臺灣流氓毆打或刺傷者，內有一人身受八刀……割耳傷鼻剖腹分屍……。」

《全民報》三十六年三月二十三日—汕籍公務員逃難歸談臺灣事變慘象。「據甫自臺灣逃離抵廈回汕之公務員目擊事變慘象，令人怵目驚心……。」

《中央日報》三十六年三月二十六日—飽歷臺變驚險外省人續返榕廈。「鳳山輪作由臺抵榕載來旅客三百餘人，多係旅臺榕籍公教人眷屬……彼等在二二八事變中飽受驚險，據云刻在基隆侯輪返閩者，尚有萬餘人。」

由上述報紙之報導可見外省人驚恐的程度，也讓我們瞭解到二二八事件為什麼聽不到外省人的聲音，原來許多人在飽受驚嚇之後逃回大陸，從此不敢再回臺灣了。這些資料跟各地方縣市政府、事業單位、警察局暴民打殺搶奪的大量檔案，都是二二八的一部分，對這些檔案料如何解讀？無論如何解讀，都不可視而不見，或僅記載而不加解釋。

從檔案看蔣介石的責任問題：

民進黨的學者對二二八的結論之一是二二八是進行式，因為大屠殺的元凶尚未現形，幕後的劊子手還沒現形，原凶是誰？蔣介石也。解嚴資料開放以後民進黨學者，以上窮碧落下黃泉的精神，拼命找蔣介石的罪狀證據，但是我們從所有跟蔣有關的檔案資料，蔣與陳儀、陳誠、劉雨卿、桂永清、白崇禧、楊亮功之間的函電手諭等內容看來，實在看不出有直接證據證明蔣是大屠殺的原凶，是幕後的劊子手，相反的從檔案顯示，蔣介石對事變後之處理並無不當之處。茲節錄那段時間蔣對部下之函電手諭內容：

二月蔣主席致陳儀蒸電：「臺省軍務主管不變更，繼任人選不必擬議，據報共黨分子已潛入臺灣，漸起作用，此事嚴加防制，勿令其有一個細胞遺禍將來。」

三月蔣主席致陳儀齊電：「基隆與臺北情況，每日朝夕作三次報告。」

三月十三日蔣主席致陳儀元電：「嚴禁軍政人員施行報復，否則以

抗令論罪。」

三月十九蔣主席致白崇禧電：「據劉師長電稱：我軍一營，追擊至埔里地方，被匪包圍激戰中云。特別注意軍紀，不可拾取民間一草一木，不許敗壞軍紀。」（見附錄）

對於像蔣介石這樣的歷史人物，其一生功過，至今蓋棺尚未論定，但以常理論其一生，不可能所做所為一無是處，二二八蔣的處置可能有錯，但是證據在那裡？何況綜觀蔣的一生，比較那個時代的政治人物，「殘暴」並不是蔣的最大缺點，蔣一生除了對共產黨不手軟之外，蔣對政敵都很「仁慈」，如蔣對馮玉祥、閻錫山、李宗仁等一再叛變的軍頭都一再曲予優容，並對不肯與日軍合作的段祺瑞、吳佩孚死後給予國葬，都證明了蔣有一個政治人物起碼的肚量，更何況當時共產黨問題已經把蔣搞得焦頭爛額，處理二二八對蔣而言是癬疥之疾，沒必要唆使殺人。

二二八問題從資料顯示他對陳儀、楊亮功、白崇禧等人是充分授權的。硬說蔣是二二八幕後的元凶即乏直接證據而且又不合情理，這種論述不像歷史學家在寫歷史，而像檢察官先認定被告有罪，再設法牽強附會的找證據。

官方檔案的大量出現，並沒有使戴著有色眼鏡的「學者」改變原來的成見，如國史館館長張炎憲在國史館編的《二二八檔案彙編緒論》中說「二二八受難者及其家屬和社會大眾所渴望的追查元凶、發掘歷史真象，也許在這些檔案中無法得到滿意答案，但藉由對史料檔案的扒梳與研究，已足以重理當時的歷史情境，事件的元凶與歷史真象早已呼之欲出，只是找不到白紙黑字的原始證據而已。」請看，這是什麼話，國家檔案是第一手材料，一手材料如果作假根本難逃史家法眼，一手材料找不到證據怎麼可以說：「元凶與歷史真象早已呼之欲出。」，這種態度是未審先判，這種心態違背了一個史學家最起碼的標準。

又如陳翠蓮〈二二八檔案史料述評〉的結語：「愈來愈證明了民間對陳儀政府與國民黨當局的指控，統治失敗、官逼民反、緩兵之計、操

縱構陷，而不是官方說法指稱的臺人奴化、共產操縱、流氓煽動，官方
史料的重現，竟然尖銳地挑戰，甚至改寫了官方說法……。」，大量檔
案資料的出現，同時也證明了「民逼官反」、「共黨操縱」、「流氓暴
徒煽動」。請問陳翠蓮如何解釋那麼多暴民的暴行，「官逼民反」也好「起
義」也罷，「革命」也行，為什麼打殺無辜的外省人，為什麼去搗毀學校，
甚至育幼院。（如附表）

機 關 名 稱	公物損失價值
宣傳委員會	600,000.-
地政局	39,000.-
營建局	170,800.-
合作事業管理委員會	42,000.-
醫療物品公司籌備處	68,510.-
營建公司籌備處	3,090,095.-
省育幼院	2,100,000.-
鐵路管理委員會	887,392.-
通運股份有限公司	562,000.-
公路局	300,000.-
財政處	214,400.-
紙業股份有限公司	147,000.-
窯業有限公司	698,200.-
電力公司	3,000,000.-
工礦器材股份有限公司	5,102,237.-
公共工程局	1,968,789.-
化學製品工業有限公司	438,000.-
橡膠公司	300,450.-
鋼鐵機械有限公司	6,000,000.-
印刷紙業公司	920,100.-
臺灣工程公司	2,500,000.-
臺灣畜產公司	452,000.-
農業試驗所	115,600.-
臺灣茶業公司	203,600.-
警務處	1,134,325.-
警察訓練所	1,253,160.-
警察大隊	670,262.-
鐵路警察署	1,705,144.-
警務處警察電訊管理所	175,000.-
臺北市警察局	6,500,000.-
臺北市警察局第三分局	270,000.-
專賣局暨臺北分局	8,538,600.-

樟腦有限公司	415,062.-
酒業有限公司	126,980.-
煙草有限公司	316,965.-
火柴有限公司	188,000.-
酒業有限公司第三工廠	429,508.-
貿易局及所屬新臺公司	51,677,220.-
省編譯館	711,300.-
臺灣省人壽保險股份有限公司籌備處	195,300.-
交通部臺灣郵電管理局	494,605.-
省氣象局	471,976.-
省立臺北商業職業學校	301,200.-
省立師範學院	267,695.-
省立臺北高級中學	63,200.-
省立成功中學	152,000.-
省立臺灣師範學校	53,480.-
省立臺北女子師範學校	129,100.-
臺北縣稅捐稽徵處	948,605.-
臺灣高等法院	600,000.-
臺灣第一監獄	600,000.-
臺灣日報	320,000.-
正中書局臺灣分局	255,000.-
中國旅行社臺灣分社	150,000.-
臺灣旅行社	321,137.-
國營招商局臺灣分局	1,010,000.-
臺灣鹽務管理處臺北官倉辦事處	2,844,417.-
臺灣信託公司籌備處（紡織公司）	287,700.-
臺灣煤礦有限公司	1,294,228.-
臺北煤氣有限公司	320,034.-
新生報社	195,000.-
臺灣省石灰調整委員會	737,200.-
臺灣銀行總行及員工消費合作社	206,595.-
臺灣糖業股份有限公司	577,917.-
新中國劇社	1,804,800.-

　　從以上統計資料，我們可以斷言，參加二二八的民眾成分非常複雜，動機也不單純，從任何標準來看，實在無法把二二八解釋成「革命」或者「起義」。

　　檔案是一回事，消化檔案又是一回事，以史家眼光解讀檔案又是一回事。心中早有成見，無法拋開意識形態，無法拋開檢察官心態的朋

友，我勸你們去搞文宣，別搞歷史，搞文宣可能有官可做，搞歷史這樣
搞法會鬧笑話的。

二二八與統計學

什麼是統計學？有一個笑話解釋什麼是統計學。一個冒險家坐熱氣球失控飄到遠方，降落在一個麥田之中。迷途的冒險家向一個迎面走來的人問道：「先生，請問我在哪裡？」對方回答：「你在麥田裡的熱氣球下面掛的一個籃子裡。」冒險家說：「你一定是統計學家。」對方很驚訝地問：「你怎麼知道我是統計學家？」冒險家回答：「很容易判斷，你們回答問題精簡、正確，但是無用。」這個笑話的另一個解釋是：「統計學是騙人的。」

事實上統計學是一門應用科學，可以幫助你做有效分析以及正確推論，統計學確定分母（統計對象）根據資料計算統計求得答案（數字、百分比等）這個過程叫敘述統計，根據敘述統計的結果進行對母體的反應與分析叫推論統計。

如何根據敘述統計得出正確的推論是每一項利用統計學的學科須要深入研究的專門方法。如統計學應用在社會科學、醫學、史學都有其不同的應用方法。應用方法錯誤，統計學會成為「無用的」、「騙人的」笑話。

今天我們看到很多有關臺灣近代史、二二八歷史的許多著作，利用統計學來「唬人」、「騙人」。對一般讀者而言，看到一大堆統計數字、圖表就立刻肅然起敬、深信不疑。但是根據統計學的原則，統計數字是一回事，推論、解讀又是一回事，如果推論、解讀錯誤，不是對統計學無知，就是惡意利用統計學來騙人。在此我們舉幾個例來討論坊間二二八史學作品如何歪曲利用統計學。

例證一：[1]

把二二八發生的原因歸咎於文化衝突，說二二八發生的原因是一堆

1　李筱峰，《解讀二二八》，臺北：玉山社，1998 年 1 月，頁 91 頁。

外省人從文化落後地區來到文化發達地區產生的文化不適應現象，並舉出中國、臺灣終戰前後的每人平均發電量統計表做比較。又比較大陸與臺灣戰前數年學齡兒童就學百分比[2]來證明大陸就學率比臺灣差，大陸文化經濟比臺灣落後。根據推論統計學的原理大陸與臺灣在許多問題上不同一個分母，無法做比較，更無法做出有效推論，原因如下：

A、中國大陸一個國家，像一棵大樹，有枝、有葉、有幹、有根，臺灣無論屬於中國或殖民時代屬於日本，都只是一根旁枝，不是棵完整的樹。也就說臺灣不具備一個完整的國家形態，一根旁枝與一棵樹根本無法做比較。

B、大陸當時一千多萬平方公里，五億左右人口，幾千年的歷史文化，但臺灣只有三萬六千平方公里而且是個新移民社會，如何能比較？中國大陸北方中原地區、南方沿海開發區、大西北地區、大西南地區文化經濟發展情況截然不同，其平均數據被大西北、大西南拉低了，臺灣的發展狀況就人口或土地面積最多只能跟大陸的一個省或一個市做比較，而不能跟整個大陸作比較。

C、請問當年大陸來臺的外省人有幾個新疆人？蒙古人？或清海人？有多少文盲？

D、當年來臺的外省人在民國三十八年以前的多為公教人員及商人，其文化水準比較高，是中國當時菁英中的菁英。三十八年以後中央政府遷臺，除大批公教人員外，還來了不少軍官、學生，其知識水準都不低，知識水準較低的可能是軍人，但是三十八年以後之軍人與一般民眾接觸機會不多。所以用統計數字反映在來臺外省人的教育程度，把二二八解讀為文化衝突就太離譜了。僅僅以文化論臺灣做為一個中國文化的旁枝，日本影響五十年的臺灣社會，其文化表現無論是獨立性、深度、廣度，都無法跟中國文化做比較，何況日本雖然統治臺灣五十年，但是日本皇民化並不成功，除了少數上層階級外，臺灣社會文化的基調還是中國的，

2　李筱峰，《解讀二二八》，臺北：玉山社，1998 年 1 月，頁 93 頁。

此點從當年民間的風俗習慣、宗教信仰，可以得到證明，即使染有日本色彩，但是連日本也同屬儒家文化圈，在文化的屬性方面也只有小異而並無大不同。用統計學來證明二二八是文化衝突論者，其實對統計學、對文化的基本慨念都不清楚，所以有此怪論。

例證二：

有統計數字證明外省人到臺灣以後「壟斷權位」[3]，看不起臺灣人[4]。

事實上陳儀治臺之初即大事起用本省菁英，但是當年國府的文官制度已經行之有年，如果根據國府的任官資格，當年的臺灣人擔任公職之比例可能更少。於是陳儀在任用資格上一方面從寬，一方面採用許多變通辦法讓當時的臺灣人快速取得任官資格。如民國三十五年一月二十二日公布行政長官公署聲請檢覈公職候選人資格審查委員會組織規程[5]，用委員會審查方式快速讓本省人取得公職候選人資格，其他如教員、警察都公布甄選辦法以便更多本省人取得公職資格。根據陳翠蓮的著作，陳儀在臺一年兩個月，簡任高級公務員從一位增加到二十七位，薦任公務員在日據時代只有五十一位，三十五年底陳儀用了八百一十七位，一年兩個月增加人數以十倍計如此速度。如此統計數字怎能解釋成「大陸人壟斷權位」？

其他的案例如以統計數字顯示臺灣當時生產力降低，通貨膨脹嚴重，歸咎於長官公署舉措不當，認為是二二八發生的原因之一，這種說法也是用統計學來欺騙讀者，事實上臺灣當時的經濟情況惡化的原因是：

（一）戰爭引起的通貨膨脹：戰爭引起非經濟因素的通貨膨脹非常可怕，而難以控制。如一次大戰後奧地利物價上漲一萬四千倍之多、匈牙利兩萬三千倍、波蘭兩百五十萬倍。中國自一九三七年到一九四八年躉售物價指數上漲五百五十八萬九千倍，終於導政法幣崩潰。臺灣作為

3　李筱峰，《解讀二二八》，臺北：玉山社，1998 年 1 月，頁 39。
4　陳翠蓮，《派系鬥爭與權謀政治》，臺北：時報文化，1995 年 2 月，頁 79。
5　國史館臺灣省政府檔案史料彙編－行政長官公署時期三冊，第 65 頁。

日軍南進基地受戰爭影響自不能免[6]。

（二）民國二十六年戰爭前夕臺灣銀行鈔票發行額不過七千五百萬左右：到民國三十四年七月日軍投降前發行總額十四億圓，通貨膨脹達十八倍，同年八月日本投降後，藉口復員，大量發行僅由臺灣銀行背後蓋章之千元大鈔，同年十月總發行額更高達二十八億九千八百萬圓，也就是說日軍在投降後即大量發行貨幣種下日後日幣通貨膨脹的惡因。

（三）日本統制經濟解除後引起的消費大量增加：戰時日本頒布經濟統制令分「一般統制」、「物資統制」、「物價統制」、「資金統制」、「貿易統制」、「運輸統制」、「事業統制」、「團體統制」、「勞務統制」等九項，統制範圍之廣、之嚴苛，完全犧牲臺灣人民生活之基本需求以支應戰爭需要。勝利後統制令解除，生活必需品供應量大增，也是引起通貨膨脹的重要原因。

（四）戰爭破壞生產力銳減：戰爭期間平均每月有三次以上之美軍轟炸，前後累計超過一萬架次。以臺灣最興旺之糖業為例，當年臺灣的四大公司：日糖興業、臺灣製糖、明治製糖、鹽水港製糖共計四十三處工廠，九處酒精工廠，七處軍用燃料工廠，一半以上毀於轟炸而停止生產，戰爭結束只有十七座糖廠維持生產。民國三十四年糖之生產量僅三十三萬公噸，約只有民國二十八年的四分之一。稻米生產量由民國二十六年的一百三十萬噸降至民國三十四年的六十三萬噸。可見光復前臺灣經濟因受戰爭的摧殘，已經是千瘡百孔[7]。

儘管如此，臺灣的經濟比起中國大陸、比起戰後的日本，都還好得多，通貨膨脹不至於像大陸的百倍千倍計，臺灣貨幣獨立有效地減緩了法幣全面崩潰對臺灣的影響。至於陳儀的財經政策、社會主義色彩的部分乃是事業體長期競爭力較差的問題，其不良影響一時半載不會傷及一般百姓。用統計數字把戰後臺灣經濟完全歸咎於國民黨，用統計數字來唬人是一種學術詐欺，是非常不道德的事。

---

6 潘志奇，《光復初期臺灣通貨膨脹的分析》，臺北：聯經出版，1980 年。
7 袁穎生，《光復前後的臺灣經濟》，臺北：聯經出版，1998 年 7 月。

穢史一籮筐—二二八史料之考證與引用

　　治史首要在材料之蒐集、考證、篩選、解讀、引用。原則上盡可能用原始材料，也就是第一手資料，如萬不得已用第二手材料，必須考證、比對無誤後方可引用，乾、嘉考證興起，趙翼、戴東原、崔述等其求真精神與科學方法與西方史學之發展若合符節，科學的史學發展到今天超過兩百年。

　　而臺灣卻有一批所謂的史學家，其治學態度與治學方法，似乎停頓在毛澤東、蔣介石時代，意識態主導歷史解釋、尋找相關或曲解相關材料來補充證據，材料之真偽、選用、解讀，可以完全違背基本史學原則，這種心態治出來的史是標準的穢史，雖為穢史卻有政治奧援聲勢頗大，再加上國民黨、馬英九權謀考量干涉學術，替穢史背書，於是穢史一籮筐一籮筐出爐，我們除了譴責馬英九，我們也不得不花一些功夫挑出穢史的問題所在，用真正的史學方法，真實的原始資料，讓穢史原形畢露。

　　今天有關二二八的史料幾乎全部出爐，整理原始資料彙集出版的單位就有國史館、中央研究院、行政院、檔案局等等官方機構，資料內容包括：總統府、長官公署、警備總部以及縣市政府、法院、高院、鄉鎮公所、各地警察局、中央情報機構、駐臺分支機構、學校、公私營產業單位，資料之多，可用堆積如山來形容，因為資料太多，比對、求證任何一個細微末節都很容易，二二八早已「真相大白」，但是民進黨到今天還口口聲聲要政府公布真相，真可謂無聊之極矣。

　　官方機構公布之可靠史料如此之多，綠色學者多棄之不用，採信一些當事人之口述歷史，以及道聽途說之詞。其實，歷史素材真偽、對錯之考證有兩個層次，其一是邏輯判斷資料有無錯誤或作假之可能；其二對可疑之史料比對求證史料之真假。

　　先說一：根據經驗、邏輯，先判斷材料是否值得懷疑、是否需要進

一步求證，如蔣、陳往來之電報，陳呈蔣之報告等事涉當事人之責任、榮譽，當然有作假之可能，但是，鄉鎮公所、學校之資料，派出所之資料完全沒有作假之可能，因為一數量龐大，有的像流水帳，無作假之可能；其二層級太低無責任榮譽問題，無作假之動機。

再說二：如果懷疑材料之真實性，僅用不同單位之相關檔案就可比對出材料之真假，因為政府檔案公文書對同一事件多有橫的聯繫，同一事件出現在不同單位之檔案，如從發文內容、日期、文號、收文日期是否一致等。

但是民進黨學者二二八研究材料之考證使用，一直是根據以下原則：官方史料對官方不利者一律採信，對民間有利者一律採信，對民間不利，對官方有利者一律不信並一律誣為偽造資料，如楊亮功調查報告、唐賢龍「臺灣事變始末記」，大量引用其指責陳儀、長官公署的部分可見綠色學者認同上述兩份資料是可信的資料，但是同一份資料，對暴徒施暴之描述及譴責從不引用。

反之任何對長官公署、陳儀不利之陳述即使道聽途說之詞也一律相信，如誣蔣下令大屠殺之證據之一是陳儀之舒姓秘書把蔣的電報拿給陳儀時偷看了一眼[1]，電文中有「格殺勿論」的幾個字，李就用來做蔣大屠殺的證據。又張炎憲在國史館任內出版《二二八檔案彙編》的序中說蔣是幕後元凶的證據「昭然若揭，只是我們找不到白紙黑字的證據而已」[2]，國史館館長有機會接觸到比我們更多的原始資料，連他都找不到「白紙黑字的證據」，卻還敢咬定蔣是幕後元凶，國史館館長學格如此，我們還有什麼話說。綠色學者面對資料的心態如此偏頗，其作品不是穢史也難。

以《二二八責任歸屬報告》[3]為例，除了選擇性引用資料，引用民間反對領袖之口述歷史、回憶錄外最令人不解的是引用了不少何漢文及何

1　李筱峰，《解讀二二八》，臺北：玉山社，1998 年 1 月，頁 143-145。
2　張炎憲總編輯，《二二八事件檔案彙編（一）》新北市：國史館，2002 年，頁 4。
3　張炎憲總編輯，《二二八責任歸屬報告》，臺北：二二八基金會出版，2006。

聘儒的資料。何漢文時任監察委員與楊亮功連袂來臺，以特史身分赴臺瀲查二二八事變。何聘儒時任整編二十一師副官處處長，三月九日隨劉雨卿之整編二十一師赴臺平亂，兩人在二二八事件後皆在臺灣，一個平亂，一個代表監察院瀲查二二八事變，兩人之回憶錄資料應屬可信資料才是，但是，他們兩人都是投共分子，三十八年何聘儒還參加江陰要塞起義，在共產黨淫威之下寫出的「材料」可信度是零，這是常識；陳儀琛、李筱峰之流不知道這種材料完全不可信，居然把胡說當成寶也太沒有常識了吧！

民國三十八年香港《文匯報》登了一封〈北平輔仁大學校長陳垣給胡適的公開信〉，信中說：「『人民在自由地生活著』，『教授們自由地研究著』，『新生的力量已成長，正在摧毀舊的制度』，我也初步研究了辨證法，唯物論和歷史唯物論，使我們對歷史有了新的見解，確定了今後治學方法。」。胡適對朋友說這封信不是陳垣寫的，或者陳垣是在被逼迫之下非自由意志而寫的，胡的理由是陳垣是他多年的老友，陳根本不會寫白話文，至於治學方法，胡適說共產黨進北平市才三個多月，陳垣是一個七十多歲的老人，三個月時間改變了一生的治學方法學會了唯物史觀更是匪夷所思，所以胡適的結論是在共產黨統治下沒有說話的自由，但是也沒有「不說話的自由」。

在共產黨的高壓統治下用各種方法長期折磨摧毀一個人的思想、精神意志，至到一個人全面投降為止，完全順從黨的意識型態、黨的邏輯，一切都思考都順從黨的指導為止，秉筆直書是一種罪惡。大陸淪陷後身陷匪區的貳臣。降將的回憶錄受命撰寫的目的只有一個目的「醜化國民黨」、「醜化蔣介石」，其中唯一例外是張治中回憶錄，共產黨為什麼允許張治中秉筆直書，原因不明，可能是因為張做人圓滑，與毛、周相處較好的緣故。此外杜聿明回憶錄、宋希廉回憶錄、沉醉回憶錄等皆非可靠史料，其醜化國民黨、蔣介石等之說法多不可信。

何漢文是湖南籍監察委員，曾因調查上海黃金案糾彈案子文而有直

聲，二二八發生後與楊亮功二人來臺澈查，楊、何兩人有二二八調查報告中央，調查報告把二二八發生之前因後果調查得很清楚，二二八發生的原因分析十點，可歸咎於官方者如公務員貪污失職及能力薄弱、政府統制政策（經濟）之失當、物價高漲與失業增加等，對政府應負的責任毫無隱晦，調查報告中同時也對殘殺外省人暴徒之暴行有很多敘述，同時也把二二八發生時相關因素，如日人餘毒、政治野心家之鼓吹、共黨乘機煽動等視為造成二二八發生的部分原因。楊、何兩人的調查報告一直到今天都被認為是一份詳實而公允的調查報告。

　　但是何漢文投共後一九六三年六月間在《湖南文獻史資料選輯》第四輯《臺灣二二八起義見聞紀略》約一萬多字，完全改寫原來的調查報告，全面醜化長官公署、陳儀、蔣介石，對於應歸咎於日本統治及臺人凶殘的一面隻字不提，這種完全不可信之材料被綠色學者大量引用，僅《二二八責任歸屬報告》就引用了十次之多[4]，假如何之《二二八起義見聞紀略》可信，那麼原來楊、何調查報告就不可信；如原來之調查報告不可信，為何綠色學者又大量引用楊、何調查報告中譴責陳儀及長官公署部分？如楊、何調查報告有關臺人暴行及臺人責任全部不可信，就應該說明不可信之原因？兩份資料出自一人之手，當然要詳究孰真孰假之後方可引用。很明顯，綠色學者選擇性引用史料。

　　何聘儒是四川黃埔十期畢業，時任劉雨卿整編二十一師副官處長，三月九日隨軍來臺，二二八後回大陸參加勘亂戰爭，參加江陰起義，擬來臺做地下工作，後因行蹤暴露，人到香港又折回大陸，在四川政協任對臺灣同胞聯絡員，一生願望加入共產黨，未曾如願，含恨而終。何聘儒在一九八五年寫〈蔣軍鎮壓臺灣人民起義紀實〉刊載《文史資料選輯─第一○三輯》[5]。何文記述來臺及「鎮壓」臺灣人民「起義」之經過，觀其內容何止曲筆，簡直到了鬼扯造謠的地步，茲列出何文中造謠之離

4　張炎憲總編輯，《二二八責任歸屬報告》，臺北，二二八基金會出版，2006，頁 167、191、193、204、258、263、272、274、332。

5　全國政協文史和學習委員會編，《文史資料選輯-第一○三輯》，北京：中國文史出版社，1985 年。

譜者：

> 臺中人民成立中送地區治安委員會作戰本部，領導武裝解決蔣軍六個憲兵隊，俘獲官兵三百餘人，槍械百餘，同日迫令蔣軍第三飛機場投降，俘官兵五百餘人……

> 高雄人民也在二月五日成立武裝總指揮部，全面進攻蔣幫軍警，俘虜官兵七百餘人。

> 三月八日午前，四三八團乘船開進基隆港，尚未靠岸時，即遭到岸上群眾怒吼反抗，但該團在基隆要塞部隊配合下，立刻架起機槍各岸上群眾亂掃，很多人被打得頭破腳斷、肝腸滿地，甚至孕婦、小孩亦不倖免……[6]

> 我這時已調軍部軍務處長（駐臺）中負責清點這批武器，但是始終沒有發現其中有一支步槍一挺機槍和一門炮。[7]

以上的說法請問綠色乎學者相信嗎？臺中如果有憲兵三百人，何以容忍謝雪紅橫行？整編二十一師是九號登陸而非八號，何記錯無關痛癢，但是，三月八日基隆暴民欲搶軍械庫發生戰爭後宣佈戒嚴，碼頭何來群眾？事實上國軍九日登陸未發一彈，未遭任何抵抗，何來機槍掃射群眾之事，臺中是二二八風暴中心，事後民間繳出的武器很多，何人在臺中二十一師師部任軍政處長，負責清點民間繳回之武器，是承辦主管不可能不知道，居然昧著良心說「沒有一支步槍一挺機槍和一門炮」，這種在共產黨暴政統治之下的文宣，編造的供狀也可以拿出來做史料，作為史學的證據，綠色學者的史學可見一般；史德可見一般。

　　臺灣滿街的穢史，學術界居然視若無睹，可謂麻木不仁，政治人物為選票考量枉顧是非替穢史背書，可謂昏庸之極，哀哉臺灣文化！

6　這可能是機槍掃射行人之說的由來，三立電視臺亦據此說製作節目，三立之稿本傳係李筱峰提供，此說法經筆者及多位專家考證，此說純系捏造。

7　中央研究院近代史研究所，《二二八事件資料選輯（三）》，臺北：中央研究院，頁713-749。

間之臺灣省中部綏靖區俘獲收繳械彈物資表，其中有：1.三八式步槍44枝；2.九九式步槍76枝；3.九九式步彈2498粒，4.手榴彈330顆，5.重機槍一挺等等。

用史學方法評二二八著作

二〇〇五年初，奉朱浤源教授之命，要我寫一些從史學方法的角度來評論坊間二二八著作的文字，奉命之後用心重讀了目前臺灣有關二二八的著作，細讀之後發覺難以下筆，勉強寫了幾篇書評及討論史學方法的文字，難以下筆，不是因為江郎才盡，也不是沒有發現問題，而是問題太多，問題太小。

問題多到不知從何說起；問題小到不值得討論。一本史學著作，尤其是教授，或知名教授的學術著作，能找到三、五個缺失，己經不容易了，但是有關二二八的著作往往整本書都是問題，舉凡史料的選擇、引用、歷史事件的真相、是非對錯的評論……。無一沒有問題，以西方史學的標準，完全背離證據主義；以中國史學的標準，史學、史才、史識、史德全都不及格。這種史學如何評論？

許多有關二二八的文章，嚴格地說並非學術著作，乃是典型的文宣作品，這些文宣作品偷用了一些史學的外貌，譬如常引用統計數字來唬人，又常用一些專有名詞來騙人。這種文章用史學方法角度來評論這些文字是高估了這些文章。

在勉強寫了幾篇評論二二八著作的文章以後，我想到兩個笑話，可以充分表達我的心情：

其一、有一個學統計學的學生，費了九牛二虎之力繳出了一分研究報告，該報告作了一萬個美國人跟一萬個中國人的抽樣調查，其中百分之六十五是二十五歲以上的成年人，百分之三十五是二十五歲以下的年青人，男女各占百分之五十，經過交叉比對的結論是──美國人比中國人高。

其二、民國二十年左右，有一個黃埔軍校畢業生下部隊當連長，該連長精神抖擻、服裝整齊、動作標準。有一天營長命連長打土匪，結果

大敗而回，受到營長責罵以後，連長理直氣壯的回答：「報告營長，打敗仗不能怪我，因為土匪不照兵法打仗。」。

在臺灣的史學界竟然有一大批所謂的史學家，可以不靠學術研發，只靠挑弄族群、挑弄歷史仇恨、對當權者輸誠，就可以在學術界爭得一席之地。他們的文章沒水準是理所當然的事，用方法學的角度批評他們的文章是抬舉他們了。

蔣介石與二二八

評論一個歷史人物，本就不易，尤其是評論歷史上的政治人物更不易，即使根據中國立德、立言、立功的標準似乎都嫌粗糙，都不精準，因為不少歷史人物如漢武帝、王莽、唐玄宗，甚至清乾隆，其早年、中年、晚年的表現不一，判若兩人。

又如許多政治人物搞錯行了，宋徽宗、李後主都是了不起的藝術家，根本不該從政，但是不幸生在帝王家，註定悲劇收場，又如許多政治人物像魏武帝曹操、中共毛澤東，其性格集軍人、詩人、流氓於一身，有多種面相，蓋棺難以定論，評斷一個歷史人物之難可見一斑。

但是雖然如此，我仍嘗試從史家對歷史人物的評價，歸納出幾點通則，建立評論歷史上政治人物的標準：

一、避免泛道德主義：

評論政治人物最忌把人物簡化成好人、壞人，連孔子都不贊成把歷史人物簡化成好人、壞人，所以有人批評管仲品德問題時，孔子就不以為然[1]，而且替管仲說話，又如許多人受了三國演義的影響，把曹操說成萬惡不赦的奸臣，但是曹操是中國歷史上一個出類拔萃的人物，集政治、軍事、文學之才能於一身，研究曹操要從當時曹操面臨的時代背景及曹操的多重面貌切入，萬不可受三國演義的影響把曹操簡化成「壞人」。

又如唐太宗李世民，玄武門之變殺兄弟，逼父親讓位，在中國人的品德標準是站不住腳的，但是李世民的品德問題僅傷及李氏一家一姓，而李世民的功業締造了初唐盛世，其政績惠及天下百姓，甚至有功於世界文明，正因李世民不凡的政績，大家對李世民的私德問題也就曲予優容，或刻意淡化。

1　管仲的老闆是公子糾，與公子小白爭權，公子糾被殺，管仲沒有殉難反而襄助公子小白一齊桓公雄霸天下。孔子弟子以此責難管仲時，孔子說：「管仲糾（九）合諸侯，一匡天下，微管仲吾將披髮左衽矣！」。

二、改朝換代後肯定可敬的對手：

中國史家常常客觀公正的讚美他們政治上的對手，這是中國歷史的一個優良傳統，司馬遷筆下的項羽、陳壽筆下的諸葛亮，都是可敬的對手，因為史家的目的在傳承人類高貴的精神價值，這種高貴的精神價值不因政治勢力的一時勝負而改變其標準，相反的以政治勢力抹黑對手是要被史家及讀者譴責的。

三、不以成敗論英雄：

歷史上很多英雄都是悲劇英雄，東西皆然。失敗英雄被人尊敬原因有二：

其一、一時的成敗跟日後對歷史文明的影響是兩回事，如孔子在現實政治上是失敗者，但是其學說影響人類文明至今不衰。

其二、悲劇英雄在人格上的吉光片羽受人尊敬而變成人類高貴情操的典範。如鄭成功的悲劇、鄭成功的遺憾，至今仍令人敬仰、追懷不已。

四、不能以今日之標準求諸古人：

古人身處一個與現代完全不同的社會，其作為應該以當時的社會條件與是非標準來衡量古人，如近年有人以法律的、法治社會的標準來批評孫中山先生，指責孫主導之護法戰爭，成立廣州政府之作為乃係目無法紀之叛亂行為[2]。

這就是以今非古的案例，當時袁世凱擁兵自重撕毀約法，各地軍頭盤據一方，形成國中之國，當時是一個無法無天的社會，孫中山的抗袁史稱二次革命。至於頒布憲法、民法、刑法等使國家進入法制化，是北伐統一，南京政府成立以後的事，而國家法治化是一個長期的工作，嚴格地說國家法治化工作到今天都尚未完成。以「不守法」來批評當時的孫中山先生，大謬也！

2　袁偉時在香港《明報月刊》批孫中山「專制主義」、「踐踏法律」等罪狀。

五、評論歷史人物要分類比較，不同類不能比：

歷史人物粗略可分為政治、學術、軍事、藝術等，學術又可細分為文學、哲學、史學等等。每一種歷史人物自有其不同的標準，我認為評論政治人物第一要件是能力，而能力包括領導統御、膽識、判斷力等等，其次是品德、學問。尤其在一個混亂的時代，如民國初年，學問品德比蔣介石好的人很多，但是他們不是沒有領導能力，就是欠缺膽識，所以無法成為中國的領導人。

而蔣在歷史上的評價應該跟當時的政治人物做比較，以當時的政壇風雲人物而論，李宗仁、閻錫山、馮玉祥、張學良等，其格局、見識、魄力皆不能與蔣相提並論，最後不免一一被蔣收服。而當時許多品學兼優的人物如胡適之等，並非政治人物，不能與蔣做比較，假如當年胡做總統，國事可能更糟，而從大歷史的角度來看，胡在文化思想上對近代中國的影響可能超過蔣，所以評斷歷史人物首重分類，不同類不相比，而政治人物的首要條件是治國能力。

六、比較政治人物要在同一時空基礎之上：

每一個時代有每一個時代的社會環境，社會環境不同會產生不同的政治人物，在特定的社會環境下，政治人物能突破當時社會環境的困難，能洞悉當時問題之所在即可成為當時的領袖，其作為對後世的影響？評斷其功過是非當然應該以當時的社會文化條件做為評論的要件，如以華盛頓的標準來衡量孫逸仙則謬矣。

因為美國早期的移民主要是英國清教徒，美國是當年相對最進步、最民主、素質最高的一群人建立的。也可以說美國是進步文明的「整廠輸出」，跟當時中國貧窮落後的中世紀社會背景完全不同，如果華盛頓出現在清末的中國（實際上以當時的中國社會環境也產生不出華盛頓）恐怕也會一事無成。所以如果評斷孫中山先生的功過是非要考慮中國當時的社會環境，要跟當時的政治人物如袁世凱等做比較。

　　我們先用以上的標準，評斷蔣介石的一生功過及人格特質，然後再用可靠的一手資料，來評斷蔣介石對二二八應負的責任。

　　蔣介石的聲望在西安事變，到抗戰初期達到了高峰，到了抗戰末期，因為史迪威事件蔣美關係交惡，蔣在美國人的心目中的地位開始下降，到大陸易手，蔣在國際間的聲望跌入谷底，美國發表對中國白皮書，放棄蔣政權，甚至主張倒蔣者也大有人在。

　　後來韓戰爆發，蔣美關係改善，但是蔣在盟邦以及西方學術界之地位一直沒有恢復，當時外人對蔣之批評：獨裁、專制、不懂民主、法治、剛愎自用、任用私人，蔣的團體貪汙腐敗、無能，所以把大陸搞垮了。

　　西方人對蔣的希望與失望移情到毛澤東頭上，認為毛是土地改革者，毛是勞苦大眾的救星，但是後來韓戰爆發，毛搞文化大革命，西方人才發覺毛的專制、獨裁、殘暴、毛集團的腐化等等，所有當年加諸蔣的罪過，毛都比蔣嚴重十倍、百倍，西方人在瞠目不知所以之餘，蔣的聲望略有回升。

　　國共戰爭末期，中共以其文宣，包裝成民主、進步、土地改革者，爭取到不少美國政界及自由主義學者的同情，而把蔣歸類於獨裁、封建、落伍、腐敗的代表，蔣在西方已毫無地位可言，大陸淪陷後西方學術界幾乎一面倒的把蔣貶成丑角，影響西方人視聽的有著作有：

　　（一）伊羅生（Harold Robert Isaacs）《中國革命的悲劇》[3]：該書初版於一九三八年，再版於一九五一年，作者為一馬克思主義的歷史學者，對蔣極力醜化，該書無論作者的史觀、立論、資料來源都有問題，並非一嚴謹的學術著作，但在西方影響頗大。

　　（二）馬爾羅（André Malraux）《人類命運》[4]：作者同樣是馬克思的信徒，同樣也是一位共產黨員，《人類命運》是小說，書中的蔣介石

---

[3]　伊羅生，《人的命運》（The Tragedy of the Chinese Revolution）。初版：英國，1938 年；再版：美國加州：史丹福大學出版，1951 年。

[4]　馬爾羅，《人的命運》（La condition humaine）。法國：H. Smith and R. Haas，1933 年。

是個「不分是非的惡人」。該書曾經是暢銷書，對蔣在西方人心目中的印象影響極大。

（三）貝克（Graham Peck）《兩個不同的時代》[5]：貝克是「自由主義」的新聞記者，由於對中國社會不瞭解，對中國政府愛之深、責之切，故用美國民主法制來責蔣政權。故《兩個不同的時代》雖然是一本較有水準的書，但對蔣的評價也是負面的。

（四）史諾（Edgar Parks Snow）《西行漫記》[6]：西行漫記極力吹捧毛澤東，把毛澤東描寫成土地改革者，勞苦大眾的代言人，促成了美國親共風潮，無形中貶仰了蔣的地位。

（五）西格雷夫（Sterling Seagrave）《宋氏王朝》[7]：此書名氣大，影響力歷久不衰，在此不贅述。

（六）費正清的學術著作：費以西方漢學祭酒的地位，以學術理論來支持共產主義在中國的發展，並稱之謂「歷史之必然」，同時以雙重標準在評論蔣、毛，但是費的理論到中共文化大革命以後就覺得無法自圓其說[8]。

至於中國人對蔣的批評，可以分為四大類：

（一）國民黨御用學者之著作：這些作品最大的問題是「溢美」、是「隱惡」，把蔣吹捧成世界偉人、民族救星。但對蔣殺陶成章乙事隱而不記。所以這種作品雖多，但是並無多少學術價值。

（二）客觀的學術著作：我的答案是「從缺」，因為國共鬥爭時間太久，規模太大，國共意識形態的影響迄今猶存，所以到今天我都認為一本公正的、客觀的、嚴謹的蔣介石傳尚未出世。有關蔣的評價黃仁宇

5　貝克，《兩個不同的時代》（Two kinds of Time）。美國加州：Ams Pr Inc，1950 年。

6　史諾，《西行漫記》（Red Star Over China）。英國倫敦：格蘭茨出版，1937 年。

7　西格雷夫，《宋氏王朝》（The Soong Dynasty）。美國紐約：Harper & Row，1985 年。

8　費正清，薛絢譯《費正清論中國—中國新史》，臺北：正中書局，1994 年。書中對共黨主義，對毛皆重新評價，修正過去的看法。

的著作[9]、唐德剛的著作、大陸楊天石教授的著作[10]，在搜證方面、在史觀方面、在排除泛道德主義方面、在重視歷史人物背景方面都有所突破、有所發明。

唐德剛、黃仁宇認為蔣領導一個中世紀的落後國家對抗世界一流軍事強權，達八年之久，僅此一端在中國數千年歷史上僅此一人。但是可惜黃仁宇與唐德剛皆已死，我們寄望楊天石教授能擔負此一歷史重任。

（三）左派及共產黨的批評，由於長期敵對關係，共產黨及左派對蔣之批評，如背叛革命[11]、專制、獨裁、賣國等皆係由中共官方定調，並無史學價值，但是近年來由於官方思想箝制鬆綁，再加上大量遺留在大陸國民政府檔案之解密，大陸不少學者替國民政府乃至蔣介石做翻案文章，中共當局亦不加干涉，稍見學術自由，此為一可喜的現象。

（四）李敖對蔣之評論：李敖曾經出版《蔣介石研究》、《蔣介石研究一集、二集、三集、四集、五集》等，專書攻擊蔣介石。李敖對蔣之研究及批評乃係個人私怨而非嚴謹之學術著作，李敖對蔣之「研究」有栽贓、有隱晦、有選擇性引用資料等等「惡意」與「曲筆」，隨處可見，茲舉兩例即知大概矣：

其一、誣蔣是賣國者，捧汪精衛是愛國者。

【蔣賣國證據】：

1、已經抗戰四年而不跟日本宣戰[12]。

2、抗日期間透過德國大使陶德曼與繆斌始終與日人保持接觸，祕密和談。

9　黃仁宇，《從大歷史的角度讀蔣介石日記》，臺北：時報出版，1994 年。

10　楊天石，《蔣氏秘檔與蔣介石真相》，北京：大陸社會科學文獻出版社，2002 年。

11　民國十六年四月十二日，蔣發動清黨，共黨史稱四一二政變，指蔣違背孫中山遺命是一種「背叛革命」的行為。

12　民國二十六年七七事變後國府全面應戰，但是一直沒有對日宣戰，一直到四年後珍珠港事變後，國府才正式對日宣戰。

　　【汪愛國證據】：抗日前汪曾致函胡適，謂逞一時之憤做民族英雄易，但是假如中國戰敗，誰來收拾殘局之類的感慨之詞，作為汪不是漢奸的證據。

　　李敖應該知道抗日時期的中國社會是停頓在中世紀，貧窮而且落後，面對世界一流軍事強權，蔣介石領導全民奮起抗戰，至今思之乃為一場「豪賭」、「不宣戰」、「保持接觸」，乃係考慮到萬一戰敗，為保留民族生存，預留迴旋空間的權宜措施，事實上絕對有其必要，何況中日為鄰之事實既然不可能改變，無論勝敗，將來不可能不來往，有秘密接觸之管道乃勢所必然，豈能以這個理由說蔣賣國、不抗日。

　　例如二次大戰中德斷交，德國即主動要求保留一秘密接觸代表留在中國[13]，又汪在歷史上的評價早有定論，汪枉顧抗日大局，以黨國元勛之尊私奔敵營對抗日之團結，民心士氣都造成大傷害，同時縱容七十六號[14]、李士群等人殘殺重慶特工人員等等，可以證明汪是漢奸的證據堆積如山，李敖均視而不見，僅僅拿出一封信來證明汪不是漢奸，豈不好笑。

　　其二、「中華民國已經死亡了」，誰說的？蔣介石自己說的，證據：一九五〇年三月十三日蔣在陽明山開會對部下說的。

　　我們有點歷史、政治常識的人都知道，那是蔣在國家風雨飄搖，軍民灰心喪志之際，激勵部下之詞，國家亡不亡，不是蔣一個人說了就算。假如中華民國已經亡了，我們臺灣人五十多年來是生存在什麼樣的時空裡？

　　李敖的「中華民國已經死亡了。」的說法被民進黨借殼上市，做為臺獨理論基礎之一，而且絕口不提是引李敖的話，直稱「你們蔣介石自己說的，中華民國已經死亡了」，李敖對蔣、對國民黨一時積怨，給臺獨找到了藉口，造成臺灣內部認同錯亂，大統派李敖對此從來不置一詞。

13　馬振犢、戚如高著，《蔣介石與希特勒》，臺北：東大圖書公司出版，1998 年，頁 478。
14　李士群領導之偽政府特工組織，殺害不少重慶地下工作者，後為日本人毒死。

　　（五）綠色學者（親民進黨學者），對蔣之批評幾乎全部是負面的，尤其集中火力指稱蔣是二二八的幕後元凶、劊子手、獨裁者……。民進黨許多對蔣之攻訐，其資料及理論來自李敖。

我對蔣歷史地位的評價：

缺點：

1、封建思想：

　　蔣自青年即以天下為己任，有澄清天下之志，擔當重任以後，有專人負責記錄其言行、大事，有類古代帝王起居注，晚年甚好部下歌功頌德，搞個人崇拜等封建思想、帝王心態隨處可見。這種問題出在一個一生自許為孫中山傳人，一生追求中國民主自由，獨立的領導人的身上，其言行舉措當然常有矛盾就不足為奇了。然而蔣性格中剛強、自律、膽識過人、堅忍不拔等特色似乎也與蔣以帝王自許的封建意識有關，故封建帝王思想對蔣而言不能完全看成負面的。

2、蔣對民主法制認識不夠：

　　蔣打天下的期間或在抗日時代，因為戰爭，行事專斷、獨裁，是有其必要，也可以理解。但是臺灣承平已久，經濟起飛以後還不徹底推動民主法制，等到蔣經國後期才全面推動民主、法治，蹉跎的結果，以致雷震、郭國基等，那些有水準的、沒有省籍偏見的自由中國集團籌組之反對黨夭折，造成日後的反對黨必須訴諸民粹勢力，延宕臺灣民主進程，埋下今日臺灣社會不安的根源，是蔣的大錯。

3、婦人之仁：

　　蔣一生的工作可分為打天下與治天下兩個階段來論述。以打天下的過程回顧蔣的行事作風，蔣的缺點完全不是一般所謂的獨裁、殘暴，相反的而是蔣每被自己的婦人之仁所誤，如在統一中國的過程中，蔣的德

籍顧問就建議蔣打殲滅戰，戰爭的目的在完全瓦解消滅敵人，而蔣相信傳統「以德服人」，在以德服人的前提下，蔣從不打殲滅戰。

中原大戰以後，蔣有力量徹底消滅對手，但是蔣用權謀，用招降納叛的方式達到表面統一的目的。蔣以德服人的策略，其實很早就應該發現此路不通，因為蔣的手下敗將許多都有一再叛變的記錄[15]，而且這些軍頭對民主法治、對三民主義，甚至其愛國心與早期的國民黨員都有相當的差距[16]，把一批良莠不齊的軍頭勉強湊在一起擔負建國重任，每當「重利之下」或「大難當頭」之際，焉有不離心離德者？

西安事變是蔣一生之中「婦人之仁」誤事最嚴重的一次，回顧當時的情況，共軍、張學良部隊、楊虎城部隊，彼此之間爾虞我詐，並不團結。國軍已經四面合圍，叛軍已成甕之鱉。如果蔣夠狠，則回京以後推翻所有承諾，下總攻擊令，徹底殲滅叛軍，完成國家實質統一，完成軍隊國家化則歷史將會另外一個局面[17]。

蓋照法律原則，在脅迫而無自由意志的情況之下簽訂的契約都可以無效，何況叛軍武力挾持統帥，蔣也沒有書面承諾。所謂宋子文、宋美齡、澳洲人端納之保證皆可不予理會，蔣的選擇應該是寧可失信於數人，也不該失信於天下，不該動搖自己「安內攘外」的信念。

如此，即使開戰，無共軍之扯後腿，抗日期間不必分散兵力應付共軍，則抗日戰爭不會打得那麼慘，而勝利後國府也不會敗得那麼快。蔣的個人英雄主義沒有除惡務盡，其婦人之仁造成中國現代史上出現的共產逆流，完全擾亂了中國現代化的進程[18]，讓無辜善良的中國人付出那麼

15　馮玉祥、李宗仁、陳季棠、陳銘樞都有一再背叛的記錄。而且以這些人蓋棺論定的表現，無論能力、格局、品德、愛國心都不足以共同從事建國大業。

16　「有些軍閥甚至帶著整支軍隊入黨。國民黨在南京得勢以後，因為納入腐化而隨波逐流的舊官僚，收容了愈來愈多的投機分子，把原來的革命理想主義沖淡了。」費正清，《費正清論中國─中國新史》，臺北：正中書局，1994 年，頁 330。

17　「國府軍隊國家化到民國三十八年才完成。」劉汝明，《劉汝明回憶錄》，北京：北京傳記文學出版社，1966 年。

18　費正清，《費正清論中國─中國新史》，余英時序：「費正清也承認如果不是日本的侵略，南京政府也可能逐漸導使中國現代化，而中共興起也不是『不可能被壓制的』了。」，臺北：

慘痛的代價，蔣之大過也。[19]

優點：

A、蔣是個愛國者：

蔣是個愛國者，一生的努力都在追求中國的富強與獨立，此點是蔣一生奮鬥不懈的原動力，連一向對蔣沒有好感的史迪威、費正清對蔣此點都從不懷疑。

B、蔣是個律己甚嚴，生活節儉[20]的儒教徒：

蔣自幼受儒家思想影響，及長又信仰王陽明哲學。從蔣日記中可以發現蔣記載了大量自責、自律、自勉的內容[21]，所以在「忍」字功夫上蔣實有過人之處，如早期對日本軍閥的忍讓，替南京政府爭取到十年建設，奠定國家現代化的基礎，用以對抗日軍達八年之久而不氣餒。

又如對史迪威之再三忍讓，都顯示出蔣在忍字上的功夫。北伐成功，南京政府成立以後，蔣延攬不少學者專家推動國家建設，蔣也以儒家行為的高標準來贏得部下的愛戴，領導統御方法雖嫌落伍，但卻有效。蔣靠個人威望吸引大批高級知識分子參加南京政府，從事十年建設，奠定了中國現代化政府的基礎。

C、膽與識都有過人之處：

蔣青年時期曾涉足江湖，此段經歷對蔣日後之擔當重任應有正面影響，尤其是對下層社會的處世經驗，對蔣之危機處理應有幫助，在戰爭期間蔣曾不止一次親冒矢石都顯示出膽量過人之處。民國十二年奉國父之命令訪問俄國，訪俄時期不長，即洞悉俄國必成中國之大患，而向孫

正中書局，1994 年。

19　中國當時是一個停頓在中世紀的半封建社會，蔣的歷史任務，是要以武力統一中國，以蔣北閥成功後之南京政府軍之戰鬥力，蔣是可能完全瓦解反動勢力的。

20　幾乎所有跟蔣接觸過的中外人士都不否認蔣品德上的優點。

21　蔣日記自一九一五年即未間斷，至一九七二年健康惡化為止長達五十三年之久，此等自律、有恆之功夫連許多學者都佩服不已。

中山提出警告，日後蔣之反俄、抗日、反共、堅持民主、自由經濟等之國政大方向，事後觀之均頗有遠見。

D、在當代政治人物裡是格局較大而且比較全面的政治人物：

蔣非聖賢，當然有過，但是以當代人物而言，蔣的格局較大、較全面乃是不爭的事實，尤其是北伐成功以後，南京政府成立到抗戰爆發的十年期間，史稱「黃金十年」。一般學者述及蔣之功業不外北伐、抗日、反共等，但是許多人忽略了蔣在南京政府成立，民國十六年到民國二十六年之十年間南京政府的成就。

如廢銀改元、統一幣制、廢除各地方政府之釐金及各種苛捐雜稅、統一稅制、增加政府收入、發展農業工業等使國家導入法制社會、建立中央政府高層架構[22]、推行地方自治、推行新生活運動以改善不良習俗及變化中國民族性。

另一最重要而被忽略的成就是推行國語，中國是一個早熟的文化大國，由於文字、文化的凝聚力，中國成為一個人類歷史上罕有的一個古老而始終強大的國家，迭受外侮而始終不亡國。然而中國幅員遼闊，語言複雜，清末民初在一批學者[23]及國民政府契而不捨的努力，直至臺灣依然堅持國語政策。今天全世界的華人多能用國語溝通，國民黨應居首功也，僅此一端，國民黨政府在中國文化上的貢獻即不朽矣！

從清末洋務運動到自強運動，再到五四運動，中國知識分子為中國之富強獨立，引進各種主義學說。從德先生賽先生，從資本主義、無政府主義到共產主義，大部分是停在坐而言的層次，蔣南京政府的十年建設是一種大規模的「起而行」的工作。南京政府奠定了中國成為一個現代化國家的基礎，其規模之大，層面之廣，其影響力一直延伸到海峽兩岸，國、共雙方。

22　此乃黃仁宇教授對蔣一再推崇的成就之一。

23　推行國語運動以前即開始，主導者乃老－輩國民黨或親國民黨學者，如吳稚暉、蔡元培、王小航、趙元任、傅斯年等人。

　　國民政府是蔣一手締造的，十年建設也是在蔣領導下進行的，可惜當年的地方勢力，跟共產黨一樣以團結抗日之名進行破壞團結、分裂國家之實，到七七事變，南京政府的建設畫下休止符。作為一個軍事強人、一個政治領袖、一個常期被指責的獨裁者，回顧在其領導下的南京政府的成就是驚人的。

　　此外茲節錄一些中外學者及蔣接觸過的西方人，對蔣的評價來作為筆者對蔣評述的參考：

　　「律已甚嚴」、「生治節儉」[24]

　　「鋼鐵般決心」、「不屈不撓的精神」[25]

　　「朝代建立者的一切特性和一切力量」[26]

　　「蔣是一個充滿矛盾的人」、「他是軍人，也是政治家，是儒者、又是動亂中國的見證人，是革命家又是中國傳統的守護者」[27]

　　「無疑地，日本於一九三七年夏間進侵華北之舉，是由於目擊在蔣氏日益進步的設計下，國民政府力量和團結性都大為增加而提前，在以後的八年中間，在整個民族顛沛流離，和那種不能令人置信的大破壞中，在不斷戰敗和向內地撤退中，蔣氏乃是民眾意志之令人興奮的代表者」[28]

　　「歷史對他自會寬仁些，他的各種偉大優點，使他成為一個忠誠愛國的、不與人同流合汙的和足智多謀的領袖，他百折不撓地決意保持其他國家的獨立，不受任何外國控制，一心要為他憲政的民主政治奠定基礎」[29]

　　對蔣向不友善的費正清在他《費正清論中國—中國新史》中說道：

24　巴科夫著，「中國強人蔣介石」。
25　費正清，張理京譯，《美國與中國》，新北市：左岸文化出版，2003 年。
26　科勒博，《二十世紀的中國人》。紐約：哥倫比亞大學，1972 年。
27　費正清等著，黎鳴等譯，《東亞文明：傳統與變革》。天津市：天津人民出版社，1992 年。
28　司徒雷登，《司徒雷登回憶錄》，臺北：大華晚報發行，1954 年。
29　司徒雷登，《司徒雷登回憶錄》，臺北：大華晚報印行，1954 年。

「現在回顧當時的蔣介石，大家都肯定他的紮實外交成就。在一九三〇年代，他藉談判退讓拖延了日本的侵略，同時又取得德國納粹來建設軍事與工業；一九三七年間，他爭取蘇聯軍援以抵抗日本；一九四〇年代，他讓新疆脫離蘇聯勢力，同時取得美國依『租借法』的補給，而且，如柯偉林（William C. Kirdy）提醒我們的，他迫使莫斯科以對待一個『強國』的態度支持中國。蔣介石在歷史上的評價，還要隨著臺灣的中華民國一同上昇。」[30]

根據避免泛道德主義的標準；根據不以成敗論英雄的原則；根據改朝換代後不用政治力量汙衊對手的中國歷學傳統，再參考大量的國府檔案，我們可以確認蔣在近代史上功大於過。蔣的失敗不只是蔣個人的失敗，蔣的失敗可視為中國近代史上現代化的重大挫折，共產主義的暴興，是中國現代化的一股逆流，這股逆流犧牲了大批國共雙方的菁英分子，這股逆流餓死了數千萬善良百姓，這股逆流讓中國社會倒退了幾十年。最後共產黨放棄了共產主義，最後虛耗了幾十年後一切從頭開始。

蔣介石二二八的責任問題

一九四七年二月二十七日，發生在臺北的緝查私煙事件，隔天二月二十八日引起全省性的暴亂，史稱二二八事件。二二八事件在兩蔣時代政策性的隱晦不談，時為二二八歷史禁忌時期，後蔣經國時代到前李登輝時代隨著解嚴，二二八非但不是禁忌，而且透過知識分子的呼籲、民代的力爭、行政院通過二二八賠償條例，二二八的政府檔案也全部公開。

但是二二八的歷史一面倒的傾向指責國民政府，這一時期的二二八歷史完全訴諸悲情，大量引用當事人的回憶錄或口述歷史[31]，或選擇性的引用政府檔案，這一段時間的二二八歷史應該歸類於「穢史期」，坊間有關二二八的書籍看來像國民黨的文宣，毫無學術價值。這些書籍除了把所有的參與者都描寫成無辜的小白兔以外，還有一個共同點，就是把

30　費正清，《費正清論中國—中國新史》」，臺北：正中書局，1994 年，頁 386。

31　司徒雷登，《司徒雷登回憶錄》，臺北：大華晚報印行，1954 年。

蔣描寫成二二八的「元凶」、「幕後的劊子手」。

「元凶」是一個非常嚴重的指控，「元凶」是犯罪行為，指控別人是「元凶」應該有相當的證據，請看綠色學者的指控及所謂的證據：

（一）蔣是二二八大屠殺的幕後元凶[32]。

（二）蔣不該派兵[33]。

（三）蔣下令大屠殺[34]。

對於以上的指控多屬捕風捉影，以蔣的個性以及蔣的歷史紀錄，以上的指控大多沒有直接證據或係臆測之詞，或係惡意栽贓，除預設立場外還可以發現對蔣的歷史不夠瞭解。

以上三點指控分別解析如下：

一、蔣是二二八大屠殺幕後元凶：

國史館館長張炎憲說：「……真相呼之欲出，只是找不到白紙黑字的證據而已。」這種違背本證據原則的話，出自國史館館長之口，真令人哭笑不得。

二、蔣不該派兵：

如李筱峰《臺灣人應該認識的蔣介石》書中所寫：「聽信特務一面之詞，貿然出兵……」、「……舒桃經手該電報，親眼看見該電文寫明『格殺勿論』、『可錯殺一百，不可錯放一人』」，「在目前可查到的史料，雖無上述舒桃所言之資料，不過蔣介石這種『格殺勿論』的處斷方式，

32　張炎憲總編輯，《二二八事件檔案彙編（一）》新北市：國史館，2002 年，頁 4，館長張炎憲序「……二二八受難者及其家屬和社會大眾所渴望的追查元凶，發掘歷史真相，也許在這些檔案中無法找到答案，但藉由史料檔案的扒梳與研究，已足以重現當時的歷史情況，事件的元凶歷史真相呼之欲出，祇是找不到白紙黑字的原始證據而已。」

33　李筱峰，《臺灣人應該認識的蔣介石》，臺北：玉山社，2004 年 11 月，頁 71-72。

34　李筱峰，《臺灣人應該認識的蔣介石》，臺北：玉山社，2004 年 11 月，頁 73。

並非無前例可循，一九三六年西安事變前，中國的愛國學生在西安市示威請願時，張學良替學生向蔣介石請命，蔣介石卻怒斥道『對於那些青年，除了用槍打，是沒辦法的。』」

這些都是道聽途說的二手資料無法求證，不足採信。查李的說法「蔣介石不該派兵」顯然與事實不符，事實上臺灣大多數地區實質已經「淪陷」，警察跑光了，警察的武器被暴民沒收了，除了軍隊據守少數據點外，政令不出長官公署大門，事實上李文引述三月六日臺灣《新生報》新聞標題：

「市內商店全部開市／交通恢復，學校照常上課」（一版）

「臺中市連日情況市區秩序已恢復」（二版）

「臺南市內已告平靜／軍政民並同商洽處理辦法」（二版）

「花蓮民情極為平穩／軍隊自動撤回兵營／憲兵表示不干涉民間行動」（二版）

「彰化曾一度騷動／三日秩序完全恢復」（二版）

「嘉義群情不安／陳少將抵地接洽／紅毛埤方面衝突停止／機場尚未告平靜」（二版）[35]。

上述報導除花蓮外都不正確，因為當時全島已經混亂，資訊不發達，或當時記者身分不可能瞭解歷史全貌。以當時長官公署面臨的情況是：

（一）臺北方面處委會方面：

三月三日以後王添灯占優勢，蔣渭川失勢[36]。
三月五日全省各縣市處委會紛紛成立以後，公署權力已被架空。[37]。
三月六日處委會提出三十二條其中第一條就是要求國軍繳械。

35　李筱峰，《臺灣人應該認識的蔣介石》，臺北：玉山社，2004 年 11 月，頁 78。
36　賴澤涵總主筆，《二二八事件研究報告》，臺北：時報出版，1994 年，頁 64。
37　賴澤涵總主筆，《二二八事件研究報告》，臺北：時報出版，1994 年，頁 66。

（二）臺中方面：

三月四日臺中市官方機構大多為「民軍」所接管。臺中市警局、臺中市憲兵隊、臺中團管區司令部……，臺中專賣局等機構，都落入民軍的掌握之。[38]

三月五日，「臺中地區時局處理委員會」的各部組織完成。[39] 本日臺中市黃市長被「民軍」所擄。[40]

三月六日……謝雪紅為貫徹其主張，抗戰到底，乃糾集四百餘青年學生，另在八部隊內組織「二七部隊」……。[41]

（三）嘉義方面：

三月四日孫市長及李士榮憲兵隊長，見前來避難的外省人不少，且局面有惡化之趨勢，乃將避難者送往機場後再回憲兵隊。不久憲兵隊受強力攻擊……。[42]

三月五日……在機場的國軍部隊這時也處在困境中…他們面對接連不斷的攻擊，水電又被切斷，只有奮力出擊……[43]

三月六日，羅營長在陳漢平少將陪同下，到處委會洽談……[44]

三月七日，高山部隊加入作戰……守軍力竭後，不得不放火焚毀庫房軍資品而全面退到機場。[45]

（四）臺南方面：

四日……及第四臺長巡視糖業實驗所後，回程為高雄之民眾追擊外，別無他事發生。

五日……運用臺灣刑事的關係找出各地角頭，要他們發揮力量，制止當地流氓生事，聲言若不停止，則將翌日開始取締抓人，角頭聞命而去，果然使市面平靜下來。[46]

六日……市面日趨安定，唯市面發現共黨之標語，是日午後全市

38　賴澤涵總主筆，《二二八事件研究報告》，臺北：時報出版，1994 年，頁 88。
39　賴澤涵總主筆，《二二八事件研究報告》，臺北：時報出版，1994 年，頁 89。
40　賴澤涵總主筆，《二二八事件研究報告》，臺北：時報出版，1994 年，頁 91。
41　賴澤涵總主筆，《二二八事件研究報告》，臺北：時報出版，1994 年，頁 91。
42　賴澤涵總主筆，《二二八事件研究報告》，臺北：時報出版，1994 年，頁 106。
43　賴澤涵總主筆，《二二八事件研究報告》，臺北：時報出版，1994 年，頁 107。
44　賴澤涵總主筆，《二二八事件研究報告》，臺北：時報出版，1994 年，頁 107。
45　賴澤涵總主筆，《二二八事件研究報告》，臺北：時報出版，1994 年，頁 107。
46　賴澤涵總主筆，《二二八事件研究報告》，臺北：時報出版，1994 年，頁 111。

男女學生數千人集合遊行。[47]

是晚八時，據項臺長稱，有十餘奸匪意圖潛入其駐地擾亂，經哨兵發覺，以猛火力擊退。[48]

（五）基隆方面：

六日下午，青年和學生數百人假大世界戲院舉行學生大會……惟要塞司令部指稱，該會「決議決死隊，企圖接收政府各機關，占領砲臺……阻止內陸增援。當經破獲，並先後搜獲黃色炸藥二百箱。」[49]

官民間衝突似乎不斷，且有繼續增高之勢。[50]

（六）花蓮方面：

……誠如十二日，二十一師師長劉雨卿電報所稱：「花蓮港秩序平靜。」隨後，軍方報紙亦云：「這次事件發生，花蓮港一般市民均深明大義，力阻陰謀分子及流氓騷動，秩序尚佳。」[51]

（七）臺東方面：

總之，誠如當時縣長謝真電告記者：「臺東方面在此次事變中，並無多大騷擾。」因此，地方秩序得以迅速恢復，據報告事件期間外省人死亡一人，輕重傷十八人，財務損失值新臺幣壹佰六十五萬餘元。

從以上的資料顯示，臺北方面雖然沒有流血暴動，但是「長官公署已被架空」，處委會對長官公署在談判桌上步步進逼。其他地區二月三日到六日之間除花蓮、臺東以外，各地情況在持續惡化，而當時處委會內部權力鬥爭激烈，全臺灣或各重要縣市根本沒有可以懾壓全局之領導人物，在當時的情況之下也只有派兵一途，至於《新生報》的報導並非事實，當時因為全臺混亂，交通阻絕，資訊不正確而引起的報導失實是可以理解的。

47　賴澤涵總主筆，《二二八事件研究報告》，臺北：時報出版，1994 年，頁 111。
48　賴澤涵總主筆，《二二八事件研究報告》，臺北：時報出版，1994 年，頁 112。
49　賴澤涵總主筆，《二二八事件研究報告》，臺北：時報出版，1994 年，頁 138。
50　賴澤涵總主筆，《二二八事件研究報告》，臺北：時報出版，1994 年，頁 139。
51　賴澤涵總主筆，《二二八事件研究報告》，臺北：時報出版，1994 年，頁 147。

但是政府檔案公開後，研究歷史的人還輕信《新生報》的報導，作為官民雙方可經談判來解決問題的根據，那就太偏離了一個史學工作者最基本的「證據」原則。

三、蔣縱容大屠殺：

從上述的分析，我們發現許多對蔣的指控，多數缺乏直接證據，我們先從一手資料看看在二二八發生後，蔣說了些什麼？做了些什麼？

> 二月蔣主席致陳儀蒸電：函悉。臺省軍務主管不變更，故繼任人選不必擬議，據報共黨分子已潛入臺灣，漸起作用，此事嚴加防制，勿令其有一個細胞，遺禍將來。
> 三月蔣主席致陳儀齊電：基隆與臺北情況，每日朝夕作三次報告。
> 三月十三蔣主席致陳儀元電：嚴禁軍政人員施行報復，否則以抗令論罪。
> 三月十九蔣主席致白崇禧電：據劉師長電稱：我軍一營，追擊至埔里地方，被匪包圍激戰中云。特別注意軍紀，不可拾取民間一草一木，不許敗壞軍紀。（見附錄）

從以上的資料再還原當時臺灣情況之嚴峻，大陸烽煙遍地，四面楚歌，蔣在那種處境之中，及時決定派兵，同時嚴令注意「軍紀」，不准「報復」。事後檢討蔣的決定[52]，並無不當，至少蔣在他權責範圍之內做了他該做的事，以目前的資料，以及蔣的性格作風都不能證明蔣曾下令或縱容大屠殺。至於蔣派陳儀來臺[53]，二二八結束以後沒有處分任何官員等都屬於歷史資料解釋的問題[54]，見仁見智，容有不同看法，當另撰文討論。

總之二二八是歷史悲劇，原因很多，但絕不能單純地歸咎於某個人或國民黨，實際上當時臺灣的皇民化分子、流氓、臺籍翻譯、退伍日軍以及知識分子錯估形勢，國民黨釋放權力以後，臺灣內部的從政狂熱[55]造

52　2005年美國紐奧良水災，州長下令對暴民開槍，證明即使在法治社會，如果暴民失控的時候也必須動用武力。

53　當時除陳儀外，所有中央駐臺機構的主管，包括憲兵第四團張慕陶在內都力主中央派兵。

54　評論功過的文章很多。在當時陳儀乃蔣麾下的王牌乃不爭的事實，派陳儀來臺可見蔣對臺灣地位之重視。

55　李筱峰《解讀二二八》：一一九四六年二月上旬，臺灣省辦理公民宣誓登記及公職候選人聲

成群眾集體「歇斯底里」症，瘋狂地打殺外省人等等，都是二二八惡化的重要原因。

梁啟超說：「史也者，非紀一人一姓之事也，將以一述民族之運動、變遷、進化、墮落，而明其原因結果也。故善為史者，必無暇斷斷焉褒貶一二人，亦決不肯斷斷焉貶一二人。何也？褒貶一二人，是專科功罪於此一二人，而眾人卸其責也。……只知有一私人之善焉、惡焉、功焉、罪焉。以此牖民。此群治之，所以終不進也。」[56]。

在缺乏證據，又對蔣生平、性格不甚了了的情況下一股腦把二二八的責任推給蔣，而不研究當時在日人治臺五十年後臺人性格特色、戰後臺灣社會結構特色，把蔣定罪為原凶，正如梁啟超說謂的「專科功罪於此一二人，而眾人卸其責也」。

評論一個歷史事件或一個歷史人物，往往蓋棺還不能論定，因為無論歷史評論的縱深、全局、因果關係要等到相當時日才能瞭解。二二八發生迄今七十四年了，七十四年的沉思，七十四年來的資料公開以及資料消化，以及近代史家對蔣個人歷史，與蔣個人歷史地位重新評價，我們可以斷言蔣在二二八事件處理上並無過錯，至少目前的資料可以證明如此。

請檢覈，這是臺灣省建立各級民意機關的前奏。……成立縣市參議會，再由縣市參議會選舉省參議員，成立省參議會。在村里民大會成立之前，先行舉辦候選人檢覈，結果，聲請公職候選人檢覈，並經初複審程序通過者，多達三萬六千九百六十八人。……全省共選出區鄉鎮市民代表七千〇七十八人。……四月十五日，進一步選舉參議員。省參議員應選名額僅三十名，而全省申請參選的候選人，竟達一千一百八十人之多。其中以臺南縣來看，應選名額僅四名，而候選人有四百八十一人之眾，（楊功亮、何漢文《調查二二八事件報告》；《楊功亮先生年譜》，頁 389），如此激烈競選的盛況，恐怕是人類選舉史上的罕見特例。於此可以想見當時「有知識者都不約而同地想走進政治的窄門」（梁阿標口述，李筱峰採訪），可見臺灣社會當時從政狂熱到什麼地步。

56　梁啟超，《中國歷史研究法（含補編）》，臺北：臺灣商務，2009 年，頁 34。

混亂、矛盾的二二八史觀

　　二二八從最早國民黨的「二二八事變」，到李登輝時代的「二二八事件」，到後來的「二二八起義」、「二二八革命」，二二八的歷史定位，不停的在變，因為政黨輪替，因為省籍問題，二二八史觀一直在變是可以理解的。但是治二二八史的學者對二二八的一些基本「成見」不變，甚至大量的國家檔案出現以後學者的「成見」依然不動如山，於是形成許多邏輯矛盾之處，產生了許多令人哭笑不得的結論。其中最重要的矛盾有「一律冤屈」說，由於主觀的認定當年參與二二八的百姓一律是被冤屈的受害者，所以千方百計的淡化，或者隱匿他們應負的責任，甚至罪行，假如他們的責任、罪行有白紙黑字的證據，也要千方百計的證明這些資料是假的，是國民黨偽造的。

　　以王添灯為例，大量的資料可以證明王添灯在處委會掌權以後錯估情勢把三十二條加入「國軍繳械」這一條件企圖逼迫陳儀屈服，當他發現陳儀翻臉以後，又擅改三十二條內容刪掉國軍繳械這一條交給美國副領事柯爾，以爭取國際同情。這些資料經過中央研究院黃彰健院士比對求證以後真相早已大白，王添灯欺騙臺灣百姓，錯估形勢，引起大禍。但是即使鐵證如山，有顏色的學者卻依然嘴硬，說官方資料「可能是假的」，故意製造王添灯的罪狀，卻又提不出做假的證據。我們以常理來判斷，當年陳儀面臨的是一個全面動亂的局面。全省除澎湖臺東外幾乎全部淪陷，各地方行政機構全部癱瘓，地方警局人員逃離，槍械被搶，外省人不是被打殺，就是被圍困，政府軍除了死守少數據點以外，政令不出長官公署大門，陳儀當時已經有太多要求中央派兵鎮壓的理由，兵荒馬亂之際，陳儀還有心多捏造一條王添灯的罪狀？有此必要嗎？

　　又如高雄的談判代表涂光明，有色學者為了替涂光明脫罪否定官方檔案，否定人證（彭清靠致彭孟緝函），硬說涂光明上山沒帶槍，涂光明沒有反叛之意圖，涂光明是冤枉的。同時口述歷史也蓄意隱匿涂光明

與郭國基合作擊殺日本警察科長的資料。

　　我們綜觀有色學者的論述，幾乎所有參與二二八的臺灣人都是被冤枉的，假如事實如此那麼二二八就不該被定調成「革命」、「起義」，因為「革命」、「起義」總該有一批人進行武力奪權，總該有人犧牲，總該有幾個烈士吧！一場革命，無人為自己的理念勇於赴死，每一個死者都是冤枉的，那能叫革命嗎？

　　假如二二八是「革命」，王添灯的目的不僅僅是政治改革，而是進一步希望驅逐國民黨政權，以求臺灣獨立，主導三十二條也好，捏造三十二條也好，其目的在驅逐國民黨政權，經由美國或聯合國託管直到獨立為止。至於三十二條的問題不過是為達目的的手段，結果失敗了，結果為自己的理想犧牲了。這才是一個合邏輯、合情理的說法，這才能還原一個「革命者」的真面貌。

　　又如涂光明，個性粗魯暴烈，擊殺了日本警察科長乙案，雖不合法，但是替許多被冤死的臺灣人報仇，俠士也。為什麼隱匿他擊殺了日本人的資料，為什麼硬說他見彭孟緝時沒帶槍。以高雄當時動亂之嚴重，彭孟緝已經有足夠的理由殺人立威，出兵平亂，何須乎再捏造一個涂光明帶槍的罪狀。假如有色學者不替涂光明歪曲事實，那麼涂光明在歷史上至少是一個敢做敢當媲美荊軻的勇士。二二八既是革命為什麼要把涂光明描繪成被冤殺的可憐蟲，而不是為理想犧牲的革命英雄？

　　二二八過去七十多年了，七十多年來一切個人恩怨情仇都過去了，二二八應該當做一個純歷史事件來研究，一切情緒的、仇恨的成見都該拋諸腦後，治史臧否人物最忌「情緒」跟「泛道德」判斷。我們對二二八時代的人物評價不但要理性，同時更應該建立對二二八人物多元化評價的史觀，二二八人物不能單純的分為官兵與強盜，也不該簡化成無辜百姓跟劊子手，當年國民黨的官員，基於本身的職責，其所做所為有些值得原諒，有些值得肯定。如二二八結束後，廢長官公署、起用大量臺籍菁英從政，事實上實現了不少當年處委會的主張。當然對當年濫

用職權的國民黨官員，也應該繼續予以譴責，但是不該一桿子打翻一條船，把盡忠職守的官員妖魔化。我們設想，當年假如彭孟緝接受涂光明等談判代表的九項要求，那麼可能發生的情況是：

（一）高雄的動亂擴大，高雄當時並無可以鎮懾全局的軍事領導人，高雄民間武器充沛以後，動亂可能擴大，死傷人數必然增加。

（二）二十一師登陸後，彭孟緝可能以擅自降敵，有虧職的罪名被判重刑。

這種可能的發展對百姓、對日後的臺灣、高雄，都是負面的、不好的。從大歷史的角度看二二八，雙方都是大浪裡的小水滴，太多的陰錯陽差，太多的無可奈何，面對那麼複雜的歷史背景，一味從泛道德主義切入是錯誤的。

最健康的心態是師法古人，古人在封建專制時代，每逢改朝換代以後，史家往往肯定反抗新朝的前朝忠烈之士，立場的不同不影響價值判斷。

所以我們對二二八時代挑戰威權、追求民主、法治的前輩給予最高的敬意；我們對無故打殺外省婦孺的暴民、趁火打劫的強盜予以譴責，同時我們也對當年在全面動亂，四面楚歌的情況之下盡忠職守的國府官員，予以肯定。雙方立場不同，但都做了自已該做的事。

一切恩怨情仇都過去了，從純歷史的角度檢視二二八，許多標準是可以多元化的。是應該多元化的，一味醜化國民黨官員，一味替臺灣人叫屈，結果可能同時也矮化了當年的臺籍精英，假如二二八是場不成功的革命，那麼許多死難者應該是為革命犧牲的英雄，而不是被冤殺的可憐蟲。

從美國波士頓大屠殺談二二八

一七七〇年的美國十三州充滿仇英情緒，英國國會通過增加英國輸美茶葉稅。麻薩諸塞州議員，大陸會議代表約翰亞當斯（John Adams），領導美國人反抗英國，聯合賓州、費城與南卡羅來納的查爾斯登域，一同拒買英國茶葉。英政府派四千英軍到波士頓港鎮壓，於是發生波士頓大屠殺事件（Boston Massacre）。

所謂波士頓大屠殺，發生在一七七〇年三月五日，由英軍上尉湯瑪斯普瑞斯頓（Thomas Preston）帶領八名士兵在街上受波士頓暴民的攻擊，英軍開槍還擊，結果造成三名市民死亡，八人受傷，消息傳出以後舉國嘩然，經過渲染，最後變成英軍開槍濫殺無辜，數百人死亡。英國政府立刻下令逮捕士官兵，並承諾公開審判，英政府初擬犧牲這批英軍以平民怨，美方也無人敢擔任英軍的辯護律師。這時兼具律師身分的亞當斯挺身而出為英軍辯護，亞當斯認為不該因為政治立場而犧牲被告在法律之前的公平權益，此舉惹惱了許多美國人，視亞當斯為英奸。後經亞當斯詳加調查以「執行公務」、「自衛殺人」替英軍官辯護，結果該批英軍得保住了性命被遣返回英。

「波士頓大屠殺」乙案真相大白以後，美國人非但不再視亞當斯為英奸，且敬佩亞當斯的道德勇氣。後來約翰亞當斯擔任美國第一任總統華盛頓的副總統，並當選美國第二任總統。

「波士頓大屠殺」與「二二八事件」相隔近二百年之久，比較兩個歷史事件，可以發掘出許多發人深省的啟示，「波士頓大屠殺」的緣起，經過英政府的處理方式以及其結果；其影響雖與二二八不盡相同，但是受屬官、民之間的糾紛，同樣是一種民變，非常值得研究二二八的學者做一個對比，作為一個評論二二八重要的參考。二二八是一個歷史悲劇，國民黨隱匿二二八資料固然不對，民進黨歪曲二二八歷史，利用二二八作為政治籌碼更是可惡。

　　我們試以二百年前「波士頓大屠殺」那個時代的英國政府，美國人處理「波士頓大屠殺」的政治、法律道德標準來重新檢視國民黨處理二二八的比較，評述如下：

　　（一）事變發生後英國人、美國人完全依法處理，沒有用政治力介入司法，審判過程也沒有政治以及權謀考量。

　　（二）前者有亞當斯那樣的勇者挺身而出，以大無畏的精神替身為敵營的被告辯護。

　　（三）真相大白以後，美國人反而敬佩亞當斯的道德勇氣。

　　（四）「波士頓大屠殺」在美國是正面教材，完全沒有影響美英兩國人民的感情。更沒有把這件事擴張解釋成「文化衝突」、「族群對立」、「國家大屠殺」。

　　（五）二二八事件我們從傅學通的判決書來看事實部分：「……。於是惹動民眾憤怒，群以磚石向被告擲擊，並有叫打之聲。……。傅學通一度為追者拉住，掙脫後將子彈納入手槍，奔至永樂町二丁目地方，又為追者抱住，乃發射一槍，擊中看閒路人陳文溪胸部，不治身死，……。」，「……。於第一次為追者拉住掙脫後，乃將子彈納入槍內，則該被告於事先，已有開槍之計劃與準備，甚為明顯，是非『不知不覺』或『震動走火』，所可辯稱，倘謂該被告之開槍，意在排脫拉抱、卻止追者，以當時的情形而論，朝天開一槍，已足達其目的，今乃彈出而中人胸部，不僅防衛過當，且難認為無殺人之故意，彰彰明甚。……。但是在（共犯部分）卻說且查私煙，既係執行公務，對於該女販自無私仇積怨可言。……。或當一人被其糾纏時，其他五人一致慫恿鼓勵其加害，均屬不近情理。……均無刑責可言。……。傅學通故意殺人，葉得根假借職務上之權力，故意傷害人之身體，均屬罪無可赦，概如上述，而由於彼兩人之罪行，引起全省極大騷動，人民死傷以千百計，財務損失以億萬計，犯罪所生之損害重大殆無出其右者。……。」

　　從判決書也中之理由可得知下列幾個重點加以討論：

判決書認為一干人等是在「執行公務」。

判決書事實部分，陳述經過：「……惹動民眾憤怒，群以磚石向被告等擲擊。……。傅學通一度為追者拉住，掙脫後……。奔至永樂町二丁目地方又為追者抱住……。」從經過來看，這是典型的自衛殺人，至於在心生恐懼之餘，沒有朝天開槍也不能遽以判定被告有故意殺人之犯意，至多是「防衛過當」，為什麼理由書中說其他被告因為「且查私煙，既係執行公務，對於該女販自無私仇積怨可言。」而判無罪，同樣在執行公務在第二次被追打，心生恐懼而殺人的傅學通同樣在執行公務，同樣與女販及死者「無私仇積怨可言」就「……難認為無殺人之故意，彰彰明甚。」為什麼同案而有不同的標準。

「……由於彼兩人之罪行……人民死傷以千百計，財務損失以億萬計……。故置傅學通以大辟，不謂慘酷，處葉得根以最高本刑加重二分之一，猶有餘辜，……。」這一類非常情緒化的語言，是法律事件政治判決的鐵證。

（六）我們在詳查傅學通殺人的經過以後，可以確認當時傅學通在執行公務。在發生糾紛以後，傅等在延平路被民眾捉住，其他人也四散奔逃，這時並沒有人知道傅身上帶槍，傅傅逃脫後在永樂町第二次被捉才開槍殺人，所以傅在第二次被捉時因心生恐懼，出於自衛才開槍殺人為明顯。「執行公務」、「自衛殺人」，假如發生在一七七○年的美國，傅學通決不會判死刑；而不幸的是傅學通是中國人。當年國民黨以政治的、權謀的考量犧牲傅學通以平民怨，可能自以為得計，但是又怎麼會想到幾十年後傅判死刑等於坐實了傅的罪不可恕，也坐實了二二八是一個官逼民反偉大的反抗運動。假如國民黨當時不玩兩手策略，一方面判傅學通重刑以平民怨，復派大員如楊亮功、白崇禧等來臺安撫；一方面又暗中抓人，用恐怖手段鎮懾臺人，那麼二二八的真相就不會被歪曲。假如傅沒有被判死刑，而肇事的暴民也得到公開的審判應得懲罰。那麼「理」就不會全傾斜到一邊，二二八就不會被神聖化。

　　從歷史的角度來檢視二二八，二二八誠然是一個歷史悲劇，發生的原因有執行公務過當、暴民暴動、軍人濫殺，但是最重要的是當局沒有依法審判，而我們翻遍二二八的歷史，實在找不到一點「偉大」的動機、「神聖」的目的，而民進黨在談二二八的時候，從來沒有譴責過濫殺外省人的暴徒，也從來沒有同情過許多死難的外省人，所以民進黨一再炒作二二八，一再利用二二八，實在是一件可恥、可惡的行為。

　　我們來回顧一下當時的場景，傅學通是一個廣東人，可能語言不通，身在異鄉，在執行公務的時候，由於葉得根用手槍敲擊對他糾纏不休的林姓婦人頭部以後，群情激動，民眾大聲吼，並用磚石攻擊他們，他們四散奔逃以後被民眾捉住，叫罵之間，傅學通掙脫逃走，在心生恐懼之餘，子彈上膛，第二次又被捉住的時候開槍殺人，無論傅學通是「自衛殺人」或是「防衛過當」，他跟死者陳文溪無怨無仇，可以確定他非故意殺人，而他卻被判了死刑[1]。傅有罪，但罪不致死，傅被判死刑是國民黨權謀的政治審判的犧牲品，傅被判死刑既沒有「平民怨」，結果反而給臺灣的國民黨、外省人帶來了原罪，造成了臺灣內部長期的紛擾。

　　社會大眾也好，政治人物也好，我們面對二二八的困擾，應該從「波士頓大屠殺」的歷史中得到一點啟示，那就是任何用任何政治的、權術的手段處理法律事件都會有後遺症，這種後遺症像地雷一樣在你想不到的時間爆炸。「波士頓大屠殺」是一面歷史的鏡子，應該讓我們覺得羞愧、反省。而「波士頓大屠殺」比二二八早了一百七十七年。

　　今天民進黨用挑撥、誣陷、歪曲、捏造歷史的方式製造族群仇恨，取得短期政治利益，民進黨固然遲早要自食惡果，但是要全民付出代價，對於民進黨邪惡的動機，我們不能漠視，我們要以最嚴正的態度，勇敢的予以揭穿，予以譴責。

1　專賣局替傅請律師上訴後改判六年。

臺中慘案

　　二二八是個悲劇，受害人之多，牽連之廣，影響之深遠，在臺灣近代史上無出其右者。民進黨掌握了歷史解釋權以後，二二八被定調為國家大屠殺，外省人殺本省人⋯⋯。但在大量的政府檔案出現，包括鄉鎮、區公所、各地方警察派出所、各學校的公文資料堆積如山，足以證明民進黨對二二八的解釋是錯的，是歪曲事實的，二二八的受害人包括了大量無辜的外省人，外省人被打殺造成許多外省人驚恐逃離臺灣，也造成許多外省人對臺灣人的心理上的隔閡。（我六歲來臺灣時的時候就常聽大人講，臺灣人野蠻，連小孩孕婦都殺，要跟他們保持距離之類的話。）

　　二二八發生後一直到三月九日二十一師登陸，外省人被打、殺、被集中看管，或是被暴民圍困者所在多有。有些幸運的躲起來不敢出門，或被本省人保護。當時的大陸報紙，許多對臺灣二二八的報導，外省人今天讀來猶令人悚然恐懼。其中最令人震撼的是《藍世報》三月廿三日的報導「割傷耳鼻、剖腹分屍」，經查證「割傷耳鼻」、「剖腹分屍」[1]，都有事實根據。這類事件之外，當時本省暴徒的殘暴，還有很另類的罪行，「三月二日臺北方面之暴民依然四出騷動，對於各公私醫院所收容之毆傷者多有被暴徒逐出醫院再加毆打⋯⋯⋯」（楊亮功調查報告）。如此兇殘之行為，外省人的反應是「飽歷臺變驚險，外省人續返榕廈，在基隆候輪者猶逾萬人。」—三月十六日中央日報。

　　至於在臺灣服務的低階公務人員，飽受驚嚇，紛紛被迫求去，如三十六年月三月廿八日，臺中地政事務所業務員李慈復的簽呈：

簽　呈

中華民國卅十六年三月廿八日于本府地政事務所

竊職於上年七月二日起在前本縣土地整理處任職，至該處裁撤後蒙委任本府地政事務所服務，因離鄉過久經本月初簽准辭職在案

1　《藍世報》報導彭孟緝妻女遭割耳鼻，剖腹分屍是錯誤的，事實上，前者發生在臺中，後者發生在臺北。

（尚未離職），詎料「二、二八」事件波及本縣，三日上午後携兒退避鄉間，狀甚狼狽，所積旅費幾全罄，自平靜後仍歸所工作，頃閱報載交通已復常態，擬即日循途歸去（嘉興），惟近來百物飛漲，深感旅途用費在在甚巨，懇請鈞長憐職情形實在，准予列入遣散，不勝感恩之至！
　　　謹　呈
主　任　郭
科　長　沈　　轉呈
主任祕書　陳
縣　長　謝

　　　　　　　　　　　　　業務員　李慈復　　謹呈

鄉公所幹事魏橋祥簽呈：

　　　簽　呈　　　　中華民國卅十六年三月卅一日于長濱鄉公所
竊職等為國家服務，只知守法奉公，每日除辦公外，每受本省人白眼，以待此次事變更，敢籍端欲以繫殺，夤夜逃生，幸得鄉長暨代表主席等阻止，始得幸免竊思恐有第二次到來，則吾等外省人勢成壘卵之危，殆必灰類，此情況實覺令人寒心，且米珠薪桂各種物質隨之而起，已超都市生活，感於離家有年，家信疊次促返，又非處在要職，當以引歸，上可減少冗員，下則籍慰親心，近閱報據台北、花蓮等縣外來公教人員所請，准予遣散邇家，以盡本籍事業，完成國建設基構，為此聯名簽呈，懇請
鈞長核示祗遵
　　　謹　呈
縣長　謝
　　　　　　　　　　　職長濱鄉公所幹事　魏橋祥
　　　　　　　　　　　　令　右　　章仁泗
　　　　　　　　　　　　令　右　　邱庚成

　　均可見當時外省人的感受，這些反應都跟本省暴民的殘酷暴行有關。這些暴民的罪行，對外省人的影響，是目前研究二二八學者掩飾忽略的一環。讓我就現有的證據敘述臺中劉青山慘案，以證明當時臺灣暴徒是多麼的可怕，如果把所有二二八的參與者都視為義民，是多麼的荒唐。

三月二日，暴民包圍前臺中縣長劉存忠住宅，想用汽油焚燒劉宅，事為謝雪紅阻止，謝雪紅將劉前市長及其部屬繳械、軟禁警察局內，現任市長黃克立逃亡，臺中開始動亂。

根據行政院二二八研究報告第三〇七頁：

> 劉氏為專賣局台中分局科員。民眾因憤事件起於台北市的專賣局人員因緝私煙的不當，而運帶不滿劉氏，劉氏乃於專賣局台中分局前之可階被流氓推下之後，又為群眾趨前圍毆至重傷，被送往台中醫院治療。但他未死之消息傳出，民眾憤恨未平，於次夜，流氓十餘名衝入醫院，割去劉君耳、鼻後，又挖出雙眼，再予以猛擊而罹難。

劉青山死亡經過之慘，真是駭人聽聞。又根據國史館《二二八事件檔案彙編第九冊》六十八 - 七〇頁：

> 存忠兄見情勢不佳，乃自側門探首外出，欲以情理開導群眾，殊知甫露半身即被伏伺門外之暴徒數人拖出，用木棍石塊包圍毒打，如不搶救數分鐘之內，必喪其寶貴生命於暴眾無情毆擊之下，臺中分局劉青山科員乃向空鳴槍一發，以示恐嚇，群眾果然聞聲散退，余等即趁機衝出將存忠兄救入，仍緊閉側門，為之敷裹創傷。而散退之群眾旋又捲土重來，聲勢更烈，並欲手槍與手榴彈向屋內紛紛擲擊；劉兄之副官楊某即遭暴徒槍傷手臂，余等以勢已至此唯一辦法，厥為槍抵抗，阻止群眾攻擊，以待憲警武裝之援救。余等發鎗後，暴眾旋進旋退，相持數小時之久，雖人數愈集愈多向余等發射之鎗聲愈來愈密，而暴眾終不敢冒險衝入。
>
> 余等潛伏門內竭力抵抗之目的固在等候援救隊伍之到來，以解重圍，惟此種希望漸趨渺茫，暴眾之進攻方式則愈演愈兇，除不斷以手槍，手榴彈擲擊外，並用救火車之橡皮汲水管改汲火油噴射於存忠兄寓邸屋貢，然後再用手榴彈向噴射處擲擊，企圖引起燃燒，此種方式至惡毒亦至有特效，屋頂旋即數度起火，而手榴彈片及手槍彈丸擊入隨同余行視察之本局科員陳復中一人之腿部及左手肘，陳君傷及倒地血流如注；幾瀕於死，處此千鈞一髮險象

環生化情形下，守既非易，衝也困難，其所謂前無去路，復有這兵，幸同患難共生死之八男四女，生死二字早置度外，臨難不苟，各守衝要，沈著支持余等數人，一面須抵抗門外暴眾之衝，一面須撲滅房屋之燃燒，一面又須為傷者包紮傷處，情況之緊張狼狽，蓋可想見，且即此種緊張狼狽之相持局面，亦因時間之延長而愈趨惡劣，有不能繼續之勢，余等頗一旦打破相持局面後之一幕為如何悽慘！相與作更進一步之協商，決定死中逃生，僉謂不死於八年抗戰敵倭之手而今埋身於閱牆之變的臺灣，實死乏代價，為免無謂犧牲而表民族氣慨計，因決定「拼」為應變對策，於是即以分局課員劉青山手持双槍左右發射為前導，婦孺君，余等殿後，結成一小小隊伍，開門向暴眾包圍圈之極弱點衝去，結果適如預期，當衝出至郊外一三岔路；乃重部分踞三要點，各別監視當面之道路，以阻止暴眾之近逼，至此又造成一新相持的局面，處境稍較困守屋中為優。

半小時之後遙見左側大路上一卡車滿載武裝警察迎面而來，車首立一女子，一手持手槍，一手揮白旗，余等發槍令其停駛，先派人來說明情由，該女子當即令司機停車，單人蹤身來至余等面前，互詢之反，知伊為大名鼎鼎之女共黨謝雪紅，余等見伊竟偕滿載武裝之警察而來，殊深驚愕，伊當告余等以情形之嚴重，謂如此與萬千群眾相持，結果之危險不難想見，乃勤余等放下武器，伊當負責保障余等之安全，護送余等出險。余等於略加考慮後提出由伊以卡車護送余等至警察局之要求，當獲承諾，余等即將全部武器交出，全數上車。

但當余等上車後，群眾即自四方趨來將汽車包圍，并鼓譟將余等當場交由大眾公開處置。謝乃向群眾解釋，謂此數人均屬罪魁，現已成俘虜，當由上級照法定程序予以公開審判後處決，藉張罪惡，目前不能交由大眾辦理。語畢群眾略顯安靜，伊乃令汽車緩緩開行，但不逕赴警察局，卻環行鬧市，隨時停車向群眾演講，察其用意，顯為欲將余等之成為俘虜一事，普遍曉示群眾，藉以煽動群眾之更高暴亂情緒，而為更瘋狂之破壞行動，如此巡迴示眾約歷一小時許，始載余等至警察局，下車後被隨車之武裝警察

挾入內，止於局長辦公室，是時局長洪字民在座，惟對余等并無一言安慰，面部亦無任何關切表情，後來觀其行動，一惟謝雪紅之意是遵，即了然其人早已被脅迫而急激之轉變矣。

在警局喘息未定，謝雪紅即向余等盛氣稱：「目前局外蝟集群眾甚盛，皆鼓譟欲得君等甘心，余亦無法制止，勢將破門而入，最好君等依隨余出至本局露臺一見群眾，否則對於君等之安全，余即不能負責矣！」言畢不俟余等考慮，即揮侍立於旁之兩著警察制服流氓，挾存忠已隨伊出立露臺，由伊向群眾演說，痛詆政府一切施政方針，並以種種罪惡厚誣存忠兄，博得臺下群眾掌聲不絕，旋迫令存忠兄面向群眾跪下，喝令侍立之兩流氓以手中木棒向存忠兄頭部痛毆，至於暈倒，然後送回室內，繼挾趙分局長外出，亦如法炮製，繼而及余，再次為趙分局長之祕書課長等最後為分局科員劉青山君，甫出露臺，即被挾持之兩流氓從其身後猛推而下，立即被群眾趨前圍住，紛用空油瓶各劉君頭部猛擊，劉君旋即暈絕，蓋暴徒深怒其適間自存忠兄寓領隊衝路而出之勇邁，必欲當場置之死地以洩忿也。當謝雪紅依次挾余等外出當眾毆辱之際，同時亦有數流氓批自警局門首衝入加毆與余等同來之趙甫兄眷屬，婦孺子亦不能免。

被暴徒猛擊暈絕之劉君，當時一般暴徒與余等均料其必已斃命，幸於暴眾散去約一小時許又告回蘇，並由謝雪紅自動派車送赴臺中醫院治療；假以時日，本可逐漸痊癒，不幸劉君不死消息被暴徒所聞，於次日夜間由流氓十餘人衝入醫院，就病榻前割去劉君耳鼻，剜出双眼，再加猛擊，始告斃命。

以上是國家安全局署名蜀蓉居士之回憶錄，對臺中暴亂，劉青山死難之經過，有十以上分詳實之敘述。

許多大陸報紙有關暴民割耳鼻剜眼的報導應該是根據劉青山慘案，行兇的暴徒在任何時空，任何理由都是不可以被原諒的。暴徒是誰？暴徒有沒有受到法律的制裁？這是我關心的一個問題。從臺中方面的資料，暴徒的頭子應該是何鑾旗，何是大明日報記者，是二二八臺中活躍分子，

大明報記者何鑾旗（外號加納）指揮前「義勇警察中隊」部分隊員，加上前海南島「青年義勇奉公隊」隊員，接管整個警察局，成立「台中特別警察隊」，由何鑾旗任隊長，代替警察局維持社會治安。又根據國史館《二二八事件檔案彙編第一冊》三八六頁

台中市參加暴動暴徒主要名冊

姓名	年齡	籍貫	現在職業	住址	罪行	備考
何鑾祺	三二	台中	大明報記者	台中市初音町一丁目	鼓動暴動處理員治安隊之總指揮	

臺中參加暴動暴徒主要名冊第一名就是何鑾祺（鑾旗）。

又根據中史研究院二二八事件資料選輯第六冊一二五頁：

姓名	年齡	籍貫	職業	出任偽職	罪行	住址	備考
何鸞祺（鑾祺）	三二	台中	大明報記者	警察局長處委會調查兼專賣局長及	為流氓領袖之一，三月一日參加謝雪紅主持之幹部會議三月二日市民大會後親率暴徒尋毆外省人，繳收警察局槍枝並占領之，親手殺害專賣局的人員莊（劉）青山，主持台中各報聯合版詆毀政府，煽動暴動率眾打死專賣局劉主任　查該犯系共產黨駐台幹部		

以上是警總保存憲兵第四團臺中地區三‧二事件重要人犯名冊的記載。

又根據中研究二二八事件資料選輯第五冊五四一頁：

台中地區公職人員參加二二八事變首要主謀分子調查表

隸屬單位	姓名	職別	罪行概要	備考
大明報社	何戀（鑾）祺	記者	鼓吹暴動處理治安隊總指揮	現已被中部綏靖區司令部拘捕究辦中

從許多資料看來殺劉青山的兇手就是何鑾祺，何犯下滔天大罪，何的下場如何呢？從官方的資料看來，何被中部綏靖區司令部拘

捕後交司法審判，地院可能被判有罪（無地院判決書等資料），
後來何上訴高院改判無罪，根據高院刑事判決第卅七年處特字第
二十二號判決罪理由如下：

臺灣高等法院刑事判決　卅七年度特字第二十二號

公訴人本院檢察處

被告何鑾旗　男年三十三歲臺中市人住臺中市公園路二號業前大明
報記者

指定辯護人劉旺才律師

右列被告因內亂案件經檢察處提起公訴本院判決為左

主文

何鑾旗無罪

理由

本件被告檢察官以其有內亂罪嫌係以本省去年發生二二八事變波
及台中地區時，被告招集暴徒組織特別警察隊，自任隊長並兼臨
時警察局長，收繳軍裝武器，包圍專賣分局及前台中縣長劉存忠
住宅，擲彈燃燒並毆辱專賣分局職員及劉縣長，為治罪之根據，
訊據被告對於担任特別警察隊長及毆辱劉存忠外，均矢口不認並
謂任特別警察隊長職？

係因洪警察局長鑒於警局武器於三月二日被搶，地方秩序無以維
持，故於三月五日召集原義勇警察隊改組為特別警察隊，六日始
被推選為隊長至掌煩劉縣長係在平息眾怒，曾得本人同意云云，
查台中於事變中警局組織特別警察隊，係由警察局長洪字民於三
月五日，授命被告召集，雖洪警察局長離職已久，無從傳証但查
另案被告陳茂中（特字第三十二號）卷內證人賴長庚等所供自可
參証，台中發生暴動係在三月二日，謝匪雪紅召開市民大會後當
夜即行發生，警局武器被繳情事，設收繳為該被告指使或參加實
施對洪字民局長，何得於三月五日猶命被告組織特警維持治安之
理，至於臨時警察局長攻占教化會館圍，攻專賣分局，毆打外省
人等各節，業據証人賴葉木、賴長庚、李泉松、施金全、周錦等
在本院檢察處查對、一致具結証明未有前聞、若被告果有此等重
大暴行，證人等均屬台中市民，或為派出所工作人員，豈有不知

是則被告所稱自

可採信，按去年二二八叛變發生，台中地區係謝雪紅親自策動，受禍最烈洪字民局長之命被告組織特警，係以被告在本地擁有一部分勢力，可利用以緩和局勢，決非以少數特警向各地湧至之暴徒抵抗決鬥，當時局勢險惡被告未惑，以明朗態度正面應付，從而與暴徒方面亦有周旋，為向劉存忠掌頰等舉動緩和應變，亦在情理中查。內亂罪之構成，須有顛覆政府之意圖，業經本院詳予研訊被告雖態度曖昧行動容有不當，意圖顛覆政府指揮叛亂殊乏積極確証。我中央政府處理此次事變迭主寬大，自宜略跡原心，不事吹求，爰諭知被告無罪以彰德意

據上於結應依刑事訴訟法第二百九十三條第一項判決為主文

本案於檢察處陳＊華蒞庭執行職務

中華民國三十七年二月十三日

臺灣高等法院刑事庭

審判長推事 梁恒昌

推事 洪壽南

推事 高炎棴

何鑾祺的判決書疑點重重：

（一）判決書提到掌頰劉縣長，還經劉縣長同意，可是沒有說明檢方對被告理由是否曾向劉縣長求證，如沒有經過求證，豈可輕信何的說詞？

（二）何的無罪是靠許多「證人」，這些不相干的人證在法律上證據力非常薄弱，不足採信。

（三）根據憲兵第四團的記錄有殺害劉青山的罪狀，為何起訴書沒有這一條。

（四）憲兵第四團之記錄何為共黨駐臺幹部，以當時政府對「共黨」嫌犯之敏感嚴苛，豈會輕易判何無罪。

　　臺中劉青山慘死乙案疑點甚多，真相未明之前，我暫作下列假設結束本文：

　　（一）何鑾祺確實不是兇手，至少罪證不足。

　　（二）何是兇手，可是何花了大把銀子擺平此事。

　　（三）兇手另有其人，被軍方私自處決。

　　（四）兇手至今依然逍遙法外。

　　劉青山死得太慘了，對於殺死劉青山的兇手，我們應該追究到底，對於劉青山慘死以及臺北暴徒到醫院把受傷的病人趕出醫院繼續再打等惡行，對外省人的心理影響，以及國府遷臺後對族群融合的影響，以及臺灣在日人統治五十年後為何「治」出那麼多兇殘無比，毫無人性的暴民，不也是二二八研究非常重要的題目嗎？

　　劉青山的最後資料見諸臺灣省文獻會《二二八事件文獻續錄》，臺灣省專賣局檔案一九四七年四月二十二日，第三二八頁：臺中分局記載「科員劉青山追悼會，於五月十日上午在本局大禮堂舉行」。

派系鬥爭與權謀政治——
二二八悲劇的另一面向

陳翠蓮博士《派系鬥爭與權謀政治——二二八悲劇的另一面相》是有關二二八歷史的一部力作，多年來很受重視，但是我們詳讀該書以後發覺許多問題，謹以客觀的學術態度，對該書提出一些質疑，供關心二二八的朋友參考。

第一、陳翠蓮博士的論文，以派系鬥爭當做二二八事件核心的主軸，本文也就以派系鬥爭為主軸就教於各位。陳書中的第四章〈派系鬥爭與二二八事件〉中，將隨陳儀來臺的國民黨各派系，分為政學系、孔宋系統、軍統、CC派[1]、三民主義青年團等五大派系；本省人士則分為半山、地主士紳階層及一般知識分子三大集團。其中，陳儀身處的政學系（包含其治閩班底）和軍統及孔宋系統三個國民黨內的派系，結合半山集團，陳博士稱之為統治集團；而三青團和CC派分別結合本省知識分子，而地主士紳階層則自成一派，此三個派系陳博士稱之為民間社會。

國民黨內的派系分野，能否那麼簡單的區分，讓人十分好奇。依常識性的區分方法，國民黨內的各派系，可區分為黨務、政務、軍事、經濟、特務等五大權力分權。那麼CC派及三青團主要屬「黨」，政學系主要屬「政」，黃埔系主要屬「軍」，孔宋集團主要屬「經」，軍統主要屬「特」。但各派之間，有爭權奪利者，有爭功諉過者，但兩派全面公開衝突的情形，尚未得見。

譬如CC派自有中統局特務機關，軍統雖與中統相互競爭，但也絕對不會橫挑全CC派的大樑子。在撤退來臺之前，陳立夫兄弟深得蔣中正總裁的寵信，黨務一任陳氏兄弟經手，勢力舖天蓋地，軍統在特務情報方面雖得蔣之絕大信任，但蔣尚且置一中統在陳氏兄弟手下制衡軍統，

---

1 所謂CC派，當時政黨要員以陳果夫、陳立夫為首的政治派系。當時有「蔣家天下，陳家黨政」的說法。陳氏兄弟掌管黨務多年，政府遷臺後，隨著陳果夫去世及陳立夫被放逐到美國，於是CC派也夜間瓦解。

軍統又怎敢無事生非只為爭權奪利而得罪整個 CC 派？就算軍統敢，各派系權力的來源者蔣中正，也不一定會允許此一情況的發生。

再者，由於各派人馬流動，有時也會伸入其他派系的地盤範圍。如陳儀是政學系，先前雖然是帶兵官，但後來多時以政務工作為主，但其義子湯恩伯則深受蔣中正重用，雖非黃埔系統出身，但在抗戰時期領兵數十萬號稱河南王，遠勝許多黃埔出身的將領。所以國民黨內各派系在中央或地方都是盤根錯節，無法一刀兩斷的釐清彼此的關係。

因而，陳書中只因黨務工作必須結合基層力量，而在各地方布建基層黨部連絡地區有力人士，就將 CC 派及三民主義青年團視為民間社會，則可能過分簡化了事實。[2] 以我們的眼光看來，國民黨內的黨、政、軍、經、特五大分權，不管在中央也好在地方也罷，每個派系都是統治集團。任何地方人士（包含地主士紳或一般知識分子都一樣）跟上述五大權力結構合作，不是為了獲取「權力」難道只是為了熱愛鄉土？在臺省的 CC 派和三青團恐不能視為民間社會。因此，這一個派系的統治集團區分實在有必要重新檢討。

第二、陳在本書中以國民黨內部派系鬥爭為二二八事件的核心，因而忽略了共產黨在事件中的影響。例如她認為舊臺共如蘇新等人誇大了中共地下黨的作用，而真正中共派赴臺灣進行工作的蔡孝乾，她也認為效率不高。陳的結論是「由於組織發展未臻健全，對臺灣戰後情勢估量不夠準確，使得中共在臺工作委員會在猝發的事件中只能扮演被動的角色」，而且「舊臺共勢力固然有較前者深厚的社會基礎，但稍有作為的謝雪紅一支，也難免受到士紳階級的抵制，在國府軍隊增援前後匆匆潰散」，所以「國民黨政府指二二八事件為中共奸黨所策動，則顯然是搪塞卸責之詞。」[3]

2　陳翠蓮，《派系鬥爭與權謀政治—二二八悲劇的另一面相》，臺北：時報文化，1995 年，頁238-245。

3　陳翠蓮，《派系鬥爭與權謀政治—二二八悲劇的另一面相》，臺北：時報文化，1995 年，頁189-194。

　　此一看法，以背景層面來看沒有大錯，意即二二八事件確實並非如國民黨所說的由「中共奸黨」所策動，國民黨把二二八事件發生的原因之一推給共黨，純粹只在卸責。但是二二八事件發生之後，臺北、臺中、高雄三個事件的風暴中心，臺北「處委會」裡，《自由報》諸舊臺共領導人，藉《自由報》社長王添灯影響事件的走向，[4]最後甚且因而弄出了令陳儀十分不高興的四十二條處理大綱；臺中則謝雪紅本就為武裝風暴之核心，結果我們可以看到三個中心裡有二個由共產黨扮演重要的角色。

　　因此，如果以共黨在事件中影響的層面而論，讓二二八事件難以和平收拾的因素中，恐怕共產黨必須負上比國民黨內各派系還要多的責任。

　　第三、陳書中以二二八事件中 CC 派搧風點火意圖扯政學系陳儀後腿，軍統則以兩面手法耍弄陳儀意圖拉下陳儀，解釋事件裡軍統和 CC 派的角色。[5]就中統而言，首先，陳翠蓮博士認為 CC 派所屬的中統向中央匯報臺省二二八事件之後的狀況，是「不利於陳儀」的手段。[6]但是我們認為，這只是中統善盡情治機關的本分，談不上什麼和政學系的鬥爭。再來，她認為 CC 派省黨部外圍組織「政治建設協會」成員張晴川、白添枝、李仁貴、廖進平在事件擴大中扮演了推波助瀾的角色，這和臺灣省黨部脫不了關係。[7]但是陳在書中也說，CC 派在臺灣省的頭子國民黨省黨部主委李翼中，在事件初起的三月一日即多次要求「政治建設協會」常務幹事兼組織部長蔣渭川積極介入協助撫平二二八事件。[8]由此觀之，省黨部對外圍組織成員的控制力，實不能如臂使指只能動以利害，而且 CC 派對白添枝等人的作為真否能加以控御，也有待證明。那麼 CC 派在

4　蘇新，〈王添灯先生事略〉，《未歸的臺共鬥魂——蘇新自傳與文集》，臺北：時報文化，1993 年，頁 111-118。
5　陳翠蓮，《派系鬥爭與權謀政治—二二八悲劇的另一面相》，臺北：時報文化，1995 年，頁 254-268。
6　陳翠蓮，《派系鬥爭與權謀政治—二二八悲劇的另一面相》，臺北：時報文化，1995 年，頁 259。
7　陳翠蓮，《派系鬥爭與權謀政治—二二八悲劇的另一面相》，臺北：時報文化，1995 年，頁 254-258。
8　陳翠蓮，《派系鬥爭與權謀政治—二二八悲劇的另一面相》，臺北：時報文化，1995 年，頁 255。

事件中的角色如何，該負的責任為何，恐怕還要再研究。

　　就軍統而言，要以派系鬥爭的觀念來看事件中軍統的角色，那麼就必須先解釋軍統鬥贏陳儀能取得何種「權」或「利」？陳博士在書中極力想要說明，柯遠芬是軍統人馬，其作為造成二二八事件動亂的擴大。[9]但軍統以特務情治系統為主要發展地盤範圍，柯遠芬是臺灣警備總部參謀長，陳儀是兼司令，由參謀長負一切名義上及實際上的責任，柯遠芬實因陳儀力邀而來臺任職。柯氏拉下陳儀，再來一個行政長官兼司令或省主席兼司令，對柯氏並沒有任何利益可言，而甚至新任長官或省主席會不會將其撤換改任自己親信，也在未定之天。

　　興風作浪所獲不多，還要擔心相互競爭的中統或其他情治系統，蒐得軍統在事件裡暗中搞鬼的實情往上呈報，柯氏為何還要鬥倒陳儀？沒找到動機前，只以派系鬥爭解釋軍統的角色，說服力不足。至於事後三民主義青年團許多人被關、被整，主要原因是他們參加二二八，這與他們派系背景無關，如果有 CC 或軍統分子參加二二八，國民黨難道會放過他們嗎？

　　深入瞭解國民黨當年的派系特色，我們應該知道，軍統、中統是特殊的機構，他們直接對蔣負責，他們之間互相競爭，他們對其他派系之間，沒有實際的利害衝突，他們是以「監軍」的心態替蔣辦事，對蔣個人負責，從陳文中的許多分析，可見陳對國民黨當年派系的特性瞭解不夠深入。

　　陳文中一再強調國民黨之間的派系傾軋，但是陳忽略了當年這些派系對認定「二二八是場暴亂」、「是叛國行為」的共識，我們看軍統、中統、長官公署、保密局、中央黨部各單位給中央及蔣的報告，對二二八發生的經過，處理辦法等立論、建議等都大同小異，可見大家立場一致、想法一致，所以派系鬥爭對二二八影響極小，陳文中用大量的

9　陳翠蓮，《派系鬥爭與權謀政治—二二八悲劇的另一面相》，臺北：時報文化，1995 年，頁260-268。

資料來分析國民黨的派系情況，精神可佩，但是強調派系對二二八有多大的影響，在邏輯上事實上是都無法成立。

至於陳文中一再強調三十二條「軍隊繳械」、「撤銷警備總部」等十條是由軍統 CC 派唆使的陰謀以羅織臺人罪名作為出兵藉口，此說既缺乏直接証據，又不合情理。事實上，黃彰健院士的研究「軍隊繳械」系林添燈的主張，惹禍以後曾經向陳儀要求取消「軍隊繳械」這十條。同時以當時臺灣動亂之嚴重，尤其有共產黨參與暴亂，中央派兵已是遲早的事，沒有必要再增加一兩個出兵的藉口，一再強調陳儀、柯遠芬等人「製造」、「羅織」出兵藉口，是見樹不見林的看法。

國民黨是一個革命政黨，在二二八之前國民黨歷經了辛亥革命、北伐、剿共、抗日。除了軍閥以外，共產黨、日本軍閥都非易與之輩，在二二八之前國民黨已經累積太多的鬥爭經驗，二二八對國民黨而言是癬疥之疾，同時以當時臺灣情況之嚴重，大多數縣市實際已經「淪陷」，治安混亂，各地警局警員棄械逃逸，地方政府癱瘓，中央出兵已有足夠理由，根本不必大費周章捏造臺人「罪證」，作為出兵藉口。同時以當年國民政府官員對法律也沒有尊重到這種地步。國民黨派系雖多，內鬥激烈，但是遇有外敵，更多的情況是一致對外，否則，國民黨不可能完成東征、北伐、抗日等大事。

研究二二八的發生原因，惡化原因如以重要性而言，陳儀的處置失當、本省領導階層的內鬥、書生誤判情事、暴亂的擴大、駐臺兵力不足、臺灣社會結構特別產生的認同錯亂等等其重要性都超過國民黨派系鬥爭對二二八的影響。在證據不足的情況下強調派系鬥爭使二二八情況惡化與國民黨「製造」假罪證做為國府出兵的藉口。非但邏輯不通，同時對國民黨的歷史屬性缺乏更深層的瞭解。同時陳文中對大量參考資料也是選擇性引用，如引用唐賢龍《臺灣事變內幕記》，為何對唐文中大量描述暴民暴行的資料略而不提，對楊功亮報告中譴責暴民、皇民奉公會分子的內容也隻字不提，這些都是可信的史料，也都是二二八惡化的重要

原因。

　　歸納陳文雖然旁徵博引，可惜犯了對國民黨認識不夠深入，邏輯不夠嚴謹的毛病，所以書中的重點結論「派系鬥爭使二二八情況惡化」，這種論述使我想到一句廣東諺語「風大賣皮箱」：

　　有兩個人一同去一個陌生的地方，到了以後發覺該地風沙很大，其中一人立刻興奮地說：「機會來了此地可以發展皮箱生意，保證可以賺大錢。」「為什麼？」另一個人問，他回答說：「你想，風大眼疾者必多，眼疾者多瞎子必多，瞎子多拉二胡的必多，拉二胡的人多貓必少（用貓皮蒙二胡共鳴桶），貓少老鼠必多，老鼠愛咬皮箱，老鼠多皮箱耗量必大，故此地賣皮箱必發大財。」

　　硬把國民黨的派系問題扯到二二八頭上，而不重視引起二二八的主因，如臺灣書生誤判形勢、流氓、退伍臺籍日本兵、日本通譯、皇民奉公會分子等動機主張各有不同，以致動亂一發不可收拾等，而硬扯一堆不相干的或次要的因素來解讀二二八跟風大賣皮箱一樣，好笑。（本文與楊晨光生合著）

論官逼民反兼二二八發生的主要原因

我對二二八「官逼民反」一說提出質疑，並且用大量的證據證明當年二二八不是官逼民反，反而可能是「民逼官反」，我並且把〈論官逼民反〉及〈馬英九與二二八〉兩篇文章透過管道交給馬英九參考，企圖影響馬英九對二二八的態度，但是馬英九在二二八前及二二八當天的談話非但強調二二八是官逼民反，而且表示願意一再道歉，這種態度令我非常失望，茲再深入討論「民逼官反」一說並探究二二八發生的主要原因及責任歸屬，供馬英九及關心二二八問題的朋友參考。

我們回顧二二八發生前臺灣的時空背景，當時臺灣面臨三種嚴重的病症：一是復員症候群，全世界許多國家都有這種經驗，戰爭結束了，社會恢復正常運作，但是許多參戰官員、退伍軍人，一時無法調適，當年的臺籍日本兵處境更尷尬，一度當成戰俘，退伍後就業問題、國家認同問題，比一般國家戰後復員問題更為複雜。其二是光復症候群，臺灣淪為日本統治五十年之久，五十年來雖然臺胞前二十多年浴血抗日，死傷慘重，後二十多年蔣渭水等非武力抗日。但是畢竟許多人因為生在日據時代，在日據時代受教育，所以認為自己是日本人，加上皇民奉公會的少數特權家族。在光復後發生認同錯亂，在二二八發生後乘機蠢動，也是事實。其三是戰後經濟症候群[1]，二次大戰後，臺灣大陸都因戰爭的破壞，經濟問題嚴重，臺灣尤其是日本政府撤退前，大量印發臺幣，埋下通貨膨脹的種子，丟下一個爛攤子給國民政府，臺灣經過英軍大轟炸，工廠破壞，生產力降低。當時三大重症集於一身，二二八不過是個引爆點。但是二二八是不是歷史之必然呢？經過我多年之研究我發現不是，二二八悲劇是可以避免的。至少可以不如此嚴重，假如陳儀處置得當的話。至於外省人攏斷權位、貪污、軍紀不良、通貨膨脹等都是次要原因。

三大症候群同時發作是當年的歷史背景，陳儀在二二八發生後處置

---

1 我不用通貨膨脹症候群，原因是戰後經濟問題不只是通貨膨脹。

不當，讓本省領導階層誤判情事，讓認同日本的臺籍日軍、臺籍翻譯[2]以為有機可乘，才是二二八惡化的主要原因。

陳儀是個思想偏左的理想主義者，他以敬愛臺灣人、相信臺灣人、重用臺灣人的原則與臺灣人打交道，他相信臺灣人會用同樣的態度回報他。試看他把臺北高雄及許多重要縣市長都讓臺灣人做，把電臺、《新生報》都交給臺灣人經營[3]，全省各級民代及議長、副議長全部都是臺灣人。同時用許多變通辦法讓臺灣人快速取得任用資格，在在都證明陳儀對臺灣人的態度。

評斷一個歷史事件，必須處理所有原始資料，先考證其真偽，再研判每一份資料在當時情況之下所產生之影響，在整個事件中之關係地位，經過編排、消化以後之資料進入模擬、重演當時之情境。用這種方式進行史學研究，才能挖掘歷史事件之真象，並解釋歷史事件的因果關係以及解讀歷史事件之意義，其中重要原則是：A、遍讀所有資料，不可缺，更不可偏[4]。B、是排比資料間之關係及重要性之順序。

以二二八為例，當時的臺灣面臨復員、光復、戰後經濟三大症候群，但是臺灣在日本高壓統治下大多數百姓是是守法的[5]，如果二二七發生流血事件，二二八發生動亂以後，陳儀一切依法處置，不但依法審判肇事公務人員傅學通等六人，一方面依法處理被捕之暴徒。同時拒絕與任何非官方身分之民眾代表談判，即使談判，亦是只談政治改革的部分，肇事官員及被捕民眾堅持司法審判，把政治問題與司法問題分開。如此可能有幾個結果：

A、動亂就此平息。

B、抗爭昇高，陳儀下戒嚴令，以有限兵力逮捕暴徒，並嚴正警告民眾，如亂事擴大將向中央要求派兵平亂，民眾接受警告，動亂就此平

2　臺人稱之謂臺灣歹狗者。
3　本省人李萬居做社長，李係青年黨人。
4　選擇性引用資料。
5　當時日本警察權力之大，同時兼管戶政、財經，臺人畏之如虎，連小警員就被尊稱大人。

息。

　　C、陳儀按照 B 模式處理，結果二二八當天或三月一日談判提早破裂，動亂提早擴大，國府提早派兵，事件提早結束，死傷因而減少。

　　以上三種假設，以 A 的可能性為最大，因為臺灣在日本嚴刑峻法的高壓統治下，大多數的老百姓是守法的，但是部分臺灣百姓的「守法」是基於對日本人、日本法律的畏懼，而不是在一個法治社會的百姓素質及社會法治基礎之上的守法[6]。當時臺灣人的性格充滿焦躁、不安、恐懼與暴烈，臺灣的社會結構也非常特別，缺少中產階級及管理階層，日本人走了，管理階層出現真空，日本警察不見了，法律突然變鬆了，左鄰右舍的朋友突然有的當大官了，有的當議員了。

　　二二八發生以後，平日高高在上的長官公署竟然如此地軟弱[7]，非但釋放許多打、砸、燒、搶的現行犯[8]，而且准許百姓組織處委會作為合法的談判代表，並且同意各級民意代表是當然的處委會代表，處委會突然與各級民意機構合流，處委會一夜之間變成一個巨大的涵蓋全省的怪獸，處委會也由一個二二八緝私煙官民糾紛處理委員會，變成一個多功能的政治改革、研究、咨議機構，進而變成一個與政府對立的反對黨，進而快速的變成一個叛亂團體，最後終於與暴徒結為一體[9]，變成波及全省的流血衝突。

　　但是六號、七號許多臺灣領導聽到國軍來臺的消息，立刻士無鬥志，許多組織立做鳥獸散，處委員態度也立刻軟化。尤其是國軍登陸後的緩靖戰爭，全省七個緩靖區，加在一起也不過死了四十三個人，埔里一役謝雪紅抵抗激烈也不過死了七個人。所謂民進及反抗團體如此不堪一擊的原因之一是二二八缺少正當性，參與二二八的人也各有不同的目的，國民黨犯的錯加在一塊也沒有到非反不非拼命的地步。

6　臺灣人的表法是表面的。
7　同意民眾代表到獄中拍照。
8　里長保釋，無條件釋放。
9　王添灯，蔣渭川都想利用群眾煽動群眾作為自己的政治資本。

　　我們從各種史料、官方檔案、各種回憶錄、口述歷史都進行分析，我赫然發現，二二八發生的主因是官誘民反，到民逼官反，實非目前大家所認知的官逼民反。因為當年國府的失政，長官公署的失政，所有的問題都加起來都沒有到一個民不聊生的地步，沒有到一個非反不可的地步。陳儀對臺灣人尊重、愛護是無庸置疑的，但是同時陳儀對臺灣人、臺灣社會也缺乏瞭解，二二八發生以後，陳儀的寬大誤導了臺灣人民，讓許多野心分子、流氓、皇民化臺人以為機會來了……。

　　二二八陳儀當然要負最大的責任，而陳儀的最大錯誤絕不是用人不當、官員貪污、外省人攏斷權位等等，這些都是次要因素。陳儀的最大錯誤在於一開始陳儀就用權術、浪漫的愛心，而不依法處理二二八暴亂，遂發生後來的官誘民反。

二二八和平落幕可能性探討

　　坊間有關二二八的著作都將陳儀與民眾代表、臺灣士紳、半山、處委會談判到談判失敗、國府派兵，這段經過，認為是陳儀的「緩兵之計」，而「緩兵之計」也變成陳儀、國府的重大罪狀。「緩兵之計」的證據有兩點，其一：陳儀、張慕陶再三向蔣渭川等人保證中央不會派兵。其二：根據三月六日新生報的報導，除嘉義外「**許多地區的秩序，已在恢復當，這是二二八事件處理委員會及各地分會的組織及功能發揮，有以致之。**」[1]在陳翠蓮博士的《派系鬥爭與政治權謀》一書中更以「調兵、請兵，欺騙兩線並進」細數陳儀「緩兵之計」的罪狀。

　　問題的關鍵是二二八官民之間的談判有和平落幕的可能性嗎？假如不可能和平落幕在全省大部分縣市都淪陷的情形下，在暴民終日嘯聚、打、砸、搶、殺的恐怖氣氛之委會人數、權力都急速的膨脹，全省陷入一種歇斯底里的瘋狂狀態，和平談判已不可能之時，「緩兵之計」何罪之有？

　　許多學者認為和平談判可以成功，根據李筱峰引述《新生報》三月六日的報導，包含臺北、臺中、臺南、花蓮和彰化各地，已陸續恢復秩序[2]，若真如此，整個臺灣的動亂即將平息，而陳儀一方面安撫百姓，一方面請兵當然不應該。但是我們深入瞭解當時的情勢，我們發覺《新生報》的報導除花蓮外，都是錯誤的，事實上當時的情況是全臺非但陷入一片混亂，而且在持續惡化，僅以臺北、臺中兩地為例即可證明《新生報》報導不實：

　　臺北：「**三日至五日全省各縣市處委會成立後，長官公署權力已被架空。**」[3]

1　李筱峰，《解讀二二八》，臺北：玉山社，1998 年 1 月，頁 140。
2　李筱峰，《臺灣人應該認識的蔣介石》，臺北：玉山社，2004 年 11 月，頁 78。
3　行政院研究報告，頁 66。

臺中：「三月四日臺中市官方機構大多為『民軍』所接管。」[4]

此外基隆官民衝突不斷，且有增高之勢[5]。嘉義、臺南都有間歇性戰爭[6]。《新生報》之報導不實，和平落幕已不可能，從三月一日至三月六日的發展，無論從處委會的快速膨脹、變質，到整個臺灣社會秩序的惡化，已經是不辯自明的歷史，歷史的事實已經證明和平談判失敗，國府除了派兵平亂，實在沒有第二種選擇。假如二月六日蔣介石不派兵，臺灣官、民雙方繼續談下去，有沒有和談成功的可能性呢？假如有，我們至少可以指責陳儀、蔣介石沒有在和平絕望的時候就貿然出兵，我們可以指責陳儀等人用「緩兵之計」來欺騙老百姓。但是從各種資料顯示，即使再拖上一個月，和平談判成功的可能性也是零，重要的原因如下：

（一）臺灣領導、半山，已經被暴民綁架，沒有人敢為國府講話，也沒有人敢提出理性的、可為雙方接受的條款，當時的民眾已經陷入一種歇斯底里的精神狀態心之中。

李翼中回憶當時處委會的情況：「二二八事件處理委員會歷次集議，均為旁聽群眾所左右，失其自主動力，於是騷亂蔓延至中南部各縣市，焚如之禍成矣！」[7]

黃朝琴的回憶如下：「我辭別陳長官後，即赴中山堂，各界代表先在二樓小房間等候會齊，他們請我進去，我曾告姃此事錯在取締私煙的人員擅自開槍傷及行人，我們應該冷靜處理本案，但在室外圍觀的民眾中有人大聲說『黃朝琴是替政府說話的不要理他。』後開會時間到了，我們下樓看見李萬居、連震東兩人亦趕來，又有人在罵他們是政府的走狗，何必來參加，他們兩人聽了只好不參加回去了。……對此事大家冷靜處理，否則不可收拾；下面會眾大聲阻止我再說，故我無其他意見發表。」[8]

4　行政院研究報告，頁 88。
5　行政院研究報告，頁 139。
6　行政院研究報告，頁 103、111。
7　中央研究院二二八輯選資料，頁 378。
8　黃朝琴，《朝琴回憶錄》，新北市：龍文出版，2001 年 5 月，頁 274。

當時任鐵路管理委員會的徐鄂雲回憶處委會開會的情況：「……始則插嘴囂張，繼以人多口雜，喧賓奪主，會場秩序失控，轉而充滿戾氣。」[9]

謝娥、蔣渭川、吳三連、林獻堂，這些人原來都是臺灣的領導階層，對群眾都有些影響力。但是在群眾瘋狂的情緒下，他們的影響力都打了折扣，他們也嘗試與民眾理性溝通，他都嘗試過要求恢復社會秩序，但是他們都失敗了。

（二）認同錯亂造成的反中情結：

日本治臺五十年，尤其是後期推動皇民化運動，不少出生在日據時代的青年自認自己是日本人，如戴國輝回憶兒時的認同問題：「我的父親為了給這位歸來的軍伕洗塵，特地請他到我家來吃飯。當天安排的客人，不是至親，就是好友，沒有外人，鄭重其事，目的是想聽聽這個故國劫後歸來的客人，報告他在廣東的所見所聞。我父親頻頻催促我說：『明天早上要上學呢，早點睡吧！』可是，我這個小學五年級的小鬼，充滿著好奇心，實在不願意，拖延了好久，才勉勉強強爬上床，在那裡躺著，假裝睡著了。……慢慢地開始細訴日本兵在我們家鄉幹的種種暴行，如何慘絕人寰，如何動人心魄，其中包括獸兵強姦了我們中國婦女之後，還用刺刀從陰部把她捅死！……當時，在蚊帳裡偷聽大人講話的我，突然爬起來，大聲說道：『日本軍是皇軍，不會幹出那種壞事！』」[10]。

因為家族利益接受皇民思想的士紳，認同日本，渺視中國，甚至不少知識分子也發生認同錯亂，如林茂生，林是日據時代第一名臺灣博士，也是第一個擔任中學老師的臺灣人。一九二〇年天皇生日，林茂生在報紙發表〈國民性涵養論〉一文，以認同日本，作日本人為榮，指責拒絕皇民化的臺灣人是「國家觀念皆無之臺灣人」。此文一出受到臺灣人強烈的批判，吳三連指斥他「晏然不知恥辱，何其醜態乃爾……殊令人驚愕不已。」黃玉齊天諷刺他「木本水源賣祖求榮……。」

9　行政院研究報告，頁422。
10　戴國輝，《臺灣史研究》，臺北：遠流出版，1985年3月，頁100。

　　臺灣的高級知識分子尚且如此，也難怪許多生在日據時代的青年人，認同日本自以為是日本人，如以百分之十計就有數萬人之多，這些人參加暴亂就是一股不小的力量。而在二二八中許多親日媚日的表現，令人當時經過八年浴血抗日的外省人震驚不止。也認為二二八的問題如惡化將涉及領土、主權問題，更何況二二八有美國托管派勢力介入，這是剛剛掙脫帝國主義侵略的中國人所不能容忍的。這是二二八不可能和平落幕的重要原因。

　　（三）陳儀無條件釋放暴民，允許成立處委會，走錯了第一步，乃至於讓民眾輕視中國官吏、中國政府，讓處委會變成一個半合法的反叛團體。處委會成立的目的原意是解決二二七因為緝私煙而發生的偶發事件，但是處委會在一批政治野心家、暴民操弄之下快速質變，處委會變成一個不倫不類的機構，到後來把成立的宗旨完全拋諸腦後，處委會的成員分子複雜，其心各異，處委會後來的發展變成誰也控制不了的怪獸。所以即使處委會簽訂了和平協議，以處委會分子之複雜、派系之多之不團結、組織之鬆散，我們懷疑，處委會連恢復社會秩序的能力都沒有，遑論其他。

　　日本治臺五十年，日本人刻意壓抑臺灣領導階段的結果，臺灣盡管初級教育普及，但是社會領導階層都是日本人，本省人在嚴刑峻法的統治下雖然口服心不服，但是大致能維持一個起碼的秩序。光復後日本人走了，中國人的法律相較日本人實鬆得多，再加上臺灣當時領導階層人數少而影響力不足影響民眾，引導民眾，所以即使處委會與長官公署談判成功，二二八也不可能和平落幕，而時間拖得越久，雙方傷亡人數就可能更高。

　　我們細查當時陳儀在三月六日以前僅與蔣做過二次電報，一次書面報告，其中都沒提到派兵乙事，陳儀對蔣要求派兵，僅見諸於二月六日對蔣的二二八報告。至於蔣決定派兵應該是綜合許多單位對蔣的報告後做出的判斷，我們看在蔣決定派兵之前所接獲臺灣重要情資如下：

一、保密局……二月二十六日……。[11]

二、陳儀呈蔣二月二十八電……。[12]

三、張司令鎮呈蔣三月五日電……。[13]

四、桂永清呈蔣三月五日電……。[14]

五、中統局呈蔣三月六日……。[15]

其內容皆在強調臺灣情勢之嚴峻。

蔣之決定出兵是根據許多情報做出的判斷，陳儀開始並不打算調兵來臺，而且企圖透過臺灣士紳、透過處委會大事化小。假如有緩兵之計的念頭，不可能到今天都找不到白紙黑字的證據，因為二二八在當時國府的認知，無論是中央、無論是長官公署，都認為二二八是一場動亂，甚至是叛亂，出兵的理由是依法「平亂」，平亂的理由已經一大堆，要求派兵，即使用緩兵之計，都沒有偷偷摸摸、隱匿檔案的必要，我們檢視所有陳儀與中央及蔣之函電，以及長官公署所有會議紀錄，甚至陳儀與部下會談內容，都找不到一點「緩兵之計」的蛛絲馬跡，「緩兵之計」在戰時在對於對付敵人的時候絕對不是罪狀，絕對沒有保密或銷毀檔案的必要，至於陳儀在二月六日呈蔣的報告中云：「……**此次事實不止違法顯然系叛亂行為，自應嚴加懲治，惟本省兵力十分單薄，各縣市同時發生暴動，不敷應付……。**」顯係卸責之詞。因為在七日處委會交給陳儀四十二條之前，陳幾乎是有求必應，對民間領袖沒說過一句重話。

到了六日（或五日）發現和平無望，決定請兵，到了七日看到處委會的四十二條勃然大怒，將四十二條擲出三尺以外，轉身離去。處委會才驚覺，他們闖了大禍，乃要求更正四十二條，取消國軍繳械等條款。但為時已晚，悲劇已經無法避免。陳儀非但膽小怕事之輩，一開始陳絕對有和平談判之誠意，到了五日（或六日），發覺事不可為，乃決定請兵。即使陳儀用緩兵之計，最快是五日的決定，到七日與處委會決裂，「緩

11　行政院研究報告，頁 27。

12　行政院研究報告，頁 27。

13　行政院研究報告，頁 28。

14　文獻會 228，頁 3。

15　文獻會 228，頁 3。

兵」三日而已，假如陳儀會緩兵之計為自己及長官公署、全臺灣外省人的安全，他為什麼不再緩幾天與處委會決裂，那緩兵之計不是更完美，更沒風險？假如根據本文分析，二二八和平落幕已經不可能，緩兵三日何罪之有？更何況處委會及臺灣士紳無力平息動亂，而陳儀又不用緩兵之計，假如陳儀跟彭孟緝一樣，提早出兵平亂，同時公開向國府調兵，二二八的結局會不會更好呢？這是一個值得深思的議題。

以目前的資料看來，我們可以得到三個結論：

一、二二八和平落幕絕不可能。

二、沒有證據顯示陳儀用緩兵之計。

三、後來假如陳儀用緩兵之計，也是由於客觀情勢的需要，何罪之有？

至於柯遠芬、張慕陶等人對民間代表決不派兵的保證最可能的解釋是：派兵是最高祕密，很可能他們也被蒙在鼓裡。否則這些身居高位又老於世故的官員，明知國府派兵而發誓保證不會派兵來陷自己於不義，失信的情況是不合情理的。

二二八蔣介石責任平議
兼評《二二八事件責任歸屬研究報告》

　　由陳儀深等人合作之《二二八事件責任歸屬研究報告》[1]，說蔣介石是「二二八元凶」、「應負最大政治責任」、「應負法律責任」，陳水扁根據這本報告也直指蔣是二二八元凶，甚至說二二八不是「官逼民反」，二二八是單純的國家大屠殺，民並沒有反，學術界對此說法反應冷淡，馬英九一如往年拚命道歉，只有蔣孝嚴以家屬身分向法院提出毀謗先人之訴。

　　二二八事件蔣介石的責任問題是近代史的一段重要公案，過去因為屬於禁忌或資料未公開而鮮有研究者；從李登輝主政到政黨輪替，二二八的資料從中央到地方到民間，幾乎所有資料都已公開，但是二二八歷史被民進黨及泛綠學者操弄得面目全非，民進黨用臺獨史觀、革命史觀來寫二二八歷史，其中有歪曲、有隱晦、有捏造，尤其對蔣介石的批評，對蔣在二二八事件中應負的責任多屬道聽途說，羅織罪名或惡意中傷之詞；本文根據可靠史料對蔣在二二八事件中之政治責任及法律責任做一客觀分析。

歷史背景

　　坊間學者研究二二八往往對當時中國之大歷史背景略而不談，中國近代史其實就是一部中國抵抗侵略的血淚史，中國從晚清到民國百年來受盡侵略者欺凌，除了逼迫中國簽訂各種不平等條約以外，日本強占臺灣、東北；俄國控制外蒙、新疆；英國奪取香港又企圖染指新疆；中國面臨瓜分及亡國之危機，知識分子為救亡圖存，引進各種主義，愛國青年憑血肉之軀抵擋強敵槍砲，一直到了抗戰勝利，收回東北、臺灣，保住了新疆，除了外蒙古外大致維持了中國領土的完整。中國人用血肉性

1　張炎憲等，《二二八事件責任歸屬研究報告》，臺北：財團法人二二八事件紀念基金會，2006 年。

命，抵抗了帝國主義的侵略。

中國近代的血淚史，臺灣是受害者之一，臺灣光復是中國人百年來第一次洗血國恥，當時全國知識分子、國府要員及蔣中正先生對臺灣光復，不但感覺無比的光榮，同時也決心好好建設臺灣。所以國府在勝利前就有各種研究機構研究臺灣問題，做為光復後之參考，陳儀在福建成立「臺灣從政幹部訓練班」，培訓臺灣從政幹部。但是當時臺灣面臨的複雜狀況是當年陳儀所不能瞭解也不能掌握的：

一、少數日本人不甘心，鼓動臺人叛變，除了辜振甫涉及的未遂案外，二二八前有不少日本軍人失蹤，不少日人眷戀於養尊處優的好日子而不願回日本。這批日人不少鼓動或參加二二八暴亂。

二、陳儀在臺灣推動民主政治，提拔臺籍菁英從政的主要原因是陳儀看到臺灣治安良好，人民守法；但是陳儀不瞭解臺灣人的守法是基於對日本嚴刑峻法的恐懼，以及對日本警察的恐懼，臺灣人的守法不是建立在一個法治的文化基礎包括百姓素質之上的，也就是說臺灣人的守法是表相的，臺灣人的民主訓練、法治訓練不足，這點在二二八發生後臺人對外省人瘋狂的打殺，在處委員威脅處委會代表，砸、燒、搶所有機關學校等惡行中充分顯露無遺。

三、日本人據臺五十年，不少臺灣青年是日據時代出生，在日本時代受教育，自認為是日本人，看不起中國人，再加上不少皇民化的特權分子，這些人只要占當時人口的百分之一，就有六萬人之多，六萬人參加動亂是個可怕的數字，全臺灣百分之九十九的同胞都心向祖國，只要有百分之一的人認同日本，參加動亂，其結果就很可怕。坊間不少二二八作者以皇民化人少、共產黨人很少，來淡化其影響及其發生的作用是錯的。

以共產黨而論，二二八當時臺北、臺中、高雄三個風暴中心，臺北跟臺中都有共產黨介入，臺中謝雪紅大家都耳熟能詳，但不知臺北林添

灯極可能是共產黨員，在二二八處委員會期間，幾乎每天都到人民導報與蘇新等臺共分子開會討論然後再去處委會開會，即使林添灯不是共產黨員，至少受共產黨的影響很深，三個風暴中心，兩個受共黨操縱，所以不可以用人數多寡來評斷對事件的影響，臺北出現陳進興等三個強盜就會把臺北搞得雞犬不寧。

上述歷史背景是研究二二八不可忽視的重要因素，不可忽視大的歷史背景，不可忽視中國近代的血淚史，更不可以忽視臺灣人是受害者之一，其受害內容包括心靈上的如皇民化思想、媚日思想、卑視中國人思想等等都是造成二二八的重要原因。日本人在戰爭末期運走了大批糧食支援前線作戰，引起臺灣糧荒，日本投降後又趕印大批臺幣引起通貨膨脹。忽視這些因素專注於細微末節的討論是見樹不見林的作法。

陳儀處置失當之處

陳儀由於誤判情事，尤其對臺灣社會瞭解不夠深入，所以在二二八發生後許多措施非常不妥，如：

一、二二八發生暴亂以後，軍警逮捕了一些現行犯，在民眾代表要求下立刻無條件釋放，查當時被捕的乃打人或損毀之現行犯，豈可未經審判，作為談判條件而釋放。

二、逮捕肇事者傅學通等六人，居然答應民眾代表到獄中查看政府有無縱放犯人，並拍照存證，此舉置政府威信於何地？

三、同意成立處委會，此舉是二二八迅速惡化的最大原因，處委會後來與各地議會合流，處委會由解決二二八糾紛的臨時組織質變成一個政治改革研商機構，討論範圍也擴大到政治、軍事、經濟、政府組織等等無所不包；後來與反叛分子合流變成一個遍布全省的叛亂組織，變化之快令人咋舌。

陳儀非膽小怕事之輩，一開始讓步，是希望透過談判，和平解決問

題，到了情況不可收拾，只好請兵平亂，從整個過程來看，陳儀愛護臺灣人，相信臺灣人的心情是無庸置疑的，所以陳儀到死都不認為他對不起臺灣人。

蔣介石決定派兵的原因

蔣介石把手上的王牌──陳儀派到臺灣，蔣介石對陳儀是非常信任的，蔣介石對陳儀的施政也充分授權，所以陳儀在一月十一日曾要求蔣介石派員接警備總司令，蔣介石要陳儀繼續兼任警備總司令，唯蔣介石對共產黨問題一直擔心，所以在二月十日給陳儀電報中特別提到：「……據報共黨分子正潛入臺灣，漸起作用，此事應嚴加防制，勿令有一個細胞遺禍將來，臺灣不比內地軍政長官自可權宜處置也。」此一電報長期被學者忽視，但是我認為此一電報非常重要，其一、可見對陳儀的信任，要陳儀集軍政大權於一身；二、必要時可「權宜處置」，原因是臺灣「不比內地」，不比內地應該是指臺灣剛回歸祖國，情況複雜，對於可能的動亂要當機立斷；三、不讓共產黨有「一個細胞遺禍將來」。從歷史的發展看來，防共對臺灣日後的生存發展影響深遠。

二二八後共黨分子幾乎全部逃離臺灣，大部分回大陸，可惜陳儀辜負了蔣介石對他的信任及授權，二二八發生後的優柔寡斷，坐待情況惡化，終至不可收拾；但是對陳儀有「可權宜處置」的授權，可能也是日後蔣介石沒處分陳儀的原因之一。

此外保密局在二月六日呈蔣介石密電：「蔣批：應電陳長官公洽、澈查為何臺灣自治團支部如此不負責任……。」省參議員在公開場所「肆意攻擊政府」、「宣布反動言論」，對蔣介石而言應該是相當震撼的事。

二二八發生後陳儀電蔣，陳儀特別強調「遵令權宜處理」，但是陳儀的權宜是處處讓步、不停談判。陳儀一直想透過談判，利用鄉紳和平解決二二八問題，但是處委會被暴民綁架，和平努力失敗。

三月五日憲兵司令張鎮呈蔣之報告「一、臺灣暴亂形勢益趨嚴重。

（一）此次臺灣暴亂，其性質已演變為叛國奪取政權之階段，外省人之被襲擊而傷亡者，總數在八百人以上，地方政府完全失卻統馭能力，一切由民眾控制，暴民要求不准軍隊調動，不准軍隊帶槍，無異解除軍隊武裝，暴民在各處劫奪倉庫槍械，及繳收軍警武器，總數在四千枝以上。（二）今日情勢似外弛內張，臺北二日雖解嚴，並由憲警及民眾代表組成維持治安機構，但奸偽標語仍滿貼街衢，各工廠機器及物積損失殆盡，無法復工，長官公署及各機關迄未恢復辦公，臺籍警察多攜械潛逃，全省鐵路改組為鐵路委員會，已由臺人掌握，陳長官似尚未深悉事態之嚴重，猶粉飾太平。……」

三月五日國家安全局駐臺人員從臺灣發給局長毛人鳳一電：「……（一）臺北廣播電臺被占據作為召集煽惑民眾之所；（二）蔣渭水利用廣播召集曾受訓練之海陸空軍臺民及前被日徵用由海外歸來之軍屬在臺北大平町第一劇場編隊（臺北已成立決死前敵兩隊），更宣揚臺民須加強團結爭取臺人自治務必達到目的；（三）桃園機場及臺中各機關已被暴徒武裝占據；（四）嘉義高雄兩地之武裝暴徒仍與軍警激戰；（五）花蓮港武裝番民聞係潛伏山間，每日化裝三百餘配合民眾進攻花蓮港現情況不明；（六）暴徒依賴群眾威脅當局改革臺省行政陳長官已正式答應將臺灣行政長官公署改為臺灣省政府各機構人選須與蔣渭水等不肖配定；（七）外省人死傷達萬亦損失財產無算；（八）局勢萬分嚴重現外觀雖稍安定而暴徒仍暗中積極備鬥，臺省高級官員之眷屬已於五日搭乘中興輪離臺，謹聞職宋壎穀、林學哲、洪明山、郭南健、林安然、劉國平叩才徵亥……」本文雖屬內部文件，局長應根據本件對臺灣情勢之嚴重性向蔣提出報告。

此外當時中央在臺之機關負責人都會向蔣報告臺灣情況之嚴峻，蔣得到的情資來源已足夠，雖然如桂永清等有不同意見供蔣參考，但蔣衡量臺灣情況已到了非出兵不可的地步，雖然有很多民間團體直接或透過美國領事館，如蔣致陳儀電：「臺灣政治建設『促進』（協）會由外國領事館轉余一電，其間有請勿派兵來臺，否則情事必更嚴重，余置之不理，此必反對分子在國外領事館製造恐怖所演成。」蔣對外國人干涉內政素來厭惡，電文多有「情事必更嚴重」之類的恐嚇之詞，以蔣的個性，

此類威脅性的字眼更引起他的反感。

蔣之決定派兵是根據多方面之情報，其中關鍵性的資料可能是憲兵司令張鎮的報告，事後證之蔣的判斷是正確的，臺灣情況已不可收拾，除了派兵之外已別無選擇，《二二八事件責任歸屬研究報告》提到「**至於要求『暫時解除武裝』以免繼續流血衝突，要求撤銷警備司令部，『以免軍權濫用』，容或不切實際，也談不上什麼叛變色彩……**」，這種說法顯然沒有考慮到整個臺灣的情況。當時臺北治安還算平靜，但是處委會步步進逼，長官公署已架空，政令不出長官公署大門，全省縣市長有的跑了，有的被軟禁，全省警察局除少數縣市員警，幾乎全部逃走一空，實際上臺灣多數地區已經淪陷，處委會已變成叛亂團體，絕不是「**也談不上什麼叛變色彩**」。

當時蔣是中華民國主席、總統及三軍統帥的身分，面對臺灣如此複雜的情勢：有殘餘日本勢力、有美國勢力、有皇民分子、有共產黨介入、派兵維持中國領土完整，平息動亂乃是十分正確的決定，至於《二二八事件責任歸屬研究報告》中提到的臺灣情勢已經穩定，和平談判接近成功的說法是根據當時新生報的說法，這個說法實際上是錯的，全臺的動亂繼續惡化之中，只有臺北比較平靜，但是臺北被處委會控制，政令不出長官公署大門，所有資料顯示，蔣派兵是基於他的職責，是有事實的需要，派兵的決定是正確的。

不處分陳儀

調查局報告對蔣事後不處分陳儀，認為是蔣的最大罪狀之一，當時雖有不少人主張處分陳儀，但是蔣以黨主席的裁量權決定不處分陳儀。不處分陳儀原因很多，蔣心中的想法目前無文字資料，不能完全瞭解，但是中央來臺大員如楊亮功、白崇禧在對蔣的調查報告中對柯遠芬多所批評，甚至要求處分柯遠芬，但是對陳儀批評不多，調查報告內容大同小異，無論楊亮功、白崇禧、安全局、保密局、警備總部除了批評陳儀施政的錯誤以外，都提到日本殘餘勢力、皇民奉公會分子、共產黨、美

國副領事等介入。

而臺灣民間團體，以及經由美方轉來要求蔣勿派兵之要求多有如派兵後「事態恐更嚴重」之類的恐嚇語氣，以蔣之性格不會接受恐嚇，故蔣對二二八的認知，二二八已非單純的治安問題，故認為陳儀不應負全部的責任，陳儀的錯誤，調職的懲罰已經夠了，至於調查報告批評國民政府把二二八責任推給共產黨的說法純係栽贓之詞，查無論楊亮功、白崇禧、安全局、保密局、警備總部呈蔣的調查報告，共產黨只不過是二二八發生的原因之一，事實上共黨介入至少是二二八惡化的原因之一，但是政府沒有人把事件發生全部推給共產黨。

二二八後臺灣人民團體、監察委員等很多人要求處分陳儀，白崇禧在三月二十三日給蔣一電：「……近閱報載國內佈臺籍各團體人民代表，僅憑風說提出種種要求，尚懇　鈞座切輕許諾，以免增加善後困難。」蔣批：「復准待宣慰工作完成報告到後再定辦法。」蔣的批示等於免了陳儀被查辦的命運。

另據黃彰健院士的看法，蔣「一方面可能由於內疲，蔣調臺灣駐軍參加內戰，致陳儀無兵力可鎮壓」是有可能的，此外我認為陳儀是蔣手下的王牌，內戰方熾，正在用人之際，蔣不願輕易折損大將，何況二二八原因複雜，其咎不全在陳儀。陳儀的善後處置也並非一無是處。如奉蔣令禁止部下報復，將蔣之手諭轉示各軍情司法單位，甚至軍中營、連等基層單位，以蔣當時的威望，接到手諭的人不可能陰奉陽違，陳儀把蔣手諭轉交許多單位，作法非常特殊，陳儀的做法有效減少了事後報復。

至於陳儀心中的怨恨發洩到蔣渭水等人身上，陳儀在通緝要犯名單上親筆加上蔣渭水等七人，可能的原因是陳儀將二二八的責任歸咎於這些臺籍菁英，許多人在二二八前或二二八後肆意攻擊長官公署，漫罵陳儀，再加上在二二八期間，許多臺籍菁英與陳儀和平談判，結果對陳儀的承諾沒有兌現，而談判過程時對陳儀步步進逼，令陳儀惱羞成怒。

無論如何陳儀對三十位的菁英的死亡，或草率審判，或暗殺，都要負最大的責任，但是陳儀奉蔣令不准部下對一般百姓報復減少殺戮也是事實。黃彰健院士的「在二二八事件真相考證稿」一再責怪陳儀未遵蔣寬大處理的命令，對陳儀的責怪有欠公允。

不處分柯遠芬

四月十七日白崇禧呈蔣文：「查現任臺灣警備總部參謀長柯遠芬處事操切，濫用職權，對此次事變舉措尤多失當且性剛愎不知悛改，擬請予以撤職處分，以示懲戒平民忿。」對此一公文蔣批示：「應先調回候審。」該檔案左下角有一呈核：「據本局於臺變派往臺灣視察之上校參謀陳廷縝報稱，柯參謀長於二二八事變以前，對臺省情況判斷錯誤以致警備疏失，事變既起，警察全部瓦解，實為事變擴大之主要原因，但此實非柯之過失，對彼未宜苛責，蓋臺事文職過失多，而責重，軍人僅聽命行動而已，等語僅併註陳。」

此文件之原件見諸大溪檔案，文件上蓋有侍從室印章，該公文由當時參軍長商震轉呈蔣（陳上校可能是商震的部下，其正確職務所屬單位待查）陳上校之意見非常中肯，對蔣不處分柯遠芬，肯定發揮相當作用。此外蔣不處分柯遠芬的許多原因應該與不處分陳儀的理由相同，基本上蔣認為二二八是一「事變」，其咎不全在陳儀及柯遠芬。

我們心平氣和的翻閱當年的檔案資料，尤其是外省人遭打殺的資料，軍械彈藥遺失調查報告，地方長官被拘、逃亡資料，民軍攻打駐軍及新竹機場資料，即使使用今天的法治標準來看，都不可能把當年的二二八解釋成單純的人民要求政府治改革的「事件」，而非軍事行動的「事變」。所以蔣對陳儀、柯遠芬的從輕處分完全不能解釋成蔣「縱容罪犯」。

蔣之善後處理原則與執行情況

二二八發生當天陳儀與蔣通電話，蔣指示陳儀「政治上可以退讓，盡可能採納民意，但軍事上權屬中央，一切要求均不得接受」。又柯遠

芬在民國八十一年柯遠芬訪問紀錄時說：「陳儀轉述蔣對二二八事件處理原則：

一、查緝案應交由司法機關公平訊辯，不得寬縱。

二、臺北市即時起可實施局部戒嚴，希迅速平息暴亂。

三、政治上可以儘量退讓，以商談解決糾紛。

四、軍事不能介入此次事件。但是暴徒亦不得干涉軍事，各軍事單位遭受攻擊，得以軍力平息暴亂。」

我們從二二八到三月五日的發展，黃彰健院士認為陳儀沒有遵照蔣「政治上可以退讓」、「軍事上權屬中央，一切要求均不得接受」的最高指導，是因為陳儀這樣做「於他的威望名譽有損，他的官位也不可保」，此點我與黃院士對資料的解讀出入頗大。我認為從二月一日民間代長與長官公署接觸，三月一日即解除戒嚴，二日成立處委會，三日軍隊撤回軍營，到四日十七縣市同時成立處委會。「臺北三月五日，全省各縣市處委會紛紛成立後，公署權力已被架空，對處委會之要求均答應。」我們再看全省的情況，除澎湖、臺東、花蓮外，基隆、臺中、嘉義、高雄，武裝衝突都在升高，但是陳儀嚴令退守軍營，只能防守不得出擊。

根據以上狀況，陳儀在政治上幾乎完全遵照蔣的指示，一再退讓，在軍事上並沒有遵照蔣的指示「軍事上權屬中央，一切要求均不得接受」以及蔣授權陳儀「權宜處置」，軍事上也一再退讓，此時高雄、臺中已經淪陷，嘉義機場被數千暴徒圍攻，各地騷動有增無減，此時陳儀猶寄望與民間和平談判，可謂愚不可及矣！

蔣三月五日決定派軍後，三月十日在總理紀念週上演講「……本已可告一段落，不料上星期五（七日）該省所謂二二八事件處理委員會，突然提出無理要求……維持當地治安」。蔣的演講對派兵的時間點的符合（派兵五日決定，處委會七日提出四十二條）被解釋成蔣蓄意欺騙臺灣人，緩兵之計。

其實這種解釋都屬擴大解釋。重點在於臺灣情勢是否嚴重到非出兵不可,出兵時間屬軍事機密,沒有昭告天下的必要,蔣根據一大堆情資決定出兵,時間點有出入都屬細微末節部分不值得擴張解釋。何況臺灣是中華民國領土,派兵駐防何罪之有?假如陳儀在處委會七日提出四十二條以前談判成功,即使國軍登陸也有不發一槍之可能。蔣的報告「同時派遣大員赴臺,協助陳長官處理此事件,本人並已嚴電留臺軍政人員靜候中央派員處理,不得採取地報復行動……」,也並非妄語。

蔣後來在三月十三日電陳儀「嚴禁軍政人員報復,否則以抗命論罪。」三月十九日電白崇禧:「……特別注意軍紀,不可拾取民間一草一木,不許敗壞軍紀。」都是白紙黑字的證據,證明蔣對軍事行動要兼顧減少百姓傷亡的原則。

蔣的演說,蔣對陳儀、白崇禧的電報均要求注意軍紀,不可報復。但是實際上陳是否像某些學者所說的蔣的話是表面文章,部下對蔣陰奉陽違呢?

我們看三月十日陳給柯遠芬的手諭「柯參謀長,據報本日上午已有好幾起士兵凌辱及毆打臺灣人事件,現在收攬民心最為急務,希即遵令軍憲不得隨意傷害臺人,注意保護善良民眾,各部隊排連長以上人員應不斷四出巡視,制止並曉諭士兵不得再有此種行為,至要。儀三月十日上午十一時。」

十三日蔣南京來電「嚴令軍政人員施行報復,否則以抗命論罪。」根據臺灣長官公署機要室檔案有「限一小時到臺北」幾個字,陳儀收到蔣電後在電文上批示轉柯參謀長,也等於直接轉達蔣的命令。同時也將蔣的電報轉送整編二十一師劉師長、空軍郝司令、憲兵第四團團長等二十六個對象,陳儀將蔣電報轉送那麼多對象,包括營、連長等基層單位,可見陳儀想利用蔣的威望來貫徹蔣「不得報復」的命令。三月十五日陳儀再函令軍法處徐處長重申蔣之命令要求「切實遵照」。

三月十七日蔣對臺灣同胞講話特別申明政府處理原則:「地方政治

常態即恢復，其參與此事變有關之人員除共黨煽惑暴動者外，一律從寬免究。」

白崇禧到臺灣第一次記者會書面談話提到：「本席奉國府蔣主席命令來臺宣慰，遵照中央寬大為懷精神及指示原則……。」

中央寬大為懷的政策，臺灣當局有沒有陰奉陽違呢？我們看警備總部三月十日陳儀以兼總司令的名義發布的命令：「查本省此次叛亂，係少數陰謀不法之徒及奸匪煽惑或暴徒莠民所為，與善良民家無關係，除暴安良為我軍天職，亦為我官兵無上光榮，優容寬量、以德報怨，尤為我大中華民國國民之風度，須知臺灣為我國土，人民為我同胞，各官兵此舉綏靖戡亂，其旨在愛國愛民，不得對善良民眾稍涉苛擾，更不許曾因外省人被害而對本省人有使報復行為，各級部隊機關首長應剴切喻所屬官兵嚴守紀律，以安民心而利綏靖，否則一經查覺，定按軍法嚴辦，除分令外，仰該處長遵照即飭所屬一體凜遵為要。」

三月三十一日在臺北賓館召開「處理二二八拘捕人犯小組會討論記錄」，與會者有彭孟緝、何孝光、劉雨卿、張慕陶等，會中決議逮捕人犯以：一、暴動主要分子；二、共黨分子；三、私藏武器逾限不繳者；三種人為限。另決議對學生盲從者一律予以保釋。

三月二十八日白崇禧召集柯遠芬及警總二處處長林秀欒、憲兵四團團長張慕陶、二十一師一四六旅旅長岳星明等指示「凡參曾加暴動之青年學生，准予復學，並准免繳特別保證書及照片，只須由家長保證悔過自新，即予免究」。

以上的事實都是臺灣當局奉行蔣寬大處理的具體證據。

三月十三日陳儀呈蔣以臺灣情況特殊，皇民奉公分子、日本殘餘勢力、退役臺籍日軍、流氓等參加二二八司法手續過慢，要求軍法處理。白崇禧在三月二十五日也呈蔣函贊成軍法處理。高雄彭孟緝於五月二十四日電蔣以解除戒嚴及軍法審判案件已全部清結為由將其集人犯移交司法審理，其實早在三十六年七月二十九日臺灣高等法院即回應省參

議會要求遵蔣令從寬處理之要求答覆如下：「**因二二八事變受臨時軍事法庭判決之案件如不服該判決可依戒嚴法第十一條之規定于解嚴之翌日起依法提起上訴……。**」高等法院此一函件至為重要，因為等於宣布解嚴後全部改由司法審判。三十八年更將判五年以下者全部保釋，三十九年又將五年以上者保釋四十八名。從這些事實看來蔣寬大處理的決策，事後執行的情況大致不差，至少沒有所謂陰奉陽違，虛應故事的情況。

結論

討論二二八蔣的責任問題，必須考慮當時整個中、日及國際間的歷史背景，同時也必須重視在二二八事件中、日、美國扮演了元凶與幫凶的角色。

蔣派兵是三月五日做的決定，三月五日陳儀所有和平協商的努力都失敗了，臺灣的局勢已不能控制，蔣根據各種情報決定派兵，蔣的決定基於國家元首維護國土完整及社會秩序的責任，派兵後又三令五申要求重視軍紀，不准報復，陳儀執行蔣的命令，並將蔣的手諭轉飭各級單位，有效減少了報復性的傷亡。事後蔣諭令寬大處理，五年以下釋放，十年以上者多改判一年兩年。事件平息以後中央接收民眾建議改長官公署為省政府，取消部分公賣制度，大量起用臺籍菁英從政，種種措施都證明了蔣亡羊補牢的誠意。許多措施對臺灣日後的發展都有深遠的影響。

其實假如放大歷史的視野來看二二八，無論是暴徒打殺外省人，政府出兵平亂，都是骨肉相殘的大悲劇，悲劇的製造者，悲劇的原凶，不是日本人是誰？縮小範圍來看二二八，二二八只是單純的民變，民變當然沒有高尚的理想，沒有偉大的目標，這也是國軍登陸後動亂後立刻平息的主要原因，二二八是單純的治安事件。

研究一個治安事件不去研究犯罪者的罪行，而一味責怪執行公務的警察，其思考邏輯與心態是非常怪異的。

至於《二二八事件責任歸屬研究報告》甚至討論到蔣的刑事責任，

整篇東拉西扯，作者連最基本的史學常識、法律常識都不足，把學術當成政治鬥爭工具來歪曲歷史，實在不值一評。

　　總之《二二八事件責任歸屬研究報告》是一本很不負責任的報告，總有一天臺灣回歸正常社會，雲淡風輕之後，《二二八事件責任歸屬研究報告》會變成學術界的笑話。

從史德的角度看二二八歷史的寫法

中國自古就以很高的道德標準來要求史家，所謂「振筆直書」、「不溢美」、「不隱惡」、不屈服於政治勢力等，都屬於道德範圍的標準。史識、史才、史學都屬於學養、判斷力等技術功夫層次的要求。具體提出史德的是清朝章學誠。章氏認為史德乃「著書之心術」，史家一定要端正心術才能破除偏見，才有資格做一個好的史家。

文史通義（史德）編說：

> 能具史識者，必知史德。德者何？謂著書者之心術也。夫穢史者所以自穢，謗書者之所以自謗，素行為人所羞，文辭何足取重！……蓋欲為良史者，當慎辨天人之際，盡其天而不益以人也，盡其天而不益以人，雖未能至，苟允知之，亦足以稱著述之心術矣，而文史之儒，競言才學識，而不知辨心術以議史德，烏乎可哉！……。人之情，……虛置無不正也，因事生感，而情失則流，情失則溺，情失則偏……其中默運潛移，似公而實逞於私，似天而實蔽於人，發為文辭，至於害義而違道，其人猶不自知也，故曰心術可不慎也。

章氏所謂史德問題分為兩層次，第一層次是史家心術之邪正，是品德問題，另一層次是修養功夫不夠而產生的問題，非道德上之故意。前者不是問題，因為很少史學家會心存惡念故意欺騙，後者問題往往隱微於不知不覺之中。章氏所謂「盡其天而不益以人」，「天」是指理性、指事實；「人」是指情緒血氣。因為學養不足而氣不能平、情不能正，以致影響作品水準，所以史德不止是道德問題，也是歷史方法學上的問題，史德是一個史學家的基本功，基本功偏頗，其於史識、史學、史才則不足端矣。

錢穆在論史德問題時說：「學問皆由人做，人品高，學問境界亦會隨而高；人品低，不能期望其學問境界之高。」

　　梁啟超也認為所謂史德即「心術端正」，「心術端正」的具體表現在寫作上是「忠實」，忠實看似容易，實際非常困難，起碼要做到不誇大、不附會、不武斷。而這些基本功又與史識、史學、史才相互影響。

　　從上述的標準看來其實唐代的劉知幾，在《史通》論及古史失事的原因時就有不少論述應該屬於史德的範疇如為當時統治者的威勢所攝，不能振筆直書。所以〈編次說〉：「苟欲取悅當代，遂乃輕侮前朝，播之千載，寧為格言！」這種情況，特別表現在歷代開國之初修輯前朝史實時，十分明顯。修史者但憑主觀愛憎以為記事的標準，而失去是非之公。「其撰《魏書》也，諂齊則輕抑關右，黨魏則深誣江外，愛憎出於方寸，與奪由其筆端，語必不經，名必駭物。」魏收是南北朝時代的北齊人，他的文章很好、有才名，後來奉昭寫《魏史》，凡是跟他有怨的人，他都在下筆時醜化，事後還得意洋洋的說「何物小子，敢與魏收作色。」拿了人家的好處，他就把對方或對方的先生捧上了天，所以後人稱《魏史》為穢史。記事之時，有隱諱、有誇飾、有虛美、有厚誣，很難保存事實的本來面目。《惑經稿》指出：「夫子之修《春秋》也，多為賢者諱，無慚良史也乎。」〈曲筆篇〉又說：「夫以敵國相讎，交兵結怨，載諸移檄，庸可致誣，列諸縑素，難為妄說，苟未達此義，安可言於史邪？」

　　史德問題在中國史學上很有名的案例是歐陽修的《新五代史》，歐陽修是宋朝的大文豪，是一個中國歷史上少見的全才文學家，舉凡詩、詞、散文、駢文無一不精。但是歐陽修的《新五代史》，卻是歐陽修一生作人、為文的一大汙點，新五代史中提到吳越國開國之君錢鏐：「錢氏兼有兩浙幾百年，其人比諸國號為怯弱，而俗喜淫侈、偷生工巧、自鏐（武肅王錢鏐）世常重歛其民，以事奢僭。下至雞魚卵鷇，必家至而日取。每笞一人以責其負，唱其多少量為笞數……少者猶積數十，多者至笞百餘人，人尤不勝其苦……。」最後對錢鏐的評語是「嗚呼！天人之際，為難言也……考錢氏之始終，非有德澤施其一方，百年之際，虐用其人甚矣！」但是根據薛君正的《舊五代史》（簡稱《薛史》）對錢氏卻有完全不同的評價，《薛史》中說錢氏：「少年拳勇，喜任俠，為

解仇報怨為事。」又曰：「迫於晚歲，方愛人下士，留心理道，數十年間，時甚歸美……兩浙里俗咸曰：『海龍王』。梁開平中，浙民上言，請為鏐立生祠，梁太祖許之……。」又據清康熙年間吳任臣所撰之《十國春秋》（簡稱《吳史》），對錢氏之評語是「論曰：錢氏據兩浙幾及百年，武肅以來，善事中國，保障偏方，厥功鉅矣！」書中絕無錢氏斂財，虐待百姓的記載。對於錢氏的評價歐史跟薛史、吳史，出入如此之大，以歐陽修之博學豈非怪事。原來歐陽修在做西京推官（司法小吏）時迷戀一風塵女子，而被長官錢惟演斥責，並勒令歐陽修與風塵女子斷絕來往，錢惟演也是當時的才子，後來官居侍郎、尚書，而錢惟演是武肅王錢鏐之姪，吳越錢俶王之子也。歐陽修為報私怨而修《新五代史》厚誣錢氏，實在是歐陽修一生為人、為文的一大敗筆。

從史德的角度來看臺灣所有坊間的二二八歷史幾乎全部都不及格。我們從坊間有關二二八的作品其不合史德的部分可以歸納出下列要點：

一、心態不健康：

心態不健康，下筆之時充滿怨恨，是治史者之大忌。心中充滿怨恨，如何能冷靜思考，如何能小心求證。我們從坊間有關二二八的發生原因歸咎於陳儀無能、國民黨腐敗、臺灣經濟蕭條，而引起的官逼民反，字裡行間充滿怨氣，對於當時臺灣人應負的責任如處委員派系傾軋步調不一、臺籍書生錯估形勢、戰前臺籍日軍、大陸返臺日軍通譯、流氓的興風作浪，濫殺無辜外省人等使二二八惡化的諸多原因隻字不提。心中充滿怨恨、復仇的心態能寫出客觀公正的歷史嗎？

二、革命史觀—臺獨心態：

當年的二二八假如被認為是革命，跟兩蔣時代海外臺獨武力奪權派的革命主張一樣「戰鬥」早已結束，當年的「武鬥」失敗了。透過選舉、透過政黨輪替，本省人不流血革命早已成功，臺灣人早已當家作主，但是坊間的二二八史書，許多作者還沉迷在革命失敗的悲情裡，還對

二二八革命失敗的歷史作檢討，作為「再革命」的參考。如李筱峰解讀
二二八——

> 了解臺灣歷史上不同階段的臺獨的背景與內涵之後，我們實在不
> 必要把「解開二二八情結」、「撫平二二八傷口」這件事，與「消
> 止臺獨思想」視為因果關係。「消止臺獨思想」不但不該是「撫
> 平二二八傷口」的函數，相反的，我們更應該爪二二八的歷史中
> 記取歷史的教訓。

又如《一九四七年台灣二二八革命》[1]——

> 二二八革命無疑地有其突出的地位。在探討二二八的歷史意義時，
> 下列三點正面的結果應予以特別肯定：
> （一）二二八是基於臺灣本土意識出發的一次殖民地解放革命。
> 日據時代五十年的現代化過程，已經為臺灣人的本土意識鋪下根
> 基。大戰後，「祖國」帶來的經濟恐慌，加速了本土意識的成長。
> 雖然臺灣人在二二八革命中提出的政治要求，尚未一致而明確地
> 揭櫫「獨立建國」，但在強調「臺灣的政治由咸灣人自理」的原
> 則上面，則是一致而明確的。尤其是在大屠殺後，臺灣和中國之
> 間的時斷時續的脆弱連鎖已經徹底切斷。二二八失敗之後，進步
> 的革命參與者已經清清楚楚認識了，只有自求解放、只有獨立自
> 主，臺灣人才有生機。
> （二）臺灣的革命者從二二八獲得了一次血淚教訓：反殖民、反
> 封建的武力鬥爭必須築基於踏實的組織與宣傳工作，而只有農工
> 大眾才是可靠的革命力量。在革命的每一階段必然會出現許多掀
> 風作浪的投機政客及浮游士紳。這些阻礙革命，破壞革命的政客
> 士紳，必須時時加以清除。
> （三）在二二八期間及其後的大屠殺，臺灣人進一步認識了國民
> 黨反動政權的狡猾與殘忍。二二八革命之前，臺灣人對國民黨的
> 本積缺乏認識，這是導致失敗的原因。但經過二二八的血淚教訓
> 之後，進步的革命參與者，已經徹底認清了國民黨政權的殖民封
> 建本質。

又如二二八民變——

1　王建生，陳婉真，陳湧泉合著，《一九四七年台灣二二八革命》，臺北：前衛出版社，1990年。

這必是受苦受難的無數冤魂即將翻身討還血債的前兆。這必是被壓迫的人民即將衝破黑夜迎接黎明的前兆。

總結這些書籍的二二八史觀像極了國父孫中山先生的遺言「革命尚未成功，同志仍須努力。」二二八的時代一去不返了。臺灣再也不須要革命，撫今追昔，用革命史觀來寫歷史，實在不通。

三、凡是主義：

凡是主義是中共文革時代捧毛澤東的話，「凡是毛主席的話都是真理」、「凡是毛主席的命令都要貫徹」。在臺灣的二二八歷史也有凡是主義的怪現象。凡是國民政府所作所為都是錯的，凡是當年老百姓做的事情都是對的。這種態度已經嚴重到睜眼說瞎話的地步。如《一九四七年台灣二二八革命》──

> 在歐打貪官汙吏，民眾對於大陸籍的教員及下級公務人員，均予以保護；平日為官清廉的，也都有臺灣人帶到家裡藏匿，以免亂中傷及無辜，只有平時氣燄高漲、仗肪欺人的憲警貪官奸商等，才是人民最主要洩憤對象。在搗毀間有人想乘機竊走財物，都被民眾抓住歐打。事實上海《新聞天地》所說的：「遺憾的他們沒有目標的看見外省人就揍，結果呢，原先作為對象的高貴大員絲毫無損，而遭殃的卻是餓不死吃不飽的小公務員、商人、婦孺……。」

又書中提到臺中市三月二日動亂情形描述甚詳，文中也提到專賣局科員劉青山的名字，但是為何不提劉青山被毆成重傷，送醫院治療，且「第二天暴民聽說劉君在醫院未死乃衝到醫院割去劉君耳鼻、又挖出雙眼，再予猛擊而罹難。」──（見行政院二二八研究三〇七頁）。又如楊功亮的調查報告三月二日「臺北方面之暴民依然四處騷動，對於各公私醫院所收容之歐傷者多有被暴徒逐出醫院再加打……。」

又如許多書中有軍隊「殺手無寸鐵的老百姓」的敘述，但是根據統計當年民間搶奪的武器彈藥統計如下：

> 二二八期間政府機構及軍方共損失軍刀參仟玖佰柒拾柒把、手槍
> 壹仟陸佰零柒枝、步騎槍貳仟伍佰參拾貳枝、輕機槍陸拾捌枝、
> 重機槍參拾貳枝、擲彈筒伍拾捌枚、迫擊砲陸門、空用機關槍砲
> 肆拾門、高射機關砲壹拾貳門、手槍子彈參萬肆仟粒、步機槍彈
> 伍拾參萬粒、迫擊砲彈貳佰貳拾陸顆、擲榴彈壹萬陸仟顆、手榴
> 彈參萬陸仟顆。這些武器都是從軍人、警察手中搶來的。

那麼多武器還可以叫「手無寸鐵」嗎？

最可惡的是政府也配合這種凡是主義處理二二八問題，行政院
二二八補償條例規定補償對象限國家暴力受害人——即本省人，外省人
受難者一律不賠。前行政院參事徐新生在中國時報投書：

> 舉個實例，當八十四年「二二八事件處理及補償條款」將通過之
> 際，我接到一位楊姓友人從美國來電，她聽說此案，以為我在行
> 政院工作比較方便，託我打聽二件事，一是如何辦理補償，一是
> 前政務員張豐緒的父親在哪裡？因為二二八時她父親在臺南任職，
> 被暴民打成重傷，不久去世。而當時張父是醫生，曾為他治療，
> 若有需要可作證。
> 我打聽結果，張父已去世，楊姓友人的父親情況也不能獲補償，
> 因該條例所稱的受難者，係指遭受公務員或公權力侵害者。換言
> 之，她父親是被人民所傷，所以不能獲得補償，當時打傷她父親
> 的人，若被警察逮捕受刑，反而可受補償。這樣公平嗎？政府有
> 想要如何？補償這一部分受難人嗎？否則對他們來說，二二八永
> 遠只是個更令人傷痛的不平紀念日。

有人說當年二二八外省人受害人賠過了，所以今天不賠，事實上當
年政府賠償的是被暴民打傷的醫藥費及財務損失，不分本省、外省。而
且我們翻開當年的檔案發現許多判重刑的人是因為搶劫，凡是論衍生出
來的另一現象是本省人一律賠—即使有罪。外省人一律不賠—即使無辜，
這樣能服人嗎？

至於政府的部分，即使所謂「官逼民反」此一說法成立。則國民政
府處理二二八難道一無是處嗎？蔣介石嚴令部隊遵守軍紀、二二八初期

陳儀不准部隊主動攻擊，多少降低了傷亡。二二八結束後取消長官公署、改省政府、本省菁英仍起用從政。從法院的判決看到大量的被告改判無罪或不起訴處分。在在都證明了國民政府的作為並非一無是處。「凡是論」是共產黨的愚民口號，研究歷史豈可用「凡是論」。

　　有一批活在過去的政客以臺獨心態，繼續革命論寫文宣騙選票我們雖不苟同，但是可以瞭解他們的目的，但是有些在學術殿堂居高位的學者，也用不健康的、違反史德的心態搞歷史，我們就不能不予以嚴厲的譴責，如國史館館長張炎憲在《二二八檔案彙編緒論》中說：「二二八受難者及其家屬和社會大眾所渴望的追查元兇、發掘歷史真相，也許在這些檔案中無法得到滿意答案，但藉由對史料檔案的扒梳與研究，已足以重現當時的歷史情境，事件的元兇與歷史真相早已呼之欲出，祇是找不到白紙黑字的原始證據而已。」這種理論違反基本治史有一分證據說一分話的原則，這種說法等於未審先判，這種心態背離了一個史學家的史德標準，這種幼稚的語言出自國史館館長之口令人痛心。

　　以上問題都可以歸類於史德問題，史德偏頗，心中充滿仇恨，如《史通》曲筆論「每事憑虛，詞多烏有，或假人之美，藉為私惠，或誣人之惡，持報己讎。」史德是史學者必要的健康態度，態度偏差而在學術上能成一家之言者可乎？

口述歷史與國家檔案

　　美國一批心理學家曾經做過一個很有名的實驗，在一個會議廳，十幾個不同課系的教授在聽演講，突然大燈熄滅，只剩壁燈，一聲巨響，一聲尖叫，只見一個女子飛奔而來，後面跟著一個男子持刀追殺。須臾之間兩人都跑不見了，燈光大亮。心理學家宣布，剛才一幕是假的，是在做心理實驗。請每一個人把剛才那一幕用筆寫下來。結果每一個人描述的經過都不同，心理學家非常驚訝，因為那一幕只有幾秒鐘，而參加實驗的都是大學教授，至少身心健康。

　　心理學家的結論是，面對令人驚恐的場面，每一個人的感受、反應、記憶是不相同的，即使身心都健康，而且受過學術訓練的教授也不例外。根據這個實驗，我們恍然大悟，為什麼歷史上常常有「坑趙卒四十萬」、「坑秦卒二十萬」、「機關槍見人就掃」、「滿街都是屍體」之類的記載。這些語言其實是形容詞，不是真正的統計資料，甚至也不能用來做為統計的一手資料。所以做歷史研究的人必須慎重處理口述歷史，不可輕信口述歷史，其不可輕信的原因如下：

　　（一）訪談對象如係政府高級官員或民間領袖，事涉當事人的責任、名譽問題一定會有爭功、諉過、誇大、隱飾之處，這種案例太多，不必贅述。

　　（二）即使當事人身歷其境，但是他們瞭解的往往是局部而非全貌，可是被訪問者往往因為有「躬逢其盛」的驕傲而誇大了他們的見聞。

　　（三）政治、政權、史觀的改變會影響一個被訪談者的敘述，如二二八當事人彭孟緝、柯遠芬，早期的口述歷史、回憶錄等資料，因為二二八是「事變」，他們的做為是「平亂」、「有功」，所以「理直氣壯」地完全站在政府的立場講話。誰知道若干年後二二八變成「事件」，變成「革命」，變成偉大的「反抗運動」，再訪問他們的時候，關鍵問

題往往支吾其詞。在歷史家的眼裡前言不可輕信；後語也不可盡信。

（四）訪談對象如是老人，更應該懷疑其記憶力，如李敖跟于右任聊天，于右任提到他參加過某一重要會議，李敖說那次你沒參加，一番爭執以後，後來李敖拿出一手資料證明于右任確實沒參加那次會議，右老大為驚訝。以右老在黨、國之地位聲望，不可能因為虛榮心而說謊，所以如此，純因右老太老了，記憶力衰退所致也。

（五）目擊者的口述，尤其是目睹一場驚恐殺戮，因為個人的膽量、年齡、閱歷、性別、知識水準會大大的不相同，尤其對數字，史學工作者應該根據原始素材，如戶籍資料，各地方政府死傷人數統計表，警方死傷人數統計表，醫院記錄等來統計死傷人數而不是靠「滿街都是死人」，「血流成河」之類的形容詞來「猜」死傷人數。

（六）應注意學術也有迴避原則：法律有迴避原則，學術亦然。跟一個受難者家屬，辯論他長輩的責任問題是很尷尬的事，即使你拿出一百個證據，證明他爸爸罪有應得，根據中國人「為親者諱，為賢者諱」的原則，他也不會承認他爸爸有罪。受難家屬的敘述因為有先天立場的問題，不能隨便拿來當成一手資料，受難家屬的敘述，受難家屬本人的個人遭遇，心理狀態都是屬於「素材」，都應該是被研究、分析的對象，也不該輕率地以受難家屬的說法當成結論，當成解決歷史疑點的答案，更不可用他們的史觀寫歷史。

（七）做口述歷史的工作者自己本身不可以有成見：這是目前臺灣最大的問題。臺灣過去參與口述歷史或作田野調查的工作者，其本身的心態、道德是有問題的，費了那麼多力氣，其目的根本不是在搞學術，其目的是在搜集國民黨的罪證，在這種心態之下忙了半天，雖然有一籮筐一籮筐的報告出爐，但是毫無學術價值，其中有隱匿、有歪曲、有誇大。如以《口述歷史，第三期》一九九二年出版的人物訪談記錄與《高雄二二八相關人物訪問紀錄》上中下三冊，（一九九五年二月出版）對照之下發覺不少差異點。前者在「郭萬枝先生訪問記錄中記載：涂光明

為人悍悍的，在開會時隨身帶有手榴彈，身上披了整排子彈。開會時常常搶著發言，有人叫他別鬧，他就作勢要丟手榴彈，大家也不當一回事，不理他也不和他說話，一般人對他風評不好……」[1]，此段「高雄二二八相關人物訪問記錄」刪除，刪除原因也未說明。

又如：「涂光明偷藏了兩把槍」[2]，「聽說涂光明偷藏了兩把槍」[3]，加上「聽說」二字就是曲筆。

又如原版的《口述歷史，第三期》中對柯旗化先生的訪問：

「至於當時外省人都被集中在雄中旁邊的倉庫內……。因為當時看到外省人就打，……這也算是對外省人的集中保護。」，「同時雄中也被包圍了好幾天，學生丟出手榴彈才迫使中國兵不敢靠近。」[4]

其中後版「看到外省人就打」不見了。這不是曲筆是什麼？另外《高市二二八人物訪問記錄》中提到涂光明：「當時特高事件的罪魁禍首，仲井清一適任潮州警察課長，他一手羅織南部四大冤獄，被逮囚者一千三百餘名……。自知處境危殆，雇用柔道、劍道高手為保鑣，但郭先生仍派人將他抓回高雄，即在半屏山對面的竹子門橋下打死。」[5]

又〈林曙先生訪問錄〉：「學生軍司令涂光明的日產清查室主任是郭國基推薦的，可以推測他是執行郭國基處決特高頭子仲井清一的人……。」[6]

這些故意漏記的行為，非但關係到一個記錄者的學術良知，而且會歪曲歷史人物，歷史事件的真相，產生愛之適足以害之的結果，以涂光明的資料來看，假如涂光明真的帶槍企圖行刺彭孟緝，假如涂光明真的有參與打殺日本壞蛋仲井清一，那麼至少歷史會給涂光明一個草莽英豪

1　《口述歷史，第三期》，中研院近史所，1992年，頁206。
2　《口述歷史，第三期》，中研院近史所，1992年，頁207。
3　《口述歷史，第三期》，中研院近史所，1992年，頁46。
4　《口述歷史，第三期》，中研院近史所，1992年，頁238。
5　《高市二二八人物訪問記錄》下冊，中研院近史所，2005年，頁51。
6　《高市二二八人物訪問記錄》下冊，中研院近史所，2005年，頁287。

的面貌，「俠以武犯禁」，涂先生天生反骨犯了中華民國的法，又打殺製造冤獄的日本壞蛋，豪傑之士也，何必隱匿他的資料，歷史工作者隱匿他的史料，使我們都看不到涂先生的真面目，那不是愛之反而害之嗎？

口述歷史可補正史之不足，可以精確反映民間、政府觀點之不同，但是絕不可以不加求證輕信口述歷史，因為口述歷史比國家檔案錯誤要多得多，假如從事口述歷史的工作者，受意識形態影響惡意曲解、隱匿口述者的敘述，那叫學術詐欺，即使著述等身，也一毛不值。

至於國家檔案，對歷史工作者而言是珍貴的一手資料，其可信度遠比口述歷史、回憶錄、田野調查高得多，原因如下：

（一）單位太多作假不易：

目前可以看到的檔案，同一件事可能在內政部、立法院、監察院、警備總部、憲兵司令部、中統、軍統、保密局、各級縣市政府、各地警察局同時出現，其內容可分為簽呈、命令、報告（對上級）、傷亡統計表、檢討、建議等。其中事變經過、人、事、地、傷亡統計、損失統計、都應視為原始素材，一手資料，應無作假之可能。請問，各級地方政府、警察局、事業單位、學校都有傷亡及財務損失資料，這些資料堆積如山，可能是假的嗎？假如是真的，這絕對是二二八情況惡化的重要原因，歷史工作者對這些原始檔案，一手資料視而不見，卻斤斤計較涂光明到底有沒有帶槍？何況以高雄為例，當時涂光明等上山之前已經死了十幾個國軍，高雄所有政府機關人都跑光了，大量檔案證明高雄實際上等於淪陷。我們不去研究大量檔案的真假，不用檔案去還原當時彭孟緝的處境，是見樹不見林的做法。

（二）沒有作假的時間：

從檔案的時間來看，許多單位，尤其是軍情單位，從二月二十七到三月底幾乎每天都有報告到中央，如果作假，必須串聯不同單位，事實上每天都有報告，如果作假，會牽一髮動全局以時間看來無此可能。

（三）沒有作假的動機：

以軍事行動論二二八，當時在中央的認定是叛亂，當時參與其事的官員自認為是平亂，平亂以後自認為是有功，自認有功的情況下，有些事情是沒必要說謊的，如傷亡人數民間的說法從數千人到數萬人都有。我們判斷在二十一師登陸前，臺灣因兵力不足，政府機關或軍方大多是被攻擊或防守的一方，二十一師登陸後情勢逆轉，大量死亡人數應該在二十一師登陸到清鄉結束這一段時間，但是我們請看清鄉後斃俘自新暴徒統計表：

二二八事變斃俘自新暴徒統計表			
單位	擊斃	俘虜	自新
臺北綏靖區	11	51	5
基隆綏靖區	19	22	46
新竹綏靖區	3	17	91
中部綏靖區	7	19	2,818
南部綏靖區	0	384	0
東部綏靖區	3	92	62
總　　計	43	585	3,022

從上述統計表我們赫然發現死亡人數只有四十三人，被俘五八五人，對照民進黨政府的二二八基金會受難人數統計資料，向政府申請得到補助的只有六七三人。可見民間傳說的死亡人數與檔案顯示的數字差別多大。

我們都知道古今中外軍人沒有不謊報戰功的，二次大戰據統計，同盟國、軸心國的戰報將雙方宣稱的敵人死亡人數加起來超過當時全球人口總數，可見戰報誇張不實到什麼程度，但是我們看看二二八清鄉戰報，每天死傷人數多以個位計，總數也不過死四十三人。死四十三人有什麼功勞可言，顯見這些數字是可信的。何況誰又料到歷史的轉折，二二八從「暴亂」變成「起義」呢？所以我們有充分理由相信檔案資料，尤其是數字的部分。至於當時的軍政首長的回憶錄，對上級報告的評述、檢討、建議部分因事關當事人的責任，當然不可輕信。另外地方政府學校、警方、事業單位、法院判決書等，這些檔案數量龐大、瑣碎、零亂，更

沒有作假的動機。

（四）當年的國民黨是一種鬆散的獨裁政府，國民黨統治綿密是蔣經國掌權，培養大批政戰子弟分發到政府每一個機構以後的事，當年蔣介石時代的統治是比較鬆散的，想大規模偽造歷史恐怕沒有那個能耐。

（五）檔案真偽易於印證：

檔案資料大部分來自公文書，如簽呈、申請書、判決書、統計表等，其本身有承辦、授權、簽辦流程、編號存檔等規範，故一個文書可能在不同層級的單位，或平行單位出現多次，經過比對很容易發現檔案的真偽，這與口述歷史各說各話，死無對證，其史料價值不可同日而語。

如彭孟緝僅受命守倉庫及政治解決。彭三月六日出兵平亂，白崇禧即稱讚：這是彭「**專斷獨行，制敵機先。**」，《孫子兵法》說「**將在外，君命有所不受**」，這是彭作為軍人一生難得的機會。可是，黃彰健又指出彭幕僚渲染彭的功勞，乃撰寫〈二二八事變之平亂〉，並偽造「**將在外，君命有所不受**」等電報。他們只知道警總有關二二八檔案為柯遠芬帶走，而不知陳彭來往電報仍存於警總檔案。靠著對官方文書的嚴謹考證，黃彰健相當大幅度修正了許雪姬的判斷。

這就是檔案可以印證檔案真偽的一個案例。

由以上分析口述歷史與國家檔案資料的價值不言可諭，而二二八研究者不重視國家檔案或選擇性地利用國家檔案是不可思議的事。

歐洲歷史從湯恩比（Arnold J. Toynbee）以後就跳脫了以歐洲為中心的史觀，他放眼五湖四海，平等看待中國史、回教史、印度史，其胸襟是多麼地開闊氣度多麼恢宏，臺灣今天還在劃地自限，坐井觀天，用歷史作為政治鬥爭的工具，曲學阿世討好新朝，悲哉！

二二八研究的昨天與今天
——以口述歷史為例

　　民國三十六年二月二十七日臺灣臺北為因緝私煙事件，發生官民衝突，二月二十八日臺北發生暴動，因陳儀處置失當迅即漫延全省，三月七日蔣介石下令派整編二十一師赴臺平亂，九日國軍基隆登陸，十天左右暴亂平息，史稱二二八事變（李登輝時代行政院二二八研究報告官方正式改為二二八事件）。

　　在兩蔣時代二二八事件是禁忌，相關檔案資料均不公布，民間學者亦鮮有研究二二八者，當時只有海外臺獨學者如史明等談論二二八，他們因為資料缺乏，僅採用片斷之國外非官方資料，如美國副領事之回憶錄、美國臺灣傳教士之回憶錄等加上很多想像，如史明說二二八死亡人數為二十萬人此種說法既無根據又缺乏常識判斷，自無絲毫之學術價值，但是已經造成很壞的影響，使二二八研究一開始就偏離事實。兩蔣時代不開放二二八史料雖屬實，但是其動機卻值得諒解，因為二二八歷史是中華民族的一頁悲劇，政府固然有錯，但是臺人暴亂時期其行徑如殘殺外省老弱婦孺，勾結美副領事柯爾要求獨立，勾結日本軍官企圖推翻政府[1]，種種惡行令人髮指，為了族群和諧，為了強迫遺忘這一段不愉快的歷史記憶，政府採取避談、不公布資料等策略，此一策略動機雖然良善，可是給臺獨分子製造了指控國民政府「作賊心虛」的藉口。政治不該干涉學術，無論動機如何，結果都不好，此為一最佳例證。

　　到了李登輝時代，由官方主持根據大量官方資料提出「行政院二二八研究報告」，當時官方資料全部解密，但是參與者有不少臺獨學者如許雪姬、張炎憲、賴澤涵等，所以研究報告不甚客觀。中央研判院根據官方檔案出版《二二八事件檔案選輯》六大本，國史館又根據政府不同單位及大溪檔案出版《二二八事件檔案彙編》十六冊，二〇〇八年

1　據檔案資料，辜振甫法院判決書及辜之回憶錄應為判亂未遂案。

又續出版兩冊共十八冊，至此二二八相關檔案幾乎全部解密。根據資料部分可以重視者有下列五點：

一、官方資料相當完整，從蔣與陳儀之函電記錄、兩人的函電手跡（全是毛筆字，無篡改之可能），臺灣保密局、情報局、憲兵第四團團長、中央黨部等單位對蔣及其主管之報告公文。警總檔案、警察局檔案、立法院檔案等等。

二、大量地方基層單位之檔案，包括地方政府縣市，甚至區公所檔案，彌足珍貴，因為基層單位檔案數量龐大，沒有作假之可能，無作假之必要，可印證高層單位檔案之真實性以及還原當時歷史情景之細節，如二二八事變平息後，不少外省籍公務員紛紛求去，要求調職之簽呈中理由有「世代單傳者」，可見當年外省人在事變平息後尚餘悸猶存，恐客死異鄉也[2]。

三、大量學校如臺大、成大及生產單位如臺糖、電力公司、中油等檔案可見波及範圍之廣，斷非臺獨學者「官逼民反」可以概括整個事件也。

四、從大量的資料可以發現陳儀短短一年之施政如「拔擢臺籍精英從政」、「統制經濟」[3]、「土地改革」等都影響深遠，其政策多數為後來陳誠政策之張本。

五、陳儀帶來了大批人才，如嚴家淦、任顯群、孫運璿、汪彝定等都是日後臺灣經濟發展的重要推動者。

儘管資料如此豐富，國民黨對資料又無篡改、變造、隱匿之行為，大多數資料皆為可信之原始素材，二二八真相應該大白才是，但是臺灣之二二八研究，無論是官方、非官方，對二二八的歷史解釋離事實越來越遠，造成嚴重之內部撕裂，影響臺灣人與外省人之和睦相處，其原因

2　歐素瑛、李文玉編，《二二八事件檔案彙編（十五）》新北市：國史館，2003 年，頁 267-272。

3　陳誠主政時代設物資局、中央信託局，無「統制經濟」之名而有「統制經濟」之實。

有三：

一、臺獨學者如李筱峰之流用二二八事變作為鼓吹臺灣獨立之藉口。

二、綠色學者意識形態首先認定國民黨有罪，國民黨之作為一無是處，再咬定臺人無辜，即使殺人放火者被國法制裁以後，今天也變成受害者。千方百計邏輯國民黨的罪狀。其研究方法、研究態度可以完全背離學術良知，其研究「成果」可想而知。

三、官方配合，李登輝時代認定國民黨是外來政權，其本人認定二二八是官逼民反，延聘大批綠色學者做二二八研究報告，模糊二二八真相，到了馬英九時代為選票考量，枉顧學術獨立原則，一再向「受難家屬」認錯道歉，並承認二二八是「官逼民反」，馬的態度是政治干預學術，等於替綠色學者、臺獨學者背書，使綠色學者、臺獨學者可以面對鐵證如山的檔案於不顧，依然胡扯、捏造歷史、製造假悲情，引起臺灣內部的紛擾，凡此種種，馬英九之過也，也是臺灣政治干預學術之惡例。

而學術界對於二二八有興趣者少，部分學術界恥於或懶得跟綠色學者打交道，再加上政治干預，臺灣今天的「二二八研究」，所謂「官逼民反」、「大屠殺」等已成定論，少數學術界如中央研究院院士黃彰健、研究員朱浤源領導之二二八研究，雖然成績沛然可觀，但是缺少官方及媒體支持，影響力自是有限。

二二八由一個歷史悲劇到今天變成一個鬧劇，學術界配合政客集體撒謊，每年二二八都有官方紀念活動，每年都出版大量專書，其動機有騙選票者，有企圖搞革命者（臺獨激進派），有藉機撈錢者，藉機出風頭者，動機各異，醜態畢露，令人噁心，最不堪者有批以學者的身分作政客之走狗，其學格、人格比古代御用文人還要卑下。

中國與臺灣、日本與臺灣

臺灣是中國人的新移民世界怠無異議，中國在晚清銳意經營臺灣，先後派沈葆楨、劉銘傳等能吏治臺推動現代化、鐵路、公路、海底電纜等基礎建設，為臺灣現代化之奠基者，臺灣移民多自漳州、泉州，以及廣棟客家等，移民以務農為多，經商次之，臺灣之文化基調非但純屬中土，甚至農村習俗有比大陸還保守者。

日本統治後期推動皇民化運動、愛國運動、國語運動、改姓運動，成效不張而時間不長，二次大戰戰敗，日化運動停止，日本高層文化影響臺灣少數士紳，成為皇民化分子。日本低層文化影響底層臺灣人者，如軍人、警察、浪人等。日本高層文化影響臺灣不大，因為即使皇民奉公會分子，多數私下研習中國文化，或延家教或讀私塾教育下一代。日本據臺五十一年，臺灣百姓無論宗教信仰、民間習俗、倫理觀念其基調依然是中國的。但是日本低層文化，如軍國主義之殘忍、浪人之惡行、警察之暴力，影響低層臺灣人民至深至遠。一般平民百姓被日本感染之壞習慣在二二八期間表露無遺，日本文化遺毒在臺灣迄今不能完全清除。

日本低層文化之侵入是日本對臺灣一個被忽略的重大罪行。

錯誤解讀歷史背景

二二八悲劇的遠因是日本侵略中國，甲午戰爭中國戰敗，臺灣割讓給日本，日本治臺五十一年，抗戰勝利日本戰敗，臺灣歸還中國。那麼簡單的歷史背景，臺灣學者有一大堆莫名其妙的解讀，如中國遺棄臺灣、日本文化（臺灣文化）高於中國文化、日本官員效率高、不貪污，中國軍人軍容、軍紀不良等等歸諸於二二八發生的遠因。

這些論調即使部分成立如日軍軍容、訓練確實優於國軍，日本政府效率確實高過國民政府，但是日本軍紀好，何來南京大屠殺？日本人不貪污也是非常沒有常識的說法。日本財閥、政客勾結之歷史源遠流長，日本人集體貪污世界有名，日本文化高於中國文化，更是鬼扯，日本文

化只不過是中國文化圈的一個旁枝，殊不知日本大正民主結束走向軍國主義，乃日本文化走入歧途引起二次世界大戰。

日本戰敗，臺灣除了歸還中國，難道還有第二種選擇？當時臺灣即使被英國、美國統治，同樣也會歸還中國，而臺灣當時是一個文化程度偏低的農業省，欠缺管理階段及中產階段。如非日本據臺五十一年，光復後部分臺人之認同錯亂，陳儀誤以為臺灣是禮儀之邦，一直想用談判解決問題，不忍動武，導致變亂惡化，何來二二八之悲劇發生？日本當然是二二八之罪魁禍首，一切胡亂解讀二二八背景之言論如非親日派替日本侵略脫罪即是臺獨分子諉過於中國政府。

胡亂解讀臺灣近代史非但是史學問題也是史德問題。

臺灣文化、臺人性格與二二八

梁啟超在《中國歷史研究法》中主張：研究一個歷史問題，一定要研究當時的「**群體**」、「**不可以專科功罪於一、二人而為眾人卸責也**」。[4] 在臺灣二二八的研究就發生這種現象，姑不論長官公署的功過是非，綠色學者從來不提或淡化當時暴徒打殺外省無辜老弱婦孺之事實，大量引用楊亮功之調查報告批評陳儀部分而對暴徒到醫院打跑外省傷患，並不准院方再收容外省傷患等文字視而不見，從不引用。

大量引用唐賢龍《臺灣事變內幕記》[5] 中指責陳儀政府部分而對該書

4　梁啟超，《中國歷史研究法》，上海：上海商務印書館，1922 年初版。

5　《台灣事變內幕記》記者唐賢龍，引述原書部分原文如下：

1. 二二八日早上十一點，臺北新公園，除了打死了十幾個外省人，毆傷二十幾個公務員外，更有一個年輕少婦，牽了她一個三歲多的小孩正想由偏僻的小道回家時，卻被幾個流氓攔住了，他們對她盡情的調戲後，一刀將她的嘴巴剖開，一直割裂到耳朵邊，然後將她的衣服剝的精光，橫加毆打，打的半死半活的時候，便將她的手腳綁起來，拋到陰濕的水溝中，該婦人慘叫良久後即身死，當該小孩正在旁邊哭喊媽媽時，另一殘暴的臺灣人，便用手抓住該小孩的頭用力一扭，即將該小孩之頭倒轉背後，登時氣絕。

2. 又在萬華附近，一小孩被民眾將雙腳綁捆起，將頭倒置地上用力猛擊，直至腦漿流出時方將其拋於路旁。

3. 又在臺北橋附近，有兩個小學生路遇民眾，因逃跑不及即被民眾抓住，民眾一手執一學生，將他們兩個人的頭猛力互撞，等到該兩小學生撞得腦血橫流時，旁觀之民眾猶拍手叫好。

4. 當天下午在臺北太平丁有一開旅館之孕婦，被民眾將其衣服剝光，迫令其赤裸裸地遊街示眾，

記錄本省暴徒打殺外省孕婦、輪姦外省婦女得逞後加以殺害等從來隻字不提。

三月九日整編二十一師在基隆登陸時，國軍未發一槍，登陸後臺籍領導立場即時改變，各地民軍多數自動解散，謝雪紅之二七部隊號稱頑抗也不過抵抗二天，死了七個人[6]。

二二八受難家屬及綠色學者聲稱所有被害者皆屬冤殺，無人要反抗政府，無人要搞革命，以便領取新臺幣六百萬之賠償金。

綠色學者又一再宣稱二二八是革命、是起義、是臺獨先行者、是臺獨建國烈士，但整個二二八我們看不到一個勇於赴死的臺灣人。一場革命沒有一個為理想犧牲，沒有一個烈士也好意思叫「革命」。

領錢的時候是受難者的身分，吹牛的時候又變成烈士，這是什麼史學，這是什麼史觀？這是什麼樣的受難家屬？

其實二二八發生的重要原因要歸咎於臺灣文化及臺人性格，臺灣是一個漢人新移民世界，後來經過西班牙、荷蘭、日本人統治，其歷史經驗與大陸極不相同，甚至被外國人強占過之青島、大連、上海、天津租借區之受外人影響後之文化發展也完全不同，簡述如下：

一、臺獨學者每以荷、西、日曾據臺之歷史號稱臺灣是多元化社會，有別於大陸的封建保守，實際情形完全相反，荷、西、日據時代外國文

該孕婦羞憤不已堅不答允，便被一手持日本刀之臺灣人，從頭部一刀下去，將該孕婦暨一個即將臨盆之嬰孩，劈為兩段，血流如注當場身死。

5. 又在臺灣銀行門前，有一個小職員，當他剛從辦公室裡走出來，即被一個臺灣人當頭一棒，打的他腦漿迸流，隨即殞命。這時適有一對青年夫婦路過此地，被群眾圍住，吆喝喊打，嚇得他們跪在地上求饒，時有很多的臺灣小學生擠進人群中，一看原來是阿山，便連忙你一腳他一腳，將他們兩人踢在地上滾成一團，這時民眾更拳腳交加，棍棒齊飛，不一會他們便被打得血肉模糊，成了兩具破爛的孤獨魂。

6. 在新竹縣政府的桃園，被羈囚於大廟，警察局官舍與忠烈祠後山三地之外省人，內有五個女眷，被臺灣一群流氓浪人強行姦污後，那五位女眷於羞憤之餘，均憤極自盡殉難。

7. 而該縣大溪鎮國民小學女教員林兆煦被流氓呂春松等輪奸後，衣服盡被剝去，裸體徹夜，凍得要死，後來被高山族女縣參議員救護始脫險。

6　警備檔案請參閱 P.117 之二二八事變斃停自新暴徒統計表。

化影響少數臺人，大多數依然封建保守落後[7]。國民黨治臺五十多年，推動中國文化復興、推行國語運動，早已把荷、西、日本文化的影響洗滌怠盡。日本文化影響臺灣者目前僅有度量衡等少數「習慣」而已。

　　二、大陸西化運動，政府、知識分子有計劃的引進西方文化已有相當成效，當年臺灣民風非常保守，在西化程度上遠不如一九四七年來臺接收之外省人，也不及一九四九年來臺之外省人，這種情況到今天的臺灣社會均無大改變。

　　三、臺灣從日據時代到今天，臺灣社會文化現象是「假多元化」或「許多個一元」共存、並存而不相融合。目前臺灣社會都市有很優秀的E世代[8]，但是本省依然有「貴族階段」，婚嫁講究門當戶對，平日高高在上，不與低階層勞動者往來。本省人第二代多屬知識分子、中產階級，多數有中國情懷，又有相當西化的傳承，在思想上沒有那麼保守，同時在鄉村又存在大批古早中國人，農村依然保留中國農業社會封建、漳泉排外、迷信[9]等惡習，這些農民多被民進黨吸收，其風俗習慣在國民黨時

7　蔣渭水，《蔣渭水全集增訂版上冊》，臺北：海峽學術出版社（問津堂），2005年，頁3-4，臨床講義──對名叫臺灣的患者的診斷：現症─道德敗壞、人心刻薄、物質欲望強烈、缺乏精神生活、風俗醜態、迷信很深、深思不遠、缺乏講衛生、墮落怠惰、腐敗、卑屈、怠慢、只會爭眼前小利益、智力淺薄、不知立久大計、虛榮、恬不知恥、四肢倦怠、惰氣滿滿、意氣消沉、完全沒朝氣。

8　年青網路族群。

9　曾景來，《臺灣的迷信與陋習》臺北：武陵出版有限公司，1994年，頁56、198、224。
　臺灣的怪談的確是富於迷信性，當然，這當中也隱含教訓的意思，不過，仍欠缺社會性或進化性，不具有藝術價值，文學價值也很淡薄。總之，臺灣的怪談應屬於舊信仰的產物，堪稱為遺物。
　咒文：佛生四月八，蟲蟻嫁別家，嫁在深山去，永遠不回家。
　或兄弟爭奪遺產之事尚未解決，故只好停棺；或父母遭人殺害，為了找出凶手而停棺，更有因債務未償還，而被迫停棺。
　風水信仰內容是現實的、功利的，將風水當成祈福邀利的對象，而產生很多弊端。此外，做風水的要是私塚，所佔地方太大，從國家社會的立場來看，是不經濟且不具生產性的。何況墳墓並不具有何種特別意義，又是浪費大量財力、勞力而加以改造，這絕不是值得稱讚之事，對於社會風教而言，也會有不良的影響。此外，想藉著造風水得到庇蔭，這也是不正當的想法，會阻礙活潑的國民精神，產生怠惰放逸的遊民。
　趙弘雅著：《怪力亂神的民間信仰》臺北：前衛出版社，2002年，頁1、230、233。
　更有進者，不外臺灣人那種：「寧可信其有，不可信其無」之頑固守舊性，以致將《封神榜》與《西遊記》這兩本古書……
　臺灣的廟宇從一九六〇年的四千二百座增加到目前的約二萬座！每一座都是中國古代宮殿式之建

代略有改進[10]，但是李登輝、陳水扁本土化的大帽子下所有惡習死灰復燃[11]，唯一的不同是他們把「中國」改成「臺灣」，但骨子裡還是中國農

築，那種象徵專制集權之建築！臺灣人懷古之比情不該是這樣的吧。臺灣人是要邁步向前行呢，是要一天到晚往後看呢？

法蘭西共和國有一個精神象徵，萬聖殿（LePantheon），裡面放置著七十二位對法國，甚至於對全人類最有貢獻的法國偉人之骨灰，包括政治家、軍官將領、主教、科學家、哲學家、文學家……如居禮夫人、盧梭、伏爾泰、雨果、左拉等。臺灣人的廟裡供奉的卻是玉皇大帝、太上老君、女媧娘娘、玉母娘娘……這些不三不四的人物。說來令人傷心落淚。轉移這些傷害人身心健康的拜神活動比亞、唱歌、跳舞、登山、下海、運動、鬥球、旅行……把建廟的錢拿來建博物館、藝術館、水族館、海洋生物館、森林館、音樂館、天文館、科學館……建立臺灣人的萬聖殿，作為臺灣人的精神象徵。這些該是臺灣文化的重建重點。

10　簡後聰，《臺灣史》臺北：五南文化廣場，2011 年，頁 509-511。

清代分類械鬥導火線相當多，主要有：煽動、波及、反亂；其他細故亦足以引起分類械鬥。且常交互影響。而無賴之徒，為乘機搶劫而造謠或煽動者居多。茲列舉：

時間	事蹟	備註
乾隆四十年	泉人與漳人同賭，因換呆錢起釁，始僅口角，繼即鬥毆，終釀械鬥巨禍。	《彰化縣志》卷十一、〈離識志〉內〈兵燹〉
嘉慶十一年	義首王松為防賊船入鹿港，率漳勇入鹿港，與轎店小夫惡語相詆，舉槍斃數人，終起械鬥。	《彰化縣志》卷十一、〈離識志〉內〈兵燹〉
嘉慶十四年己巳四月十六日	泉、漳民分類。先是淡屬起釁械鬥，至四月間，彰化奸徒趁機煽惑，莊民聞風直疑慮。凡交界之處，紛紛搬徙。匪徒趁機劫掠，遂復起事，焚殺不止。迨早稻登場，莊民各想回莊收穫，使復平定。	《彰化縣志》卷十一、〈離識志〉內〈兵燹〉
道光六年	粵匪賊偷閩人之豬，互相鬥狠。自是各處匪徒，趁機散佈謠言，謂是閩、粵分類。莊民聞風騷動，各處搬徙。匪徒趁勢，糾黨劫掠，集眾焚殺。	《彰化縣志》卷十一、〈離識志〉內〈兵燹〉
道光十年	奸民造謠分類，地方騷動，劉章仁極力安頓，請官諭止，賴以銷。當道聞之，感嘉其義。	《彰化縣志》卷八、〈人物志〉內〈行誼〉
光緒元年	鳳山縣下，分類械鬥互七月之久，起於牧童口角。	〈臺南縣下移民之沿革〉見於《臺灣慣習記事》二卷六號十三頁

從上表可知械鬥原因如口角、偷豬、牧童口角等細故。

11　武之璋：〈從東石事件瞭解臺灣文化〉節錄，獨家報導

四月五號嘉義東石鄉吳姓女子與嘉義市蔡姓男子結婚。婚後感情不睦，但育有兩名子女，蔡的冀姓母親帶著兒子與三名親友往吳女東石娘家商量離婚事宜，未料悍婆婆一見到媳婦就一陣怒打，打斷了媳婦兩根肋骨。惹惱了東石鄉民，毆打冀姓婆婆。朴子分局東石分駐所據報趕到現場處理，並將吳女送醫急救，後來東石鄉親懷疑警方處理不公，三百多人包圍警局向警方要人，並不准警方將冀婦帶到朴子分局作進一步偵訊，警出動二百名警力戒備。

第二天由於警方偵訊後放走冀姓婆婆，東石鄉民再度包圍分駐所。

嘉義分局將分駐所所長調職。

輿論強烈譴責鄉民違法，侵犯公權力，並認為分駐所所長完全依法處理，嘉義分局分局長蔡義猛

村文化最落後的部分。

同時臺人感染了日本軍國主義凶殘的一面，因為當時日本軍警靠嚴峻刑法及警察拳打腳踢統治臺灣，臺灣人的守法是表面的。

臺灣文化集中國封建農村、漳泉好鬥排外迷信、日本軍國主義、浪人文化之大成、這種爛文化今天依然存在臺灣社會。在國、民兩黨的選舉考量下，在尊重本土的大帽子下，無人敢對臺灣文化做任何檢討、批評。

把二二八責任、罪過都推給國民黨，推給陳儀，而不研究臺灣人應負的責任，但是這絕非歷史事實。

二二八口述歷史之考證與採用

口述歷史除了作口述歷史者本身要有足夠的口述歷史訓練，用健康的心態、忠實的記錄被訪者之陳述外，口述歷史者本身要有基本的相關常識，如心理學、社會學、被訪者之歷史背景、心態立場、如何發問等等，否則無法做好口述歷史，如有一次周玉寇訪問張學良：「你覺得你的經歷跟馬克白……。」張學良問什麼叫馬克白，周玉寇說是莎士比亞，張學良立刻很不耐煩地說：「我沒看過，我不知道妳說的是什麼……。」，周的發問顯示周對口述歷史沒有起碼的常識，對張學良生平也不甚了了，否則如何會問出這麼無聊的問題。

不認是非不將分駐所所長調職。六日分駐所所長復職。七日警方傳訊八名滋事民眾，被傳者皆伏首不語，事件可能就此落幕。

未料八日以後檢方交保金不公，而三度包圍分駐所。

我在二十多年前常到東石釣魚，東石是很純樸的鄉下，沿海居民多以養蚵為生。回憶往事，想到當年認識的幾個當地漁民朋友，個個純樸、憨厚，不能想像在電視上看到那群包圍警局，凶狠叫罵的民眾與我記憶中的憨厚漁民有那麼大的落差。

臺人性格上的問題在日人高壓統臺下及蔣極權時期都有收歛，但在李、扁本土的保護下，許多惡習逐漸死灰復燃。

談文化不是空口說白話，不但要回顧歷史，也要睜開眼睛看看今天的臺灣社會。臺灣目前有十九世紀的中國人，其族群性格有漳泉排外、好鬥之風，有日人殘暴之遺毒，有中國農民之愚忠思想。也有西化但不徹底之二十世紀中國人，又有二十一世紀新生代。三個世紀的人生活在一個島上，其差異之大可想而知。

　　至於訪問者對事件心存成見、預設立場，在發問時故意誘導、誤導被訪者，更會嚴重降低口述歷史的史料價值。

　　即使訪問者本身有足夠能力、又秉承學術良心，忠實做出的口述歷史，是否有採用價值，還須通過史學工作者嚴格考證口述內容之對錯方可決定。如以二二八口述歷史被訪者的說法有明顯錯誤頗多，如二二八大事發生的時間、地點，人言人殊，如對死傷人數之回憶多屬「血流成河」、屍體「堆積如山」之類的形容詞，至於被訪者立場、身分問題故所陳述是否屬實亦須經過考證；如二二八口述歷史嚴苛地懷疑彭孟緝、柯遠芬等人為了脫罪陳述不實[12]，但是為什麼對參加暴亂者（一律稱之謂被害人也是曲筆）之口述不加求證完全相信，難道這些人都是冤枉的？一場動亂參加暴亂者數以十萬計，死亡及判刑者數以千計，竟無一人是「罪有應得」，「受害者」所著之口述歷史竟無一句謊言，寧非怪事？

　　臺灣綠色學者對二二八口述歷史之引用是採單純的二分法，政府官員、外省人之口述歷史對臺人不利一律不信，對臺人有利一律採信，臺人對政府官員不利之口述一律相信。

高雄二二八相關人物訪問錄—許雪姬的序看許的水準

　　一九九二、一九九三年中央研究院所出版有關二二八之口述歷史三、四兩集，讀者反應良好，一九九五年在原有的兩冊基礎集中主體編成《高雄二二八相關人物訪問錄》上中下三冊，兩次版本非但出入很大，而且《高雄二二八相關人物訪問錄》中許雪姬有一篇序，文字不長卻充分顯示了許雪姬的「學識」與「學格」。

　　許的序言說：「國府主席蔣介石得知軍人不法行為，嚴令阻止士兵的不法行為，唯錯誤已經造成……。」這是明顯胡扯。

　　正確答案：蔣三月十三日電陳儀：「嚴禁軍政人員施行報復，否則

12　民進黨學者一貫懷疑國民黨高層軍政人員說謊，又懷疑陳儀派人反間，羅織罪名與事實不符，當二二八後全省已經淪落，國民黨出兵的理由已經足夠，沒有必要再製造一兩個假罪名。

以抗令論罪。」三月十九日電白崇禧：「……特別注意軍紀，不可拾取民間一草一木，不許敗壞軍紀。」

國軍登陸後「民軍」望風而逃，臺北死了十一個人，臺中謝雪紅二七部隊死了七個人，所謂平亂一共死了四十三個人。目前我們查證死亡六百多人，多數在二二八到三月九日期間攻打政府機構，軍事基地而被守軍打死的，平亂以後「秋後算帳」首要領導被判死刑，或失蹤者（應該都死於報復性暗殺），所謂菁英付之一炬，一共二十餘人。

至於蔣下令不得報復，陳儀及其部下有無陽奉陰違呢？我的考證，大致沒有。因為陳儀將蔣不得報復之手諭交三十餘部下傳閱，藉蔣的威望，嚴令不准報復[13]，蔣的嚴令陳儀貫徹執行，有效的減少了死亡人數，許雪姬不看資料，想當然爾誇大死亡人數，加深蔣陳的罪狀。

許的序又說：「且只要公務人員傷亡者皆受救恤，傷者額度五萬元，死者每人撫恤二十萬元，受難人士四十七年未曾得到撫恤。」[14]，又是胡扯。

正確答案：有關撫恤問題在民國三十六年四月十七日，臺灣行政長官公署民政處公布「二二八事變臨時救恤委員會處理救恤原則」[15]，公布

13　中央研究院近代史研究所，《二二八事件資料選輯（一）》，臺北：中研院，頁381-386。蔣的演說，蔣對陳儀、白崇禧的電報均要求注意軍紀，不可報復。但是實際上陳是否像某些學者所說的蔣的話是表面文章，部下對蔣陰奉陽違呢？

我們看三月十日陳給柯遠芬的手諭：「柯參謀長，據報本日上午已有好幾起士兵凌辱及毆打臺灣人事件，現在收攬民心最為急務，希即遵令軍憲不得隨意傷害臺人，注意保護善良民眾，各部隊排連長以上人員應不斷四出巡視，制止並曉諭士兵不得再有此種行為，至要。儀三月十日上午十一時。」

十三日蔣南京來電：「嚴令軍政人員施行報復，否則以抗命論罪。」根據臺灣長官公署機要室檔案有「限一小時到臺北」幾個字，陳儀收到蔣電後在電文上批示轉柯參謀長，也等於直接轉達蔣的命令。同時也將蔣的電報轉送整編二十一師劉師長、空軍郝司令、憲兵第四團團長等二十六個對象，陳儀將蔣電報轉送那麼多對象，包括營、連長等基層單位，可見陳儀想利用蔣的威望來貫徹蔣「不得報復」的命令。三月十五日陳儀再函令軍法處徐處長重申蔣之命令要求「切實遵照」。

14　中央研究院近代史研究所，《二二八事件資料選輯第二冊》，臺北：中央研究院，頁268。

二十萬之說僅見監察院院長呈蔣函內容是「對死者（陳文溪）由政府發給恤金二十萬元，受傷婦人林江邁發醫藥費五萬元」。

15　國史館，《二二八檔案彙編第一冊》，頁35。

救濟原則重點如下：

一、發還原送調查表，如有虛報者，應予剔除，免處分。

二、撫恤救濟辦法之立法，本意為救濟撫恤，並非賠償。

三、凡醫藥費已由政府負擔者，不得再核發任何關於受傷之救濟金。

四、（住院規定從略）。

五、衣物損失以兩萬元為限。

六、被褥損失以兩萬為限。

中央公布的原則如此，在制行時因機關不同，審核標準略有彈性，尤其對醫藥部分，因送分傷患要長期療養，故有再申請補助者，至於公教人員（本省外省都有）之財產損失列冊集體申請，補償時亦是七折八扣，如高雄市政府暨所屬機關公教人員財產損失請求救濟清冊[16]。

從大量的原始資料（基層單位，區、鄉鎮公所，派出所，科級單位）可以發現損失統計表有分公務人員、非公務人員、本省（民眾）外省。而在撫恤辦法中卻是一體通用[17]，不分本省外省。試想當時大亂方平、政府修補本省外省關係尚且不及，豈會明訂法律外省傷害賠五萬元，死亡賠二十萬元而本省人一律不賠。

其實政府之撫恤辦法對象是包括臺灣老百姓、公教人員因所屬單位不同而實得之撫恤金不盡相同。但絕無外省人、本省人撫恤辦法不同之事實，至於五萬、二十萬之說僅見諸監察院二二八報告「**對死者（陳文溪）發給恤金二十萬元，受傷婦人林江邁發給醫藥費五萬元**」[18]，而他們都是臺灣人。以許雪姬在臺灣的學術地位，竟敢如此信口雌黃，真是不愛惜羽毛。

16　國史館，《二二八檔案彙編第二冊》，頁 90。

17　可參看新地方檔案，臺中縣政府檔案，國史館檔案彙編十四冊 32 頁。

18　中央研究院近代史研究所，《二二八事件資料選輯第二冊》，臺北：中央研究院，頁 269。

又許雪姬說：「但盼此一史料的發掘與保存，有助於高雄乃至全省二二八的研究，也盼受訪者藉著抒發悲痛，也能或多或少得到一點心靈上的寬慰。」

從許的話裡我們可以清楚地看到他對二二八的「史觀」跟立場早有定見，那又何必研究。受訪者親人死傷、逃亡，固然值得同情，但是那麼多打殺、砸、搶無辜外省人，甚至姦殺外省人婦女的暴徒，難道就沒有一個人「罪有應得」嗎？大溪檔案保留了那麼多判決書，難道每件都是冤案？死了那麼多外省人，許多是隻身來臺，結果埋骨異鄉的冤魂們，何曾得到「心靈上的寬慰」。

許雪姬的水準如此，他主持下的口述歷史會有多少學術成就？

關於「口述歷史」兩種不同版本的問題初探

以近代人物訪談記錄，中央研究院近代史研究分別在一九九二年二月、一九九三年二月出版《口述歷史三》與《口述歷史四》，讀者反應良好，短時內銷售一空[19]，於是一九九五年二月第二次出版，集中主題，編成《高雄市二二八相關人物訪問記錄》上、中、下共三冊發行。

把兩次出版的文字仔細核對，其間的出入，有的是異體字或辭彙的更動，如「姐妹」改成「姊妹」，「爸爸」改成「父親」等，有的是被訪問者以閩南語交談，第一次出現的方言用語，第二次改成通俗語，如〈陳蔡嬌女士訪問紀錄〉第二版將「黑頭車」改寫成「黑色轎車」、「阮厝邊」改寫成「我鄰居」，等即是，或者是標點符號的不一致，從文獻校勘學的角度看來，這些無關宏旨支節是為了流暢易讀，不得不為之的處理方式，影響不大。

比較值得注意的，有的文字頗不一致，卻是極為關鍵的字眼（key

---

19 許雪姬為《高雄市二二八相關人物訪問記錄》作序言：「近史所曾於民國八十一年二月出版《口述歷史》第三期，其中刊載二二八高雄地區的口述歷史十三篇，引起重視，到十一月全部二千已告售罄，若能藉上機會予以重印亦順理成章」，說明中研院近史所口述歷史在社會的影響力。

word），牽涉到學術倫理與忠實訪談人物意見的道德問題，不得不嚴肅面對。換言之，編者更改訪談者的意見，尤其是足以影響到歷史評價的若干文字，更該謹慎處理，不得扭曲。而很不幸地，《口述歷史三》、《口述歷史四》與《高雄市二二八相關人物訪問記錄》出版僅相隔近二年，其中的問題重重，值得進一步探究[20]。

文字更動對照

編者為何在《高雄市二二八相關人物訪問記錄》把被訪談者幾處文字做更動，而且這是牽涉到歷史觀問題、責任問題，這個部分影響很大[21]，但是編者並沒有合理的說明。

以下先將文字更動的例子一一列出，然後方便提出問題討論。所引據的例子，收在《口述歷史三》與《口述歷史四》的訪談記錄文字在先，收在《高雄市二二八相關人物訪問記錄》的文字在後，篇名、頁碼與行數均清楚標示，便於讀者按覆。

〈謝有用先生訪問紀錄〉

1、日本投降到**國民黨**接收這段時間，臺灣的社會秩序維持很好，**日據時期**一般都有防衛團、壯丁團，通常是大家推選年紀較大的人出來領導，以維持局面。（《口述歷史三》，頁 183，行 15 起。）
日本投降到**中國**接收這段時間，臺灣的社會秩序維持很好，**日治時期**一般都有防衛團、壯丁團，通常是大家推選年紀較大的人出來領導，以維持局面。（上冊，頁 139，行 2 起。）

2、以後是愈看愈失望，因為期望大，**失望也就大**。（《口述歷史三》，頁 184，行 10。）

20　口述歷史兩個版本之異同多根據黃彰健院士、吳銘能博士、郭譽孚先生研究。

21　《口述歷史》序言云：「二二八事件為台灣初期發生的一場悲劇，長久以來真相未明，民國八十年政府決定澄清此事件，遂由行政院於二月成立研究二二八工作小組，並於翌年二月公布研究報告，不過研究報告究屬論文形式，且以事繫日，較難引起讀者的共鳴，口述訪談記錄，以人為經，以事為緯，且敘述活潑，較能引起一般人的興趣，此為本所出版二二八事件專號的原因」，足見欲宣傳社會的效應。

以臺灣人是愈看愈失望，因為期望大，失望也就愈大。（（上冊，頁140，行110。）

3、我不知道學生到底死多少人，只知道有個雄中學生張某某（**按：柯旗化報導此人為顏再策**），他是在大橋上與國軍對峙時被打死（**按：死於進攻憲兵隊**），不是被槍殺的。（《口述歷史三》，頁190，倒行4起。）

我不知道學生到底死多少人，只知道有個雄中學生張某某，他是在大橋上與國軍對峙時被打死，不是被槍殺的。

4、我還碰過一個壯漢，三月五日時，揹著一管空機關槍，在市政府民眾教育館樓頂，說要打憲兵隊，我問他有沒有子彈？會不會使用，他說沒有子彈，也不會使用，但起碼有嚇阻效力。（《口述歷史三》，頁192，行18起。）

三月五日時我曾見兩、三個流氓扛著一管空機關槍，要到市政府民眾教育館樓頂，說要打憲兵隊，我問他其中蕭某說有沒有子彈？會不會使用，他說沒有子彈，也不會使用，但起碼有嚇阻效力。（上冊，頁150，行4起。）

5、臺灣新生報記者兼高雄二二八處委會宣傳委員謝有用先生出獄後與妻足枝（己故）合影留念（謝有用先生提供）。（《口述歷史三》，頁182照片。）

劫後餘生餘悸猶存謝有用與愛妻足枝（己故）合影。（上冊，頁154照片。）

按：同樣一張照片，解說文字卻不同。

〈郭萬枝先生訪問紀錄〉

1、涂光明為人悍悍的，在開會時隨身帶有手榴彈，身上披了整排子彈，開會時常搶著發言，有人叫他別鬧，他就作勢要丟手榴彈，大家也不當一回事，不理他也不和他說話。一般人對他風評不好。（《口述歷史三》，頁206，倒行3。）

案：此段文獻，《高雄市二二八相關人物訪問記錄》刪除，沒有說明為何如此刪除。

2、涂光明偷藏兩把槍，一把在後面，另一把藏在胸前，上要塞要繳械，他只繳了一把。（《口述歷史三》，頁207，行8。）

聽說涂光明偷藏兩把槍，一把在後面，另一把藏在胸前，上要塞要繳械，他只繳了一把。（下冊，頁46，行17。）

案：根據檔案《高雄要塞司令部判決書》明言「手槍壹桿子彈七顆沒收」，足見涂光明確有帶槍，《高雄市二二八相關人物訪問記錄》故意加上「**聽說**」二字，有誤導視聽之嫌。

〈李佛續先生訪問紀錄〉

1、父母親篤信佛教，我的名字由宗教信仰而來。（《口述歷史3》，頁212，行1。）

母親篤信佛教，我的名字由宗教信仰而來。（上冊，頁25，行1。）

2、黃市長會講國語，議長則不太會講。（《口述歷史三》，頁215，行6。）

黃市長會講國語，議長則不會講。（上冊，頁30，行14。）

3、中飯後士兵打下山，可以聽見從市區傳來的槍聲。（《口述歷史三》頁215，行15。）

中飯後士兵打下山，可以聽見從市區傳來連續不斷的槍聲。（上冊，頁31，行5）

4、他給了我四包米，並要副官陪我出來，稍後派五名衛兵，以一輪卡車送我下山，他交待了副官後我就出來了。（《口述歷史三》，頁216，行2起。）

他給了我四包米，並派五名衛兵來保衛公司，以一輪卡車送我們下山，他交待了副官後我就出來了。（上冊，頁32，行2起。）

5、於三月六日與六位談判代表上山見彭孟緝將軍的李佛續與其夫

人合照（李佛續先生提供）。（《口述歷史三》，頁212照片。）
參加三月六日高雄要塞司令部談判者中，除彭孟緝外，唯一健在
的李佛續。與其妻合影於民國三十七年。（上冊，頁26照片。）

案：同樣一張照片，解說文字卻不同。

〈陳錦春先生訪問紀錄〉

1、三月六日早上（**按為下午二時**），上級下令，軍隊即從壽山攻
下來。（《口述歷史三》，頁219，行9。）
三月六日早上（**按：為下午二時**），上級下令，軍隊即從壽山攻
下來。（上冊，頁168，倒行3。）

〈陳桐先生訪問紀錄〉

1、且很生氣地起身返回室內，這時候，司令部的衛兵，卻發現涂
光明正要從其西裝中，掏出手槍的動作，立即由後面抱住涂光明，
阻止了這項行動。（《口述歷史3》，頁225，倒行4起。）
且很生氣地說提此條件豈是要求政治改革，根本是要造反。說完
即起身返回室內。這時候，司令部的衛兵發現涂光明正要從其西
裝中做探囊取物的動作，立即由後面抱住涂光明，並從涂手中套
得子彈已經上膛的白朗寧手槍一支，及時阻止了這項流血行動。
（下冊，頁223，行15起。）

2、反而是有一支從鳳山開過來的部隊，其連長在建國路上，被暴
徒們架設在火車站陽臺上的機關槍打死。（《口述歷史3》，頁
228，行4起。）
反而是有一支從鳳山開過來的部隊，有一班長在建國路上，被暴
徒們架設在火車站陽臺上的機關槍打死。（下冊，頁225，倒行2
起）

3、在會中有人提議要貼安民公告，希望老百姓們不要輕舉妄動。
但為人所反對，認為此舉，反而增加緊張氣氛，因此這件事就不
了了之。（《口述歷史3》，頁225，行7起。）

在會中彭孟緝司令提議要貼安民佈告，希望老百姓們不要輕舉妄動。但為王清佐所反對，認為此舉，反而增加緊張氣氛，因此這件事就不做決定。（《口述歷史3》，頁225，行7起。）

〈張萬作先生訪問紀錄〉

1、人是死在我們家的，看他血水直流，我們也只好整理整理，那夜大家都忙著屍體的處理。（《口述歷史3》，頁233，行1）

人是死在我們家的，看他血水直流，我們也只好料理善後。我在幫福州師傅處理屍體時，發現打在他身上的子彈不是普通的銅彈，而是獵人打野獸用的，打中以後彈片會碎掉散開來，所以屍體內五臟六腑皆震碎，傷口很難處理；牆壁被子彈打得也是整片碎碎的。這種子彈是世界禁用的，而國軍面對自己的同胞居然用這種子彈，實在是很不人道的行為。（中冊，頁170，行14）

2、開鐘錶店的張萬作先生。（《口述歷史三》頁232照片）

中光鐘錶行店主張萬作在要塞兵行搶時不在家，逃過一劫。（中冊，頁170照片。）

案：同樣一張照片，解說文字卻不同。

〈柯旗化先生訪問紀錄〉

1、老板只好拿出紅包賄賂才保住性命。（《口述歷史三》，頁238，行15。）

老板只好拿出紅包賄賂，使其胞妹嫁給憲兵隊長，才保住性命。（下冊，頁264，行12起。）

2、柯旗化先生，雄中畢業，耳聞不少二二八事件時雄中同學的動態。（《口述歷史3》，頁237照片。）

二二八後不到四年，柯旗化即嚐到白色恐怖的滋味，一九五二年被逮捕，前後在獄中十七年。（下冊，頁262照片。）

案：同樣一張照片，解說文字卻不同。

〈林流夏先生訪問紀錄〉

1、受同鄉人之託前往收屍的木匠林流夏先生（林流夏先生提供）。
（《口述歷史3》，頁242照片。）
受託為許江塭殮葬的林流夏。（上冊，頁333照片。）
案：同樣一張照片，解說文字卻不同。

2、三月六日代替當鄰長的兄長到市府開會，不料卻因此而橫死的
許江塭先生（許江陶先生提供）。（《口述歷史3》，頁244照片。）
任職高雄監獄的許江塭遺體（上冊，頁334照片。）

　　案：《口述歷史3》的許江塭照片，身著戎裝，雙腿挺立，手握武
士刀，表現耀武揚威強悍氣慨，而上冊竟抽調換成半身文弱遺影，箇中
意味，耐人尋味。

〈陳蔡嬌女士訪問紀錄〉

1、至於我對外省人的看法如何？我也不會說。我只知道當時附近
有些少女，因為要學北京話，不少人被那些憲兵騙去，婚後生活
不是過得很好！（《口述歷史3》，頁249，行9起。）
至於我對外省人的看法如何？我也不會說。我只知道當時附近有
些少女，因為要學北京話，不少人被那些憲兵騙去，婚後生活不
是過得很好！鼓山的蔡明輝，也曾因與外省人合作生意，被騙去
不少錢。（下冊，頁274，行5。）

2、陳銀櫃、陳蔡嬌夫婦合影（陳銀櫃先生提供）。（《口述歷史
三》，頁249照片）
阿牛仙阮阿牛為開設的皇后酒家刊登廣告，其失明的岳母於事件
中受難於自宅取材自《民報》民國三十六年一月七日）。（下冊，
頁273廣告）

　　案：《口述歷史三》原來刊登陳銀櫃、陳蔡嬌夫婦合影照片，表現
伉儷情深，其樂融融，但到了第二版，竟抽調以與二二八無關的阿牛仙

開設皇后酒家刊登廣告，並加以牽強附會的文字說明，尤顯不倫不類（注意：取材民國三十六年一月七日未發生二二八事件前的報紙）。

〈高李麗珍女士訪問紀錄〉

1、三姨陳金絨有個遺腹子江雪華，她在丈夫過世，待小孩出生後，將小孩託給我媽媽。（《口述歷史3》，頁246，行16起。）
三姨陳金絨有個遺腹子江雪華，她丈夫早過世，當時小孩很小，便將小孩託給我媽媽。（上冊，頁299，倒行1）

2、希望永遠不再有類似二二八事件發生，或因省籍的差別看不起受日本統治過的臺灣人，必須互相接納、互相交換意見。（《口述歷史3》，頁267，行17起）
希望永遠不再有類似二二八事件發生，外省人就因省籍的差別看不起受日本統治過的臺灣人，必須互相接納、互相交換意見。（上冊，頁303，行5起。）

3、而且這些人在社會上被歧視，受到差別待遇，不能當公務員。（《口述歷史3》，頁267，行14起。）
而且這些人在社會上倍受歧視，受到差別待遇，不能當公務員。（上冊，頁303，行2起。）

4、許宗哲先生是高雄第一中學的學生，屍體於愛河邊被發現，時年十六（高李麗珍女士提供）。（《口述歷史3》，頁264照片。）
許宗哲在事件中為高雄第一中學的學生，在由雄中出發前往市政府後失蹤，屍體於愛河邊被發現。（上冊，頁299照片。）
案：同樣一張照片，解說文字卻不同。

5、江雪華先生，雄商學生，屍體於愛河邊被發現，時年十八歲（高李麗珍女士提供）。（《口述歷史3》，頁265照片。）
許宗哲的表哥江雪華，連同另一表兄弟楊榮洲，三個兄弟在同一天過世。（上冊，頁300照片。）

案：同樣一張照片，解說文字卻不同。

〈王作金先生訪問紀錄〉

1、二二八時任二十一師獨立團上尉連長的王作金先生（王作金先生提供）。（《口述歷史四》，頁 357 照片。）

事件時任上尉連長的王作金先生。（上冊，頁 253 照片。）

案：同樣一張照片，解說文字卻不同。

〈周李翠金女士訪問紀錄〉

1、二二八事件時姪女、姪女婿、姪孫均遇難於高雄火車站附近的周李翠金女士（蔡說麗攝）。（《口述歷史四》，頁 371 照片。）

姪女、姪女婿、姪孫三人亡命火車站附近的周李翠金女士（已亡故）接受訪問時攝。（上冊，頁 364 照片。）

案：同樣一張照片，解說文字卻不同。「遇難」是死亡，「亡命」並沒有死亡，二者宜有所分別，可見編者有意混淆。

〈陳泙錄先生訪問紀錄〉

1、我並非要控訴政府，也非要求賠償，但我想立碑是需要的，更重要的是政府要公開道歉、公開承認過去的錯誤。（《口述歷史四》頁 378，行 3 起。）

我並非要控訴政府，但我想立碑是需要的，更重要的是政府要公開道歉、公開承認過去的錯誤。（中冊，頁 168，行 5 起。）

案：也非要求賠償幾個未不見了。

2、經營鐘錶店為高雄要塞司令部士兵槍擊致死的陳家富先生（陳泙錄先生提供）。（《口述歷史四》，頁 375 照片。）

開鐘錶店為軍隊搶劫並開槍擊中鼠蹊部流血至死的陳家富先生。（中冊，頁 165 照片。）

案：同樣一張照片，解說文字卻不同。

臺灣口述歷史真相

從上述兩個版本的文字更改、或加強語氣、或淡化語氣、或增加字數、或減少字數，可以歸納出幾個原則：

其一、對「民」（民的定義在二二八期間就很複雜，有野心知識分子、有退伍日軍、有流氓、有自以為是日本人的臺灣人）有利的敘述一律強化，甚至增加一些文字，以達強化之目的，如郭萬枝先生訪問紀錄第二版加「聽說」涂光明藏了兩把槍。加上聽說二字變成疑案，罪名也就不確定了。又如張萬作先生訪問紀錄第二版整整加了壹佰零捌個字，來形容死者之慘狀，並咬定是獵槍子彈所傷。

其二、對「民」不利之敘述一律淡化，甚至刪掉，如郭萬枝先生訪問紀錄刪掉七十六字之多。又如李佛續先生從「不太會講」國語改成「不會講」國語。

其三、對政府有利之文字一律刪減、淡化。

其四、對照片文字解說大多數前後不一，其更動標準也與上述標準相同。

其五、至於從「日據」改成「日治」，雖一字之差，卻絕非被訪問者之本意，否則被訪者豈會眾口一詞同意從「日據」改成「日治」，對綠色學者而言卻意義非凡，他們的說法包括「日領」，包括把日本「投降」改成「終戰」，誇大日本在臺建設，淡化日本在臺罪行。以上說法都是呼應綠色學者的媚日史觀。陳水扁曾經公開呼應綠色學者的說法主張用「終戰」，而不用投降，原因是「終戰」比較中性，其媚日的心態是一貫的。

對照二次版本中間的差異，可以想見他們做歷史的目的完全不在為歷史求真相，完全背離一個讀書人的學術良知，他們的目的在羅織國民

政府的罪狀，醜化中國人，或至醜化中國文化。

　　他們這群人當年配合扁政府的行政資源，除了出版一大堆穢史，更在各地成立二二八紀念館，館中資料多數編造故事，部分學術界及民間人士實在看不過去了，在中央研究院院士黃彰健先生及朱浤源教授以及筆者組織了二二八研究增補小組，多年來有許多重大發現，如黃彰健院士與翻譯家黃文範先生解讀美國國務院檔案，發覺美駐臺副領事葛起智（G‧Karrel）以中央情報局的身分，勾結林茂生等鼓動臺獨（先由美國託管）。王添灯欺騙臺灣人的真相，黃彰健、吳銘能、郭譽孚等比對口述歷史作假，對此汪能定先生並對許雪姬等提出偽造文書之訴，許雖被判無罪，但學術界已傳為笑談。

附錄：二二八有關電報及報告書整合

一、中央研究院近代史研究所，《二二八事件資料選輯（一）》，臺北：中研院，頁 381-386。

發佈文件單位表

（抄考）

第二廳林廳長
第三廳盧廳長
第四廳熊廳長
副官處王處長
軍法處徐處長
經理廳陳廳長
會計室鄒主任
特務營沈營長
戰犯管理所毛所長
勞動訓導官呂主任
通信連王連長
軍官大隊朱大隊長
聯勤務總司令部台灣言產管理所黃所長

整編第二十一師劉師長
空軍台灣地區郝司令
軍總司令部駐台澎區憲兵第四處...
憲兵第四團張團長
輪汽第二十一團廖團長
高參室王主任
机要室黃主任
第一處蘇處長

警區司令部劉司令
防空司令部 第四區防空支部
聯勤總司令部台灣供應局李局長

副本

紙川電來室要機署公官長政行省灣臺

字　特53　號

來電地名	發電人姓名或機關	類目代字
南京	王席	寅元府批

事由	擬辦	批示

電復遵辦儀三十三、

限一小時到台北陳長官ㄧ密諸兄負責嚴禁軍政人員施行報復否則以抗命論罪中正寅元府機印

民國三十六年三月13日譯者

副本

臺灣省行政長官公署機要室發電抄稿川紙

No.特34

限一小時到南京國府主席蔣○密嚴禁軍政人員報復

業經通令飭遵頃奉寅元府機電自當再行嚴飭遵

照謹電稟復戰陳○寅元亥要機印

奉

長官諭東電抄送

浮月令部迅通令各員對此奉達照辦

柯參謀長勛鑒

臺灣省行政長官公署

呈公鑒○上

三月十三

民國三十六年三月十三日

嚴禁軍政人員施行報復由

代電

主席蔣寅元侍機電開限一小時到台北陳長官請兄負責嚴禁軍政人員施行報復否則以抗命論罪等因

臺灣省警備總司令部稿

發佈文件單位表　　處長宴調製

整編第卅一師劉師長

空軍台灣地區郝司令

會區司令部劉司令

防空司令部第四區防空支部

聯勤總司令部台灣供應局李局長

憲兵第四團張團長

輪汽第二十一團廖團長

高參室王主任

机要室黃主任

第一處蘇處長

第二處林處長

第三處盧處長

第四處熊處長

副官處×處長

軍法處徐處長

經理處陳處長

會計室鄒主任

特務營沈營長

戰犯管理所毛所長

勞動訓導營呂主任

通信連三連長

軍官大隊朱大隊長

二、中央研究院近代史研究所，《二二八事件資料選輯第二冊》，
臺北：中央研究院，頁 351、353。

核

嚴法規定由軍法審判仍應以軍法程序予以審核

以維政府威信謹就各案原判本

鈞座寬大德意準予加審核俟衡犯情原其心跡

依法分別予以改判或核准理合簽請

核備并乞

示遵

謹按戒嚴法第九條規定戒嚴地域內關於刑法上之內亂罪得由軍事機關自行

審判惟台灣並非接戰地域自無適用此項條文之餘地且同法第十四條又明白

規定國內遇有非常事變對於某一地域施行戒嚴時在該戒嚴地域始不得任善

司法機關之職權關於刑事案件應大由司法機關依法辦理本案被告簡槿等

等武係國民參政員均無平人身份依法辦理上同法條應由司法機關

審判極為明顯前據白部長檢同簡槿等卷判請示前來經呈本

批應一併解送台灣島等法院訊辦等因茲後據白部長簽復如上謹

查白部長所稱本案若併移歸法院審理則已執行之各案尤將發生重大糾

紛影响政府威信茲為適應台灣特殊情形逮予結束懸案

俾期安定秩序起見擬姑准如擬辦理

此件重魏主席何干意見甚詳

三、三月十三日蔣主席致陳儀元電：「嚴禁軍政人員施行報復，否則以抗令論罪。」

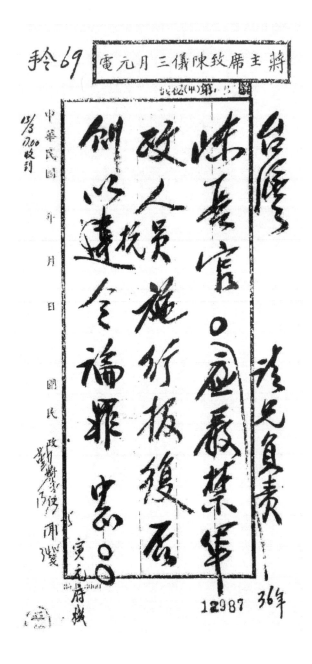

陳儀青

請兄負責嚴禁軍政人員施行報復，否則以抗令論罪

件附之號 八 三 第

陳長官寅元亥電呈復已遵命嚴飭遵照等語，經機要室遞呈，并奉

批閱

　　四、三月十九蔣主席致白崇禧電：「據劉師長電稱：我軍一營，追擊至埔里地方，被匪包圍激戰中云。特別注意軍紀，不可拾取民間一草一木，不許敗壞軍紀。」

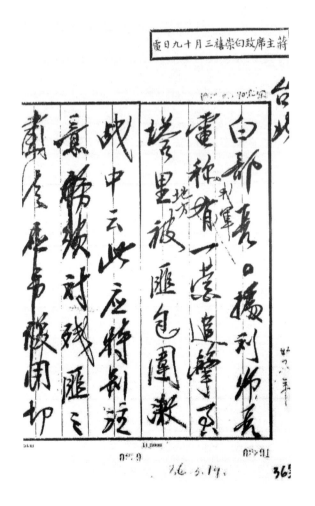

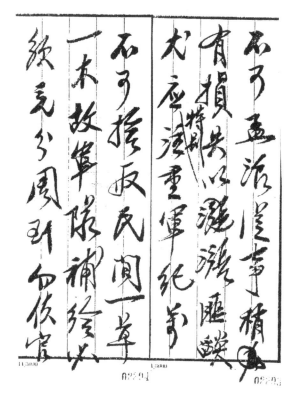

臺灣光復後日產接受糾紛研究

　　臺灣光復後日產接收，尤其是日本私產之接收，糾紛很多，是某些學者長期攻擊、醜化國民黨的一個題目。由此引發的黨產問題，也成為國民黨的原罪之一。雖然目前所有相關的檔案都公開了，重要檔案包括長官公署時期的政令，日產接受委員會的組織、功能、處理紀錄及結果報告，臺灣省參議會會議紀錄中的日產篇上、下兩冊，長官公署、縣市政府、國防部、警備司令部、警察局等原始資料，日產接受問題應該真相大白才對，但是我們一直到今天，對日產接受問題的文章還是充滿了錯誤，以訛傳訛，扭曲了真相。

　　我們先從「行政院二二八事件研究報告」陳翠蓮博士《派系鬥爭與權謀政治》書中有關黨產問題的說法作摘要引述，因為多數學者對黨產問題的觀點多根據這本書：

> 其次，不論有無犯罪嫌疑，將臺人私產全部予以沒收，經自己提出充分的證據，證明自己確是清白無辜後，才由政府核定發還沒收之私產，此一措施使當時的大陸臺人相當的憤怒不滿。蓋因私有財產為他們一生辛苦的積蓄，突然變成國家的財產，若欲提出證據以證明該財產係其私產而不是霸占他人的，勢必費時費力。姑不論該法是否適用在大陸的臺人或在臺的六百萬人，但對臺人是一個相當嚴重的打擊。[1]

> 百業復興之際，不知政府有何緊急必要，而將無罪人民之財產先行沒收利用，以增加人民個人之痛苦。[2]

　　上述說法雖欠缺實證，但傳抄久之，遂成定論，但是我們從各種原始檔案資料中去找答案都完全不是那麼回事。故本文從歷史背景、政策方針、隱匿日產、處理糾紛、糾紛解讀、個案研究、是非評論、相關檔

1　陳翠蓮，《派系鬥爭與權謀政治─二二八悲劇的另一面相》，臺北：時報文化，1995 年，頁17。

2　陳翠蓮，《派系鬥爭與權謀政治─二二八悲劇的另一面相》，臺北：時報文化，1995 年，頁18。

案彙編等篇章澄清這段歷史公案，並可對國民黨黨產問題提供解讀素材。

歷史背景：

日人治臺五十一年，土地問題至為複雜，除日本政府之公有土地房屋一律由政府接收外，日本人私有房屋一律由政府充公，做為政府國有財產，再公開拍賣，臺人原住戶或公司、店面、工廠有優先承購權，但原屬日本公地或私有土地有合法以市價購自臺人者，亦有以強制手段以不合理之價格巧取豪奪者，或為公司所有，而公司股東有日人亦有臺人者，情況至為複雜，又行政院規定淪陷區日產買賣，過戶有效日期為民國三十四年十月一日前，而臺灣長官公署認定之有效期為八月十五日。對於日本治臺期間臺人土地房產之認定問題，八月十五日以後過戶之無效問題，引起無窮之糾紛，部分糾紛延至民國五十年代黃杰出任臺灣省主席時尚未完全解決。

政策方針：

對於日本投降後，政府鑒於日本治臺已經五十一年，情況非大陸淪陷區可比，於民國四十五年五月公布「臺灣土地開發委員會報告書」，該會自民國三十四年二月二十日開第一次會議，至五月十九日共開會議十二次，會員十二人，除主管署（地政署陳參事正謨）、本會主管（土地組賓專員業繩）、本會專員以上人員（謝光楠、夏濤聲、錢宗起、宋斐如、何孝怡、劉啟光、林忠、康瑄）外，另聘立法委員李慶麐、地政署地權處林科長詩旦參加，擬定辦法分一般原則、地籍、地權、後作（土地使用）、市地、林地及礦地、土地金融、地政機構等七項[3]。

後來無論長官公署公布之日產接收辦法，及成立之日產處理委員會等相關的法令，及法令解釋、法院裁定皆根據此一報告書之大原則。

此報告書之重要精神是：

3　何鳳嬌編，《臺灣省土地資料彙編—第一輯》第二冊，臺北；國史館，1993 年，頁 399。

一、臺灣一切土地無論官有、公有、私有、或製糖會社所有，一切暫由原使用人維持原狀，不得變動或轉移……。

二、會中對土地使用，考慮佃農之權益、生計推動耕者有其田等。

根據此一報告書及日後公布之相關法令，皆可充分表現政府以平和跨越過渡期，公平會處理私有土地問題及耕者有其田為相關政策最高指導原則。[4]

處理糾紛：

日產處理、糾紛原因分下列幾大類：

（一）臺人、日人買賣契約，行政院規定為民國三十四年十月一日，臺灣長官公署規定為八月十五日，後來長官公署雖然接受行政院的糾正將過戶有效期延至十月十六日，但已認定買賣、過戶無效之案件一律不准翻案。

（二）政令不一引起糾紛，長官公署來臺接受後許多公務人員無宿舍可住，於是由各單位發放封單封屋以作宿舍。日產處理委員會成立較晚，許多房屋已被劃撥公用，而同一房屋又向日產處現理委員會登記，造成不少糾紛。

（三）各式陳情案件，此陳情案之理由多為臺民在日據時代土地被日本強迫賤賣或徵用為軍事用地等，此等陳情案真假莫辨，政府多根據陳情人提出之證據以為判斷之標準，但判決不予發還者多不斷陳情，有向日產處理委員會陳情者，有向長官公署陳情者，有向法院提出告訴者，亦有法院拒絕受理而認為該由處理委員會解決者，糾紛不斷，但從各種原始檔案、處委會資料、長官公署資料、省議會陳情案資料，我們可以發現問題的根源不在法令不健全，也不在接收人員品質不良。而在臺人，尤其與日本有往來之皇民化分子、地痞、流氓、偽造買賣契約、倒填日

4　何鳳嬌編，《臺灣省土地資料彙編─第一輯》第二冊，臺北；國史館，1993 年，頁 405。

期，心存僥倖霸占日產。

隱匿日產：

由於隱匿日產情況嚴重，於民國三十五年六月臺灣行政長官公署頒布「查緝隱匿日產應依照規定辦法」（日譯文），後日產處理委員會又公布「獎勵檢舉隱匿日產辦法」，獎勵檢舉隱匿日產。臺灣日產處理委員會至民國三十五年二月以前，查獲沒收之日產價值即多達五百餘萬臺幣[5]。我們有理由判斷二二八後因為法令鬆綁矇混過關者更不知多少。

糾紛解讀：

今天我們細讀當時有關日產接收的政令或頒布以及迭次修正之相關辦法，多屬合理、合法又兼顧臺灣特殊之歷史背景，如可申請發還被日人或軍方強占、被迫賤賣之土地，八月十五日以前買賣以後完成登記者皆視為有效，原住戶有優先承購權公開拍賣，原店面、工廠租自日人者繼續租用等等規定，可謂情理法兼顧矣！用今天的法律標準來看都無懈可擊，但是問題為什麼會那麼多呢？

據資料顯示日產接收問題發展到民國三十六年最重要的糾紛有二：其一，買賣過戶時效認定問題，省民購買日產者要求比照中央十月一日以前有效，長官公署堅持八月十五日以前有效。其二是日產拍賣問題，當時很多非法強占日產者全省串連有三千多戶，成立抗爭團體並籌得五十萬元經費，反對政府拍賣日產，並擬於二月二十六日在臺北集結遊行，向長官公署抗議，後來陳誠透過臺北市市長警告此一抗議團體，遊行取消，兩天後發生二二八。二二八許多參與者皆係該批強占日產之臺人故對陳儀心生怨恨。

關於百姓反對日產拍賣問題，長官公署於民國三十六年二月二十四日透過《新生報》澄清兩點：其一、所有公教人員所使用之日產房屋（包括宿舍及住宅等等）將由日產管理委員會全部出售，而由本省長官公署

5　《臺灣省接受委員會日產處理委員會結束總報告》，國家發展委員會檔案管理，頁16。

悉數購入，繼續分配給公教人員應用。其二、凡非公教人員之現用日產房屋（包括住家、商店等等）即由管理委員會全部出售，由市政府悉數購入，市政府購入以後或行分宅出售，或自行訂規分租，則統由市政府辦理。

又陳儀在二十四日上午八時在長官公署警備總司令舉行國父紀念週會，陳長官講話如下：「這幾天發現反對標售房屋的傳言，內容很多不滿的表示，據說今天要舉行會議，其中包括不少公務人員參加，人民有集合的自由，我不反對，但對於他們的動機專為一己自私的打算，不明白政府的決策，一味輕舉妄動，覺得很痛惜，政府標售敵偽產業，是要藉此收縮通貨、抵償債物以平抑物價，減輕一般人民負擔，現在一部分人為了自私自利，反對標售，這無異剝奪一般人民權益，尤其是公務人員居住的房屋，是由公署收買，仍舊租與原住職員居住，有多餘的，再移交市政府出售或出租，對於人民住用的房屋，我們仍舊給以合法的權益，可是竟有不明是非的人，企圖保全個人過分的權益，做出越軌的舉動，這種缺失正義的行為，真是道德破產……。」，又《新生報》二月二十四日的社論也說：「查日產應予標售，本為行政院所規定：本省變通院令，採取以上辦法（由長官公署悉數購買）即能仍以售賣方式將日產房屋問題作一根本解決，免去種種爭執和糾紛，復能顧全事實，不使租戶有重大變動，以免引起一場無謂的糾紛，實為一值得擁護的辦法。」。

事實上日產接收除原住戶、商店不變動外，日產標售，係被沒收之日產，原臺人財產、產權清楚者並無影響，民國三十四年八月十五日以前購買之日產也無問題，日據期間被日本人巧取豪奪而證據確鑿者可經過申請手續也可要求發還。那麼為什麼有那麼多人反對拍賣日產呢？答案在吳贊石、黃炳、沈送來、蔡日新、林鶴柏、蔡煌章、陳杰、黃石盛等臺北市市民聯合向臺灣省政府民政廳陳情書說得很清楚：

（一）查民等所住日產房屋，係向前日人承租，有已達二三十年之久者。又戰時本省各大都市房屋多受盟機炸毀，向日人承租殘存破屋，耗費鉅資修理。又民等所住日產房屋，早經向政府合法承租，發給證明，

依照日產房屋清理辦法，現住人有優先承買權，並有分期半年繳清價款之利益。乃自政府公布特准以三十四年十月十六日為禁賣日期後，該爭買日產者驟得意外之特許，即挾其雷霆萬鈞之力，壓迫住戶遷出，轉租他人。查此項日產房屋約數千棟，住戶約數萬人，現日夜岌岌如大禍之將至，對於現住人之利益，顯有損害。

（二）查三十六年十一月二十一日國民政府指令核准，同月二十八日行政院指令頒布之臺灣省土地權利清理辦法第三條第二項「人民於三十四年八月十四日（後改為十五日）以前承受日人公私有土地之權力，已於同日以前依法申請登記未能完成手續而有確切證據，光復後並經申請有案者，得由權利人檢具證件，並經土地所在地四鄰負責證明，呈繳無訛，其所受之權利為有效。」又前臺灣行政長官公署於民國三十五年四月八日呈經行政院核准公布之臺灣省接收省境撤離日人私有房地產處理辦法第十條，「凡在三十四年八月十五日以後本省日人房屋不得承購轉讓抵押，如有倒填年月日私行移轉串通舞弊情事，准人民告密，一經查實，依法嚴懲。」司法院函復行政院謂，「已核定各案不宜翻案，」即指上開已核定之兩辦法而言。乃竟以行政機關之命令，變更司法院統一之解釋，顯屬違憲。

（三）查民國三十四年八月五日原子彈炸毀廣島，八月八日蘇聯對日宣戰，八月十五日日本廣播投降，以及投降前轟炸劇烈，投降後盟機絕跡，此項事實，已為省民所周知。如謂不知，則何以投降前無人買受，八一五以後何以即鉅量購買，及買賣日期多填為八一五以前，而登記多在九十兩月，如謂投降前轟炸劇烈，政府疏散，辦事停頓，故未登記，則劇炸時期，逃命不暇，何以敢置買日產，其為倒填月日，非法串匿，顯無疑義。

（四）原處分謂「至發還房屋發生住戶被勒遷情形，事涉租賃問題，應由地方政府妥慎處理」等語。查本案並非單純租賃問題而係是否有效及有無先購權之問題，原處分特准十月十六日為日產停止移轉日期，而買受日產者又早已勾結未接收之日本登記機關辦妥登記手續，是全省數

萬住戶及佃農早晚終必遭受勒遷及吊銷佃農成租之命運。

（五）查民法第七十四條「法律行為係乘人之急迫使為財產之給付者得撤銷其法律行為。」第一百一十三條「無效法律行為之當事人知其無效，或可得而知者應負回復原狀責任。」第七十二條「法律行為有背於公共秩序或善良風俗者無效。」按原告等承租日產房屋有已達二、三十年者，當時日人曾來函招買，因遵從政府命令而拒絕，若知有今日，則區區之賤，何難籌措，其餘買賣或則利誘威迫，或則串買頂巷，皆應作為無效，請求判決撤銷原處分，維持司法院解釋在日本投降後買受日產無效原案，以維政府威信，而保租戶權益等語。

陳情書共有十二條反理由，我摘其重要者五條，從這五條可知接收日產問題出在那裡，問題根本不是坊間學者所說的接收人員品行不良，也不在法令不健全，而是太多的臺灣人企圖「混水摸魚」，企圖發國難財。

吳贊石等向臺灣省政府提出陳情被駁回，又向行政法院提出訴願。[6] 法院雖然判決原告敗訴，但是從訴願內容可以很清楚的知道所謂「日產接收糾紛」到底是怎麼回事。

6　〈三十九年判字第三號〉。

接收日產相關法令評議

　　政府對接收工作是否符合多數人的公平、正義應該有四個要素，其一是政策目標：也就是政策本身的目的；其二是執行辦法：也就是執行相關法令的部分，法令越完善，舞弊的可能性就越小；其三是執行人員的質素：再好的法令由一群貪官污吏去執行而求其公平合理，不可能也！其四是民眾配合程度：法令完善，執行公務人員無私心，但是民眾出於私心不配合，再好的政策都無法順利執行。日產接收問題法令部分就以上幾點分別評述如下：

一、政策目標：

　　臺灣接收，陳儀有備而來，接收日產無論日政府公產、日人私產一律沒收，臺人財產依法保障，沒收之日產或歸企業部分或歸公有經營，或公開標售；企業部分有臺人股份者則依法保障，或維持原有股份，或出售與經營者，「**以工廠不停工，商店不停業，學校不停課之原則下，循序進行。**」[1] 臺灣光復後之日產接收，日人私產部分有隱匿問題、有假買賣問題，但是做到了「工廠不停工，商店不停業，學校不停課」的大目標。

二、執行辦法：

　　日據臺灣五十一年，日產部分至為複雜，尤其日本投降前後許多日產廉價售或無償贈與臺人，長官公署以三十四年八月十五日以前買賣過戶為有效。但當時中央行政院規定以當年十月一日為有效截止日，因此鬧出軒然大波，當時甚至有人主張將八月十五日以後之收買日產者課以刑法之贓物罪，後雖經中央強迫要求長官公署改為十月十六日以前有效，後來長官公署接收行政院命令，但不准翻案，此一問題臺灣學者至今認為此事件為二二八發生的原因之一，且認為陳儀之堅持是錯誤的，但是

1　臺灣省接收委員會日產處理委員會編輯，《臺灣省接收委員會日產處理委員會結束總報告》，頁2。

我們要問，日本投降後誰有機會以不合理之廉價，甚至無償收受日產，是一般農民嗎？是一般勞工嗎？當然不是，有機會發國難財者皆皇民化分子也，這時一般臺灣人有什麼公平正義可言。

此外，有關接收法令，一直到陳誠時代猶不斷修改，使之完善。許多有關接收之法令細節以今日之法律標準看來，亦屬合情合理之良法，茲舉例如下：

一、下列證券文件，免予接收，准其攜帶回國：

（一）在日本境內之銀行及其分支行所發之存款單據。

（二）在日本高麗暨關東州臺灣之郵政儲金存摺。

（三）在日本境內設立之保險公司及其分公司暨在日本高麗關東州與臺灣所發郵政金生命保險單。

（四）有關接收之公文書。

二、本省因日僑財產幾遍全省，對於接收方面，難免有隱匿遺漏之虞。查過去日本統治時代，凡公私不動產之移轉，皆須經臺帳之登記，此項臺帳即為各接收機關利用作為核對接收財產清冊之良好資料，如有被侵占隱匿情事，則不難清查而出。至於動產則較為困難。本省乃公告人民鼓勵密報檢舉。凡屬查獲日人公私有財產，則依照規定另行列冊呈報，不予抵充賠償。

三、本省日產移轉隱匿之檢舉查獲，除遵照院頒之「收復區隱匿敵偽財產物資軍用品檢舉獎勵規則」辦理外，並參酌本省實際情形補充規定：凡各縣市已列入接收清冊或登帳有案之日人資產，如因特殊情形尚未接收，據有密報檢舉者不給獎金。嗣為鼓勵檢舉，改定為：密報不動產已有臺帳者，酌給獎金百分之三；又凡隱匿日產之關係人，在限期內自動據實申報者，免予懲處，否則被人檢舉，除依法懲治外，並處以隱匿物品價值百分之十罰金，毀滅者責令賠償。

四、被隱匿之日人房地產，如有人檢舉經查獲後，除遵照「收復區隱匿偽物資軍用品檢舉獎懲規則」給獎外，准舉報人有優先租用之權，以資鼓勵。

五、至接收之土地，為配合本省土地政策，一律由接收機關，或會同縣市政府，依人民耕種能力分別放租，以期達到耕者有其田之目的。截至本會結束止，各分會關於土地出租情形如下：

分　會　別	面積 土地單位（甲）	分　會　別	面積 土地單位（甲）
基　隆　市	六九‧九九〇七	臺　中　縣	一三二‧四四九〇
臺　南　市	八四‧二三三四四	高　雄　縣	四五四‧七七六四
彰　化　市	一一‧〇三九九	臺　南　縣	八三二‧八六四二
高　雄　市	三九〇‧五四七〇	澎　湖　縣	五二四三
臺　中　市	五四‧三九九三	臺　東　縣	二四一‧二九七九
新　竹　市	二二九‧七二三四	臺　北　縣	一七四一‧〇〇九〇
臺　北　市	三五三‧二三一三	嘉　義　縣	七一‧七一八九
花　蓮　市	一二五二‧八一七一	合　　計	七一〇八‧六二一二

六、清算日產，應於清算開始時，在本省臺北《新生報》及日產所在地通行報紙刊登公告三天，凡對該項日產有債權債務關係者，須於公告後二星期內檢齊證件逕送本會（日產處理委員會）核辦。

七、撥歸省公營之日產中，有臺人股份經清算後而願意參加新組織者，其股份會商主管機關，得酌列為優先股。但願意退股者聽之。

八、臺股退股後新組織不能設立時，所有日股資產拍賣之。

九、凡舊債有現行法律上根據者，應概行承認。

十、標售企業如有本國人民之股份時，應依下列標準辦理：

日人股份超過總額半數者，以整個企業標售，按股份配售得價款；但原有本國人民股份不願出售，經呈准者不在此限。

十一、屬於房屋商店或原為房屋商店之基地，除撥公用部分併予撥用外，均一律出租。其原有建築物部分，應併出租於該建築物之承租人，或另行處理之管有使用人。

十二、原屬日人公私有產業，如官舍等，由公務人員自行修繕者（與房屋本身不可分離部分），截至本年（民國三十五年）九月底止，所支修繕費應向各服務機關核銷。

十三、人民住用日人私有房屋，其修繕費應自行負擔，不得在租金項下扣抵。但其修繕希確證者，除公家應收回自用外，得享受優先承租或承買之權。

十四、原屬破舊餘剩之日產房屋，人民事先報請修繕自用有案者，即以未修繕前房屋價值，核按時值比價售於修繕人。

十五、房屋售價之估定，應按修繕後所估定之時值扣還原修繕費用為準。扣還標準如下：

（一）如民國三十五年三月以前修繕者，按修繕費原數二倍扣還（如原數額五萬元加二倍即加十萬元，合原數額共十五萬元）。

（二）在民國三十五年十二月以前修繕者，按修繕費原數額一倍扣還。

（三）在民國三十六年一月以後修繕者，照原數額扣還。

十六、原修繕人為現住人而不願承購時，其修繕經查屬實者，俟標售後，按本注意事項前條所定標準，於遷出原屋經查驗屬完整時，就該屋售價內撥還之。

從以上列舉的法令細節，我們無論從繼續租用、優先承購權、修繕費用之補償等都是非常進步的法學觀念，對臺人權益之考量可謂周到至極。我不相信今日之民進黨或今日之國民黨如果承擔當年日產接收的任務，會比陳儀做得更好。

臺灣接收日產問題非常複雜，歷史背景也很特殊，多年來陳儀政府承受了所有糾紛的責任，陳儀官員被污為「劫收」、「五子登科」。但

是白紙黑字的證據會說話，我們看到以上的檔案資料是不是要還給陳儀政府一個公道？

三、執行人員素質：

執行接收日產的過程中，民國三十四年十一月成立接收委員會，接收委員會並在十七縣市成立分會。總會聘委員十一至十五人，由長官公署聘派有關各機關首長及地方公正人士充任。[2]

各分會主任委員由縣市長兼任，各縣市設委員五至七人，由本會函聘地方公正人士充任，各分會職員以縣市政府調用為原則。[3]

從日產處理委員會組織看來，日產處理非由長官公署專權，而是由各縣市分會分別處理，其間參與者除臺籍公務人員外，尚有地方公正人士參與，盡管如此，弊端仍不可避免，從檔案中我們可以看到公務人員受處分的案例如下：

（一）張瀛東等八十三人係鐵路管理局之員工，其現居之房產，非由鐵路局直接接收或原始承租之公有財產分配居住。純係日人私有產權，於臺灣省光復後日人被遣返國時，逕行居住，此乃侵權之行為，應行行政之處分[4]。

（二）苗栗縣政府財政科承辦股長陳茂大、地政科承辦人吳策誠、與業主（地政科職員）鄧炎輝等，非法勾結矇蔽事實，損害公有財物之瀆職事證昭彰，合予依法提案糾舉，請移送臺灣省政府嚴予議處，以證法紀[5]。

當然我們相信舞弊者絕不止於此，也許有許多弊案沒有東窗事發，但是我相信公務人員之舞弊者與臺人以非法手段或鑽法律漏洞得到的日

2　臺灣省接收委員會日產處理委員會編輯，《臺灣省接收委員會日產處理委員會結束總報告》，頁5。

3　同上。

4　《總統府公報第一三七三號》。

5　《總統府公報第一二四五號》。

產是不成比例的，旁證之一就是看臺灣今日之大地主竟無一個外省人即可推知一二矣！

日產擴收史料解讀

目前有關日產接收之檔案幾乎全部公開，也將檔案數位化，包括長官公署檔案，各縣市日產接收委員檔案，各縣市日產接收檔案，有議會檔案，法院檔案，此外尚有國史館參議會史料彙編日產篇上下兩冊……等等。

日產接收糾紛是發生二二八的重要原因，但是專門研究日產接收問題的人不多，對日產接收問題已包括大多接收綠色學者的說法，綠色學者說法重點如下：

一、接收變劫收，接收大員都發了大財，很多人「五子登科」房子、車子、銀子、戲子、妻子、戲子都有了。

二、法令不矛盾引起一間房子幾個單位接收的情況。

三、國民黨接收了了大量房地產。

四、因為長官公署公布的日產買賣有效日產訂為三十四年八月十五以後之買賣無效，所以對臺灣人民造成很大的「傷害」，引起很多民怨，這種怨氣在二二八引爆。

但是我們從堆積如山的資料裡實在找不出多少證據可以證明以上的說法，積非成是的結果，增加了二二八暴民的合理性，坐實了國民黨是一個貪贖團體，當年的臺灣人都是無辜的受害者。

對於以上的說法有些所謂的學者，如歐素瑛在《參議會史料彙編：日產篇》[6]的序中竟然看著紙黑字的檔案史料，解讀得跟民進黨的文宣完全同調如：「**由於標賣過程中黑幕重重，許多原屬於臺人私有產業遭到**

6　歐素瑛編，《參議會史料彙編：日產篇（（1））》，新北市：國史館，2009 年。

沒收處理，而真正的日產卻又變成個人私產，頗引人詬病……。」，相反的，大多數的糾紛係臺人企圖強占日產之未遂案。我真不知是歐素瑛的理解力差呢？還是根本沒有細讀資料內容？

這篇序使我們迷惑，也使我們領教了意識型態的可怕，同時也很驚訝的發現，臺灣學術界的水平竟然如此低下。

史學是一行專門的學問，治史學者最基本的治學態度，要拋開意識型態，不能預設立場，要有分辨史料真假的能力，要有基本的法學、社會學、經濟學的常識，假如沒有這些基本條件，而去寫史學論文會貽笑大方的。

對於日產接收的資料解讀，我認為要從幾個大家都忽略的角度切入。

一、劫收問題：從長官公署接收臺灣全部公私財產（本省人財產除外）到成立日產處理委員會到對日產接收辦法不停修訂一直到陳誠主政時代臺灣房屋地產登記制度已很完備，日產之充公部分又有公開招標辦法，辦法中原住戶或原租戶（商店工廠）均有優先承購權，一個外省公務員要私占日產難道敢用自己的名字參加投標嗎？其二從檔案中發現本省人日產糾紛的對象多為官方，如臺北市政府擅自標售日產案、警務處、文書股長王編年與臺北市民郭東初糾紛一案，官方占用房地產或作辦公室用或作宿舍用，無論作辦公室或作宿舍，其產權依然為公有，而百姓非法侵占日產一旦成功其產權即為私有大不相同，而檔案中找不到外省人（個人）與臺人發生房屋糾紛的案例。

二、法令矛盾問題：日產接收委員會成立在三月三日以前有些日產被貼封公用，日產接收委員今成立以後很多臺人又將已被政府機關使用之房屋再向日委員會申請租用或要求修繕費等，產生問題非常複雜，不少案件雙方向法院提出訴訟，但是不少案件法院認為係日產委員會權責範圍以內而被駁回不受理，法令矛盾問題由檔案看來多由日產處理委員會下轄之糾紛處理委員會亦不受理或向省議會陳情或向法院提訴訟。也

就是說法令糾紛有之但是解決的管道申訴之管道也頗暢通，鮮有因法令矛盾而損及本省人權益者。

　　三、國民黨接收日產：長久以來「國庫通黨庫」是國民黨的原罪之一，臺灣光復國民黨趁機侵占了大量日產，這些說法幾成定論，連國民當的黨工都認為這是事實，但是對黨產問題[7]，我曾做過深入研究，事實上與外傳出入很大，有關日產接收我們從檔案裡發現國民黨只接收了十九家電影院[8]，接收電影院是為了文宣，為了黨務經費，當時的電影院皆屬日人獨資，有些戲院有少許臺人股份，國民黨接收十九家戲院，保障原有臺人股東產權，繼續租給原承租戶（臺灣人光復後向日人承租），也頗通情理，沒有傷害到臺灣人權益，當時國民黨經營之電影院採公司制，國民黨營運資金不定曾公開向民間募股，但是國民黨接收之電影院房地產部分似乎沒有付錢給政府，至少目前沒有付款記錄或者以後付款、待查，假如國民黨從來沒有付款給政府，而獲得房屋土地之所有權，當然十九家電影院應該歸還給政府。

　　四、買賣過戶有效時限問題：買賣、過戶時限問題引地莫大爭議，長官公署原訂三十四年八月十五當以後買賣無效，而行政院規定當年十月一日以後之買賣無效，行政院為什麼規定淪陷區在日本投降一個半月以內的日產買賣均屬有效令人費解，但是陳儀規定八月十五日以前買賣，過戶有效卻是非常合理，對此一問題除陳儀公開遣責反對標售日產的理由「……人民有集合自由，我並不反對，但對於他們的動機，專為一己的私利打算，不明白政府的決策一味輕舉妄動，覺得很痛惜，政府標售敵偽產業，是要藉此收縮通貨，抵價債務售這（反對標售政策）無異剝奪一般人民的利益……做出這種缺失正義的行為，真是道德破產……。」[9]除了陳儀的訓斥之外，我們再看黃炳、吳賢石等六人狀告長官公署行政院有關停止日產轉移事件，原告書狀中的理由，最重要的有兩點其一：「八月十五日日本廣播投降，以及投降前轟炸劇烈，投降後盟機絕跡，

7　武之璋，《策馬入林：馬英九‧國民黨與大是大非》，臺北：風雲時代出版，2007 年。

8　見附錄一。

9　《新生報》。

此項事實已為省民所周知，如謂不知，則何以投降前無人買受，八一五以後何以即鉅量購買，及買賣日期為倒填日，非法串匿，顯無疑義。」，其二：「原告等承租日產房屋有已達二三十年者，當時日人曾來函招買，因遵從政府命令而拒絕，若知有今日，則區區之賤價，何難籌措……請求判決撤銷原處分，維持司法院解釋在日本投降後買受日產無效原案，以維政府威信，而保租戶權益……。」。

　　從陳儀對反對標售日產的內容，以及黃炳等六人狀告長官公署及行政院的理由，對整個日產糾紛的現象，從這兩份檔案已經非常清楚了，所謂「糾紛」除法令問題外，多屬當時臺人意圖侵占日產未成而引起的，對於這些臺人當時有人以「贓物罪」[10]論，蓋因臺灣被日人以武力強占，臺灣的房地產視贓物也。全省串連之大遊行經過陳儀怒斥之後取消，二天後發生二二八臺人爭日產之行為稍為緩和[11]，未久抗爭聲浪又起，結果所有日產來源有問題者，無論假買賣、倒填日期，經過日產處理委員會審核今天大多數通過，承認其買賣受日產有效少數不通過，不通過的理由是証明文件不齊全或文件明顯造假。

　　以上才是日產糾紛真相，請問大批臺人非法侵占日產，合理嗎？而有資格侵占日產者有三種人其一是皇民化分子，只有他們跟日本人比較接近，只有他們有機會，其二為地方流氓，其三為藐視國法投機分子。請問這三種人用各種非法手段巧取豪奪了大批日產，這對一般臺灣百姓公平嗎？無論長官公署或其他政府機構占用之日產僅有使用權，而被奸巧臺人奪走的房地產是有所權，房地產是一去不回的，日產原本就不屬於他們的，所謂糾紛「傷害」了他們的權益，這種說法是極不正確的，嚴格說所謂的產糾紛大多數的原因是長官公署妨礙了他們侵占原就不屬於他們的日產企圖，但因種種原因還是讓大部分人得逞。

　　從檔案中我們赫然發現林茂生居然是三家電影院的老闆蔡萬春當是已是大地主，並曾企圖侵占日產未遂，上訴後又被駁回[12]，原來臺灣今天

10　檔案局資料。
11　歐素瑛編，《臺灣省參議會史料彙編：日產篇（1）》，新北市：國史館，2009 年。
12　見附錄二。

的許多豪富，在日據時代已是豪富，當時靠日本人的特權發財，日本戰敗又趁接收混亂期間又發了一次國難財，這對一般勞苦的臺灣百姓公道嗎？這對一般守法的臺灣百姓公道嗎？當時的情況先充公再拍賣是不是對臺灣人比較公平，更合理呢？

假如當年接收日產如謠傳所說接收大員都「五子登科」請問為什麼今天臺灣的大地主竟沒有一個外省人？而日產接收的檔案裡又有那麼多狗屁倒灶的事？

歷史照綠色學者的寫法正如梁啟超所說的「專科功罪於一二人而為眾人卸責也！」。

圖 1　日產電影院清冊

附錄一：國民黨接收十九家戲院

圖2　十九家戲院清冊一覽表

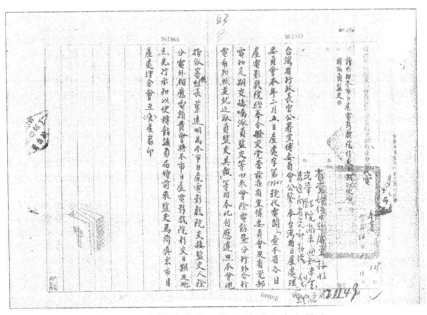

圖3　日產戲院移交日期及地點公告之檔案

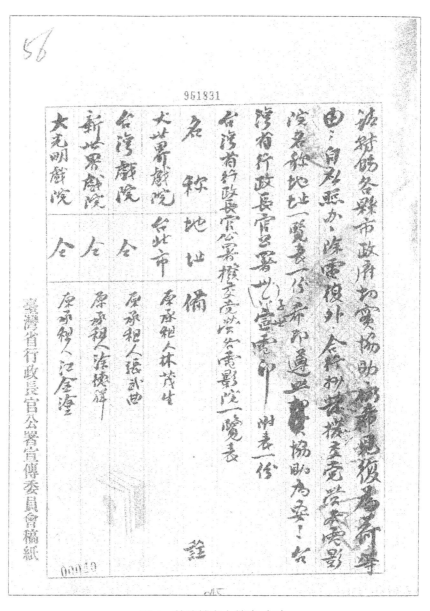

圖 4　戲院撥交之檔案（1）

圖 5　戲院撥交之檔案（2）

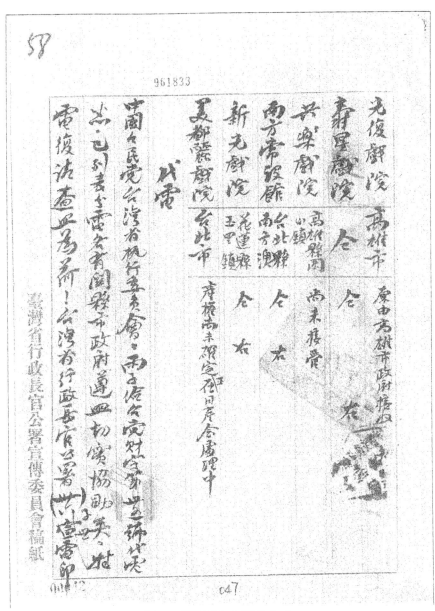

圖6　戲院撥交之檔案（3）

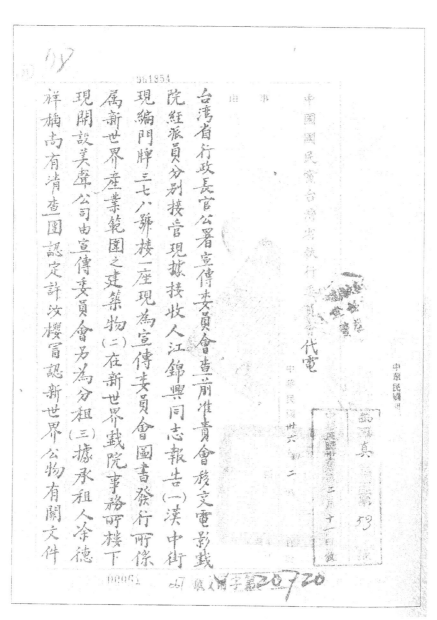

OR1854

台灣省行政長官公署宣傳委員會查前准責會移文電影戲

院經派員分別接管現據接收人江錦興同志報告(一)漢中街

現編門牌三七八號接一座現為宣傳委員會圖書發行所係

屬新世界產業範圍之建築物(二)在新世界戲院事務所樓下

現開設美孚公司由宣傳委員會另為分租(三)據承租人余德

祥柄尚有清查圖認定計改櫻冒認新世界公物有關文件

圖7　電影戲院移交接管報告之檔案（1）

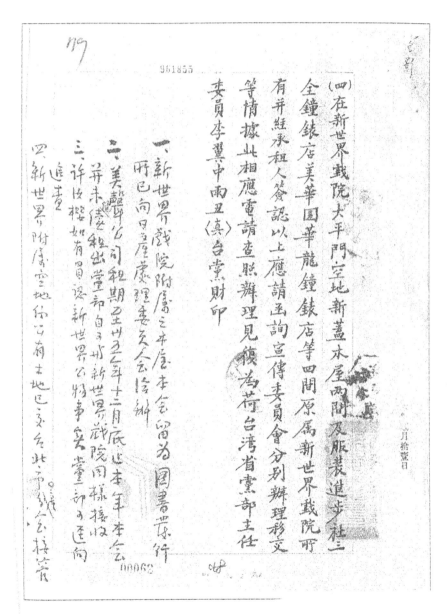

圖8　電影戲院移交接管報告之檔案（2）

附錄二：蔡萬春案判決經總統府公報公告之檔案原件

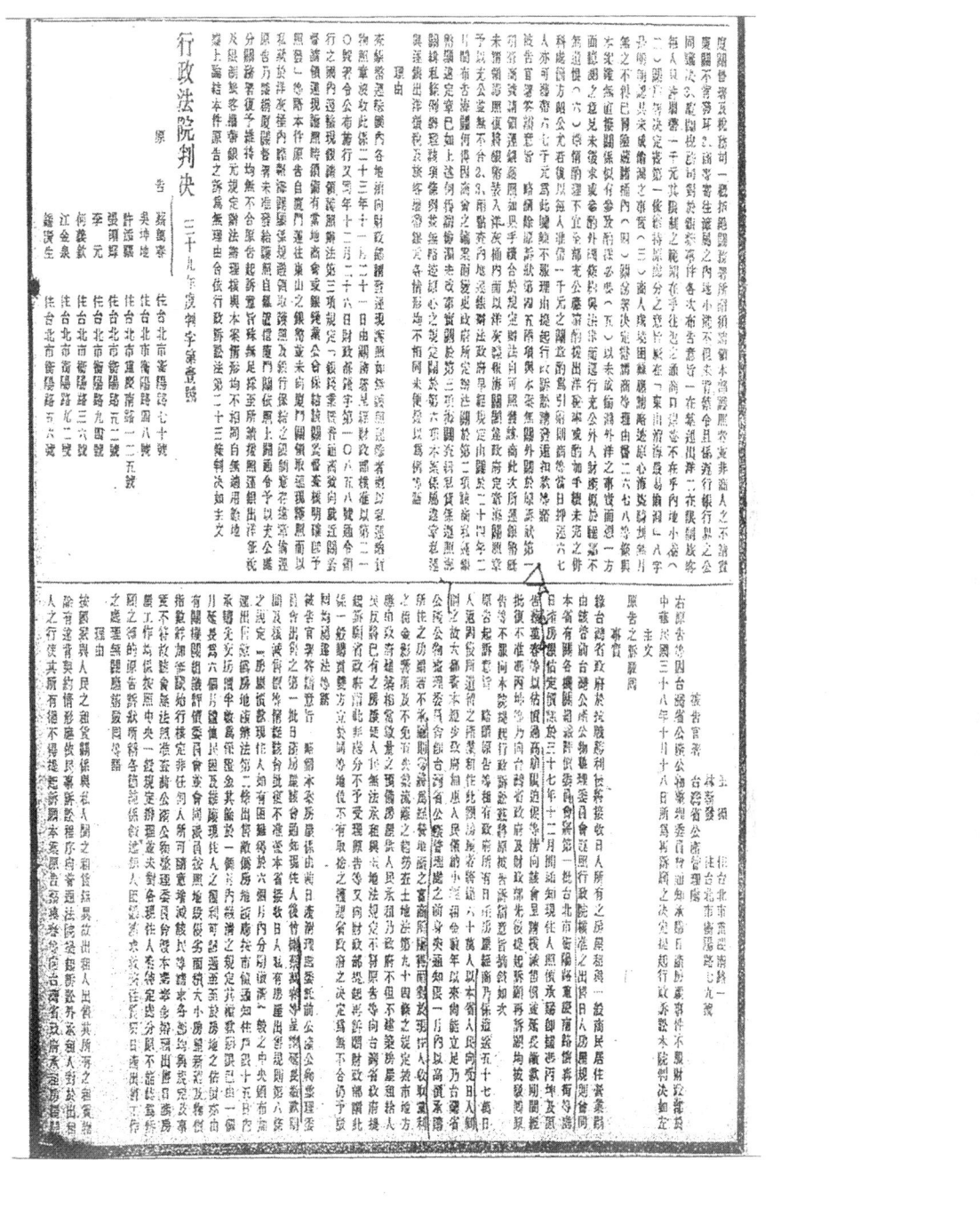

接收日產傳說

　　臺灣光復後日產接收一般的說法，國民黨接收大員以接收之名，行「劫收」之實搶奪或強占了臺灣人的財產，接收大員都發了財。國民黨也趁機侵占了大批日產。以上說法經過我多年研究，從各種原始檔案發現真相並非如此。

　　我七歲到臺灣，讀瑞芳國小一年級，不到一年級我的臺語跟臺灣小朋友一樣標準，可惜後來轉到臺北，讀一個軍人子弟小學，全校沒有一個本省人，不常說的結果，我的臺語已經不靈了，臺語雖然不靈，可是我交了很多臺灣朋友，尤其是年青時曾做紡織生意多年，商場往來大都是臺灣人。當時我聽很多臺灣人講臺灣光復，日本人將私有房地產很便宜賣給臺灣人，甚至贈送給臺灣人，而這些臺灣人大多是皇民化分子，當時只有他們才會跟日本人來往，只有他們有這個機會，此外有些地方流氓也混水摸魚，搞到不少房地產，因為流氓多認識日本浪人及日本警察，他們也有這種管道搞到日產。

　　傳說中除了林家、陳家、辜家、蔡家等大家族以外，僅臺北就有兩家知名的食品公司，其大量房地產都是光復期間混水摸魚搞來的。

　　起初我對這些傳說完全不信，我直覺地認為這是謠言，陳儀是一個清廉的「能吏」，日本的法律制度比中國進步、比中國完備不太可能任由臺人大量侵占日產。這些話很可能是妒嫉有錢人的謠言。

　　後來因為看不慣民進黨及綠色學者歪曲二二八真相，開始著手研究臺灣史，從國府很多檔案中發覺許多傳言是真的。

　　陳儀接收臺灣之前，在福建成立訓練班，招集了各種人才，對臺灣的社會文化、教育、交通，做了深入研究。對日產接收也擬訂了很周延的辦法，成立接收委員會，後來又在接收委員會下成立日產處理委員會，在各縣市成立分會、委員由長官公署委派外各縣市首長、各縣市政府主

管兼任，以及地方公正人士皆參與其事，組織成員如此複雜，表示陳儀有心做好接收工作，大量臺人參加，政府官員很難一手遮天。

今天我們從日產處理委員會、長官公署、各級法院、臺灣省政府、臺灣省議會、臺灣警務處、監察院行政法庭，看到的檔案資料，嚇然發現臺灣人在臺灣光復後趁機非法侵占了大量日產，侵占的方式有很多種，最多的是日本投降後日本人將日人私有房地產送給臺灣人、日本人的地籍登記制度很完善，房地產所有權很清楚，所以不少房地產日本與臺簽約、付款、完成變更登記手續。部分流氓以強占方式占據大批日人私有財產，事後再找人頭做假合約，矇混過關。

沒想到陳儀下了一道命令，民國三十四年八月十五日以後日產過戶買賣一律無效，日本人的私產一律充公，收歸中華民國政府所有，除政府撥用外一律公開拍賣，百姓租用日人之工廠店面繼續使用，由縣市政府向長官公署整批購買繼續租給現住戶，將來拍賣時，現租戶有優先承購權。陳儀的辦法雖然合情合理，但是卻破壞了奸巧臺人的如意算盤，於是鬧出軒然大波。這些企圖侵占日產的臺灣人有三千多戶，不停地向長官公署、省議會、甚至中央抗議。

對於日本投降後日產買賣的期限行政院規定的都是十月一日，也就是說三十四年十月一日以前日產買賣有效，行政院為什麼規定日產買賣在日本投降半個月後依然有效，令人費解，但是中央的這個規定，都給這批臺人找到藉口，從此死纏爛打，不達目的誓不罷休。

後來行政院也下令陳儀將買賣有效期延長到十月一號，陳儀被迫答應，但是對已經被批駁的案件一律不准翻案，這批臺人不斷請願，告狀的結果。長官公署又作了一點讓步，最後確定八月十五以後買賣可以接受，但須在十月十六日以前完成過戶登記，但是還堅持不准翻案。

八月十日以前以後有什麼不同？為什麼雙方都那麼堅持。今天我們可以心平氣和地判斷，八月十五以後買賣過戶的房地產大多數是假的。

因為八月十五日本投降以前美軍每天轟炸，百姓每天躲警報，逃命都來不及，那有心思想到買房地產，我們合理地懷疑八月十五以後的買賣都是假合約，倒填日期。也許有少數臺人有眼光、有財力、有先見之明，真的在日本人投降前買了日產，那也是國難時期的不當得利者。他們日子本來過得比一般臺人好，現在又趁機揩油，這對一般臺灣人公平嗎？長官公署沒收日人私產，公開標售，現住戶或現租戶有優先承購權、店面、工廠可繼續租用。這樣是不是對一般善良臺人更公平呢？長官公署防止假買賣，不准翻案，並非與民爭產，而是以「公開拍賣」的方式防非法得利，讓一般百姓也有購買日產的機會。

二月二十六日這批人串連了三千多戶準備到臺北遊行，向長官公署抗議，陳儀透過臺北市長游彌堅斥令禁止遊行，陳儀並公開斥責這種行為是「道德破產」，遊行取消，兩天後發生二二八。

二二八發生這批臺人有短時間休兵，未久又不斷抗爭向中央告狀，向法院提起訴訟，向議會請願，歷經魏道明、吳國楨、陳誠，這批奸巧之徒依然契而不捨地爭取不義之財。

當時中央有人主張對這些人課以「偽造文書」以及「侵占贓物罪」，蓋有人認為從法律觀點日人私產系武力侵略中國奪取而來，應可視為「贓物」，但中央沒有採取這種法律觀點。以今日之法律觀點衡之「贓物罪」是否成立或有疑義，但用假合約倒填日期企圖侵占國產，絕對犯了偽造文書罪，當時中央對臺政策稟寬大為原則，尤其在二二八以後日產問題對中央而言，小事一樁，所以採取的處理方式有放水之嫌。

試想用假合約矇混政府，混過關固然好，混不過去也無罪；不但無罪，還透過各種管道繼續爭取，政府這種態度等於鼓勵百姓為不義之財繼續奮鬥，因為如果失敗也無損失也不負任何法律責任。

我說政府「放水」有絕對的證據，假如以情理度之，八月十五以後的日產買賣百分之九十以上是假的，但是直至民國四十年到據臺灣省政

府（十二月四日）公告第一批至第十五批日產移轉只有五十筆無效案，無效原因如提不出任何合法證明，如所送證件與土地地籍資料不符等。這些不過關的人原因是太笨了，連作假的能耐都沒有，所以混不過去，絕大多數都過關了，不但過關而且經臺灣省政府公告後在法律上得到十足的保障。當時黃炳等六名臺灣人認為政府對日產問題處理有包庇罪犯之嫌，所以狀告行政院。

　　國民政府對日產糾紛的真相不瞭解嗎？當然不是，但是國共內戰打得如此激烈，經過二二八以後，國府對臺政策基本上是懷柔、寬大，何況後來國府又有遷臺的打算，所以睜隻眼、閉隻眼。

　　國府的作法是一種權謀，因權謀而毀法，因權謀而犧牲公平正義。沒想到歷史真會開玩笑。數十年後「犯罪者」變成「受害者」。「放水者」變成「侵占者」，國民政府在「接收」及「二二八」問題上吃足了苦頭。

日產處理公用拍賣贊成與反對之爭議

臺灣光復後，陳儀公布日人私產部分暫時歸公，由地方政府悉數購買，然後由各地日產處理委員會負責公開召標，投標人不限臺灣人，有中國籍公民皆有投標資格。但臺灣日治五十一年，孤絕海外，大陸人對臺灣情形不熟，所以鮮少外省人來臺競者，原住戶享有優先權，可是許多原住戶反對標售，反對的理由很多，但出自私心則一致，陳儀直接斥責這些人反對拍賣是出於個人私利，是「道德上的破產」。

當時本省人對日產標售問題也分為兩派，反對者多為已占有房屋之臺灣人，這些人不少是皇民奉公會分子，原來已是大地主，他們是既得利益者，他們反對的理由是根據行政院規定淪陷區接收日期為三十四年十月一日，而長官公署卻規定八月十五日，後來長官公署雖接收行政院命令將日產轉移有效日期延至十月十六日，但是不准翻案，彼等於三十六年二月間集結三千多戶，串連全省擬於二月二十六日赴臺北遊行抗議，因陳儀各臺北市市長游彌堅提出警告而作罷。後來這批人於三十七年七月間組成「臺灣省依法登記所有權促進委員會」，並向省參議會提出訴願，要求特准以三十四年十月十六日為敵偽產業移轉停止日期[1]，其請願的真正動機在於翻案。

民國三十八年七月三十日，李清枝、蔡萬春、林壽南、林阿九、許如、許進財、高宴、蘇惟杰等八人以全省代表名義又向省參議會陳情、陳情內容如下：

> 竊查前臺灣省長官公署規定三十四年八月十五日以後買受日產無效、省民以禁買日產係在三十四年十月十六日，則以禁令以前，自應有效，當依法向中央政府力爭，蒙前國府主席蔣特准以三十四年十月十六日以前轉移為有效，並令行司法院轉行最高法院，並經臺灣高等法院奉司法行政部指飭以三十四年八月十五日以前為有效轉移日期，省民聞悉不勝惶惑。當經呈請司法行政部

---

1 歐素瑛編，《臺灣省參議會史料彙編：日產篇（1）》，新北市：國史館，2009 年，頁 434。

之上級機關請核示奉批司法行政部解釋不當,已令飭更正,等因。是則日產移轉有效日期已不成問題,本省日產似應早日審查,俾產權得以早日確定,爰向鈞會請求轉函省政府,早日審查,實為公便。[2]

行政院對此一請願案批示如下:「……同在此日以前之移轉有非法行為,仍應認為無效,其有觸犯刑法者,並應依法懲辦在案……。」[3]行政院如此批示,顯然已經明瞭問題癥結不在日期而在偽造合約,倒填日期。

對李清枝、蔡萬春之陳情,司法院以院長居正名義以院字 533 號訓令:「……已核定各案不宜翻案,按臺灣省情形特殊,內地法令有不盡適應之處,為顧及事實,其參照法院所開已決定各案不宜翻案之意旨,似乎明令以三十四年十月十六日為臺灣敵產停止(移轉)日期,欲示寬大而免糾紛……。」[4]

司法院的訓令實已解釋中央與臺灣省關於日產移轉有效日期矛盾的問題,臺灣是中華民國的特別行玫區,長官公署的組織、權責與一般行省不同,所以「內地法令有不盡適應之處」。從行政院的裁示,到司法院的訓令,皆有弦外之音,當局對臺人之非法占有日產採有限度放水政策。但是另有一批本省人以黃炳、沈送來、蔡日新、林鶴柏、蔡煌章、陳杰、黃可盛等對中央之讓步向臺灣省民政廳提出訴願,請願書中對日產糾紛真相,以及李清枝、蔡萬春之真面目予以揭發,請願書中說:

查該呈請以十月十六日以前買賣有效之代表李清枝、蔡萬春等多人所買日產房屋,每人多至十餘座,或數十座,田地多至一、二千畝,有登記可稽 。自政府准其有效後,即以雷霆萬鈞之勢,強迫租戶遷出,以致哀聲四起(李清枝壓迫黃榮堂剷止修建京町房屋,臺北市政府有案可查)。按土地法第九十六條「城市地方每一人民自住之房屋得由市縣政府斟酌當地情形,伙必要之限

2　歐素瑛編,《臺灣省參議會史料彙編:日產篇(2)》,新北市:國史館,2009 年,頁 296-297。

3　歐素瑛編,《臺灣省參議會史料彙編:日產篇(2)》,新北市:國史館,2009 年,頁 297。

4　歐素瑛編,《臺灣省參議會史料彙編:日產篇(2)》,新北市:國史館,2009 年,頁 298。

制。」同法施行法第七條，「農地以純收益足供一家十口之生活為限」是則對於人民祖傳產業尚要加以限制，超出之額應賣與佃戶，炙則對於違法取得日產，自應更加嚴厲之取締，不可使少數人喜，而令多數人哭，否則政府徒博寬大虛名，不但使貪詐者竊笑，而多數民眾已先受其禍。況政府現正以全民政治及總體戰為號召，更應謀全民之福利，不應維持少數資產階級不法利益。[5]

查臺灣全省日產房屋被盜買者，約在數千幢以上（其餘礦山、工廠、土地數量亦鉅）。租戶人口約六萬人，一旦產權作為少數豪劣所私有，群起勒遷，勢必流離失所，對於社會秩序之影響，何堪設想？但弱小民眾螻蟻生命，姑且勿論，而上開數千幢房屋價值臺幣三百億以上（該李清枝等願捐臺幣五億為餌），而近臺灣省政府公有可以標賣之日產，僅一百二十億元，私人利益大於政府，而全省各大都市受炸最烈者，在七成以上，未聞有何救濟。反觀最近地報載英國人民之牲畜受炸者，政府皆予以賠償，相形之下，故國父謂中國不悲貧而悲不均，今天下洶洶，其病即在於此。[6]

對於政府的作為訴願者認為不公不義，認為這些人是發國難財：

按臺人久受日敵壓榨，其受害最烈者，厥為普羅階級，其能與日敵勾結者，多為特殊人物，故中央對於本省苟屬有意愛護，理應普遍救濟，將該日產售款全數撥為本省建設費用，所謂取於臺灣，還於臺灣。蓋政府應為萬家之生佛，不可維持少數人不法之利益也。溯自軍興以來，良善者破國離家，狡黠者發國難財，弱小民眾久已有口皆悲，故政府縱不以收買贓物論罪，亦應依民法第一百七十九條規，認為不當得利，而收歸國有。[7]

日產糾紛真相如此，國民政府對臺政策寬大、權謀，「不可使少數人喜，今多數人哭，否則政府徒博寬大虛名……」這種不依法行政的結果為日後臺灣法治化做了一個壞的案例，當然難辭其咎，但事實真相絕非如綠色學者所謂國民黨侵占臺人財產，而真正的侵占臺人財產者是臺

5　何鳳嬌編，《臺灣省土地資料彙編—第一輯》，新北市：國史館，1993 年，頁 66。
6　何鳳嬌編，《臺灣省土地資料彙編—第一輯》，新北市：國史館，1993 年，頁 66-67。
7　何鳳嬌編，《臺灣省土地資料彙編—第一輯》，新北市：國史館，1993 年，頁 67。

人黃炳口中的「與日敵勾結者」、「狡黠」、「奸巧」、「發國難財者」，此一事實國人不可不知。

介紹《臺灣省接收委員會日產處理委員會結束總報告》

　　我關心臺灣日產接收問題多年，相關資料雖多，然而卻散見於各單位，如長官公署檔案、省參議會檔案、國史館、檔案管理局及警務處檔案，目前國史館《臺灣省參議會檔案彙編—日產篇》一、二兩冊外，國史館《光復初期土地之接收與處理》一、二兩冊都是較有系統之資料彙編以外、其他資料零碎、分散，且多屬原件，有些資料因保存不良而字跡模糊，有些因毛筆字過草不能辨識，所以研究此一問題很吃力。直至朱浤源教授送我一本字跡非常清楚，裝釘很整齊的《臺灣省接收委員會日產處理委員會結束總報告》。此後告內容豐富、完整，可以解答很多有關日產接收的疑問。

　　該委員會成立於民國三十五年一月，民國三十六年四月結束，接收工作大體完成。作者摘錄重要內容附於本書，供研究者參考。

　　本結束報告內容計分：

一、總述

　　復因情形特殊，一切措施，未能與其他各省盡同，故中央所規定處理敵偽產業之法規，亦未能盡適用於本省，例如土地之中，其為日本公有與日人或臺人公有者，情形固屬單純，處理自易，但頗多土地表面上為日人名義，實際上仍為臺人所有，或為日臺人共有者，當日人遣送之際，甚多示惠，將土地贈與臺人，或以低價廉售，或以抵充債務，內容至為複雜。其次，日人公私企業中，彼此債務債權均有牽連，而臺人所持各會社會（公司）之股份，因冊籍不全，登記中斷，清理亦屬不易。至日人私有動產，多將私有之器具機件臨時脫售，而政府本國家寬大為懷之旨，對於日僑遣送之前，未能悉予集中管理給養，乃不得不顧及其生活維持上所必需費用，由是民間收受日人動產之糾紛，亦較其他各地

情形複雜。接收之後,復因日僑遣送期限之迫促,接收人員之有限,深感控制難周,但秉承中央統一接收之旨,以工廠不停工,商店不停業,學校不停課之原則下,循序進行。

小規模之企業,則盡量鼓勵民營,並規定原定原創辦人,或現有主持人或重要技術人員,有優先承購之權。至於接收日人之房屋,在未售前一律先行出租,以期保管有人;迨至出售時,則規定承租人有優先購買之權。土地則奉行國父土地政策,一律不予出售,市地完全出租,耕地則租與力能耕作之農民,務求達到耕者有其田之目的。

二、組織概要

甲、機構

於本會之下,另設日產標售委員會,用以管理接收日產之估價標售,暨日臺人民合資企業及金融機構一切債權債務之清算事宜,均於三十五年七月一日組織成立。三十六年四月,本省所有日僑除極少數技術人員留用者外,全部遣送完竣,遂告完成。

乙、人事

由行政長官公署聘派本省有關各機關首長及地方公正人士充任。

各縣市分會委員五人至七人,由本會函聘各縣市有關機關首長及地方法團公正人士充任,並以縣市長兼主任委員。

計十七分會,共荐任待遇者四十四人,委任待遇者六十二人,雇用人員四十八人。各分會職員,一律報由本會轉報本省行政長官公署加委。至其職務之分配,因各縣市情形不同,由各縣市分會主任委員自行調整報核。

三、接收日產經過

甲、接收過程

下列證券文件，免予接收，准其攜帶回國：

（一）在日本境內之銀行及其分支行所發之存款單據，（二）在日本高麗暨關東州臺灣之郵政儲金存摺，（三）在日本境內設立之保險公司及其分公司暨在日本高麗關東州與臺灣所發郵政儲金生命保險單，（四）有關接收之公文書。

乙、接收日產手程序圖如下：

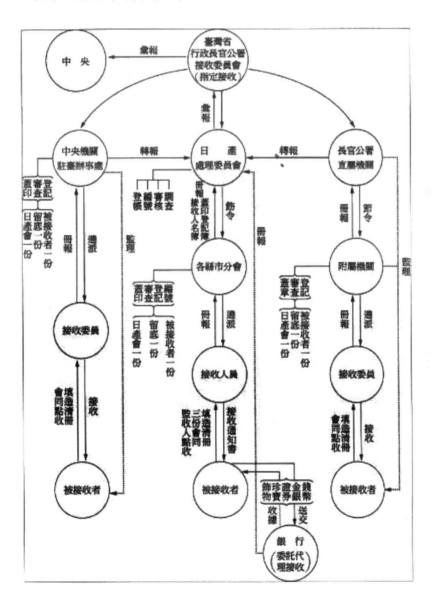

丙、查獲及沒收

（一）本省因日僑財產幾遍全省，對於接收方面，難免有隱匿遺漏之虞。查過去日本統治時代，凡公私不動產之移轉，皆須經臺帳之登記，此項臺帳即為各接收機關利用作為核對接收財產清冊之良好資料，如有被侵占隱匿情事，則不難清查而出。至於動產則較為困難。本省乃公告人民鼓勵密報檢舉。凡屬查獲日人公私有財產，則依照規定另行列冊呈報，不予抵充賠償。

（二）本省日產移轉隱匿之檢舉查獲，除遵照院頒之「收後區隱匿敵偽財產物資軍用品檢舉獎懲規則」辦理外，並參酌本省實際情形補充規定：凡各縣市已列入接收清冊或登帳有案之日人資產，如因特殊情形尚未接管，據有密報檢舉者不給獎金。嗣為鼓勵檢舉，酌給獎金百分之三；又凡隱匿日產之關係人，在限期內自動據實申報者，免予懲處，否則被人檢舉，除依法懲治外，並處以隱匿物品價值百分之十罰金，毀滅者責令賠償。

（三）本省日人物資沉於港口者，省行政長官曾頒布有「臺灣省行政長官公署獎勵打撈各港沉沒物資辦法」，內容大略為：（1）發現物資者，得密報各港務局核准後會同打撈，所得物資限打撈費用外，予以百分之十勞金為原則，並由港務局視打撈物資情形，酌予增減。（2）海底物資，如由發現者打撈，其打撈費用等，事先由港務局核定，如打撈所得，不足打撈費用時，由發現者負責賠償。（3）所獲物資，由雙方監視人員，會同逐日呈繳港務局保管，造冊送交通處暨本會會同處理。至海港撈獲物資併同埋藏地下挖掘所得之物資，應否認為日產列入接收記錄，曾經本會委員會討論議決，向行政院請示，經已奉制行政院本年六月十一日從辰字第二二三三八號訓令核示如下：一、本省查獲埋藏地下之日人物資，准不視同敵產處理，惟軍用物品應呈報聽候處理，其他物品准由省政府處理，款繳國庫，並隨時呈報備查。二、本省打撈沉船，應依照打撈沉船辦法辦理，即本省港內沉船經主管機關申請打撈而獲者，

歸該主管機關所有。

（四）被隱匿之日人地產，如有人檢舉經查獲後，除遵照「收復區隱匿敵偽物資軍用品檢舉獎勵規則」給獎外，所接收之房地產，准舉報人有優先租用權，以資鼓勵。

四、處理情形

標售與議價

接收之企業，準備標售者，計有四百八十四單位，已公告標售者，計有一百七十四單位，實際售出者，一百三十二單位。其間少數男因無人投標，或投標不及底價者，經呈准由該企業之臺股股東為第一優先承讓人；其次為現時運用人；再次為其他有經營能力者，技術人員等。計此項按照底價讓之企業共十一單位，餘皆為未能售脫之企業。綜計售出之一百三十二單位中，本省人得標者占百分之九十七強。尚有已估定底價即可公告標售者，計一百五十單位。其餘一百六十單位，尚待辦理估價後方能公告標售。

運用

企業撥由政府機關經營運用，已如上述。其餘在未標售可出租者，六經先准租用，以期達到工廠不停之目的。至大部分接收房屋，當時因日僑撤退之急驟，空屋太多，為保管上之便利，以及兼顧人民住用之需要，暫准出租，再行標售。此項出租房屋，報經本會入帳者計一一，八九七幢。至接收之土地，為配合本省土地政策，一律由接收機關，或會同縣市政府，根據人民耕種能力分別放租，以期達到耕者有其田之目的。截至本會結束止，各分會關於土地出租情形如下：

各分會接收土地放租統計表

分會別	面積 土地單位（甲）	分會別	面積土地單位（甲）
基隆市	69‧9907	臺中縣	1320‧4490
臺南市	84‧2344	高雄縣	151‧7764
彰化市	11‧0399	臺南縣	832‧8642
高雄市	309‧5470	澎湖縣	0‧5243
臺中市	54‧2993	臺東縣	241‧2979
新竹市	229‧7234	臺北縣	1741‧0090
臺北市	353‧2315	嘉義縣	71‧7189
花蓮市	1252‧8171	合　計	7108‧6212

發還原業主

接收日產發還原業主案件，應遵院頒「敵偽產業處理辦法」之規定辦理。其間有原屬盟國或友邦人民之所有，被日方強迫接收，經查屬實者；亦有本國人，向日人價購產業，其購入日期經查明確在禁賣日期以前，而其權原無瑕疵者；或本國人之物資寄存日人倉庫，接收時一律予以封存，復經驗明其寄存證件確無瑕疵者，一律均准予發還。

交付保管部分

凡標售未脫，及尚未標售之企業，尚未出租及無人承租之房屋，不可耕種受不易租出之土地；未售之動產等，即在本會結束時，未及處理之日產，一律交付原接收機關保管。並由各該機關將保管情形，及保管人姓名，列冊具報，以專責成。各項交付保管之日產附表如下：

各分會接收企業交付保管統計表

分會別	單位數	總價值（元）	分會別	單位數	總價值（元）
基隆市分會	18	14,684,12095	花蓮縣分會	55	8,686,073.22
臺南市分會	82	7,716,542.42	臺中縣分會	17	1,728,932.30
彰化市分會	2	1,014,076.18	高雄縣分會	4	31,277.00
屏東市分會	2	190,711.42	新竹縣分會	24	5,315,681.64
嘉義市分會	11	1,587,287.05	臺南縣分會	3	322,017.00
高雄市分會	25	13,777,420.79	臺北縣分會	50	1,653,952.18
臺中市分會	15	2,424,030.53	臺東縣分會	5	1,212,726.57
新竹市分會	19	1,674,794.12	合　計		
臺北市分會	127	42,867,34.39	合　計	459	104,888,477.76

（註）1. 總價估為原列冊價值。

2. 交付保管企業中包含工廠、會社、商店以及有盈利性質之事業等。

各會接收房屋交付保管統計表

分會別	幢數	面積（坪）	分會別	幢數	面積（坪）
基隆市分會	819	16,582.36	高雄市分會	543	14,810.96
臺南市分會	245	8,682.04	臺中市分會	10	527.00
彰化市分會	3	43.50	新竹市分會	24	828.22
屏東市分會	330	12,965.32	花蓮縣分會	1011	23,758.50
嘉義市分會	406	10,883.02	臺中縣分會	43	1,064.25
高雄縣分會	285	28,546.25	臺北縣分會	413	7,557.05
新竹縣分會	22	572.84	臺東縣分會	28	1,019.27
臺南縣分會	53	1,513.70	澎湖縣分會		
臺北縣分會	343	8,626.98	合　計	4649	137,981.26

各分會接收土地交保管統計表

分會別	面積 單位（甲）	分會別	面積 單位（甲）
基隆市分會	350.6071	臺中縣分會	736.0296
臺南市分會	509.4044	高雄縣分會	410.7568
彰化市分會	11.0805	新竹縣分會	1362.9185
屏東市分會	244.5840	臺南縣分會	270.0571
嘉義市分會	31.2397	臺北縣分會	1305.7069
臺中市分會	180.1055	臺東縣分會	728.6041
新竹市分會	5.1697	澎湖縣分會	2.5985
花蓮縣分會	2584.5402	合　計	8733.4031

（註）本表已放租部分不計在內。

各分會接收動產交付保管統計表

分會別	數量（件）	列冊價值（元）	分會別	數量（件）	列冊價值（元）
基隆市分會	5,542	148,975.00	彰化市分會	8	226,000.00
臺南市分會	939	22,439.40	屏東市分會	17,830	354,347.00
嘉義市分會	208	269,026.00	新竹縣分會	41,717	105,193.50
高雄市分會	310	5,162,194.97	臺南縣分會	220	5,630.00
臺中市分會	4,801	326,661.00	臺北縣分會	2,913	217,951.00
臺北市分會	355	220,400.00	臺東縣分會	172	148,442.00
花蓮縣分會	1,054	659,520.00			
高雄縣分會	218	31,474.70	合　計	76,297	7,898,254.57

五、結束移交情形

臺灣日產接收總報告：許多內容為其他檔案所未見。如各種報表、

日產處理委員會會議記錄等，頗有參考價值。

　　筆者認為《日產處理委員會結束總報告》有下列重要資料值得大家注意：

　　一、從本報告資料得知日產處理雖有「臺灣省接收委員會日產處理委員會」主辦日產接收，但日產處理委員會各地分會主任委員由縣長兼任、各地分會職員由縣市政府員工兼任、此外長官公署、省參議會亦有參與監督之權，承辦單位人員並非全由上級委派，參與接收也非僅一個單位；所以坊間說法，接收大員乘機劫收，接收大員都發了大財是傳說而已，至少不動產是如此，且從原始檔案中竟無一個官員貪瀆之案例，也沒有一個歐素瑛所謂的「連臺灣人的住宅也被貼條，強行霸占」[1]的案例。

　　二、從報告書可知隱匿日產問題之嚴重、獎勵辦法之概要及查獲之成果。又從結束報告可得知政府接收之日本人農地已不少放租給農民，也有不少被日人強購之房地產已發還原業主。同時尚未標售之企業，無人承租、承購之房地產暫時交政府保管部分，亦有詳細統計。

　　從本結束報告對接收日產之宗旨、組織、接收結果，可以得到一個比較完整的概念。接收委員會之委員包括民意代表、地方士紳等，私人財產一律公開標售，開標過程須配合縣市府，所以根本沒有所謂的「接收大員參與開標」。

　　當然結束報告也有兩個大瑕疵，其一、圖表部分字體太小，很多數字已不甚清楚，且圖表所用名詞有不可解者，期盼專家參與解讀。其二、有關法令矛盾及糾紛部分所記不多，更欠缺有關日產接收檢討部分。以上問題可能要用其他檔案補足之。

1　歐素瑛編，《臺灣省參議會史料彙編：日產篇（1）》序文，新北市：國史館，2009 年。

臺灣接收日產糾紛案例一：
陳來成標購日產案

　　三十六年四月二十一日日產處理委員會在臺北市中山堂辦理第十一次日產標售。該批房屋原屬日人片倉合名會社之財產，地點分散在臺北市濱町、壽町、末廣町、西門町、川端町等地、房屋達三十幾座，由臺北市民陳來成以一千四百五十萬六千元得標。

　　得標後日產片倉合名會社住戶代表倪風、延英傑向省參議會請願以標單未詳細註明地址，該標案與長官公署公有之日產標售辦法不合，質疑此案由一人得標是否合法。要求政府廢標，原承租戶以陳來成得標原價承購[1]。

　　未久又有原租戶詹廖誦等向省參議會請願謂該房屋原租戶已向臺北日產處理委員會承租，日產處理委員會又將該批房屋標售，由陳來成一人得標，標單地址不清楚，開標時僅陳來成一人投標，故該標案應屬無效，陳來成已付之一半房款約七百餘萬元由原租戶負責歸還，餘款由原租戶負責繳清[2]。

　　後該案由日產糾紛調解委員會調處，三十七年二月二日下午在臺北市日產處理委員會會議室開會，會議由議長黃朝琴主持，出席議員有李友邦、劉闊才、馬有岳、李萬居、丁瑞彬、吳崇泉、林璧輝、連震東、李翼中、杜進益、黃作平，當事人蕭隆玉、陳來成[3]等參加。會議中議會態度認為此一問題已不是單純法律問題、涉及三十餘棟房屋，數百住戶，已屬社會問題，希望雙方各讓一步，以雙方都不吃虧為原則，會中陳來成答應與兄弟商量以後五日內答覆。

1　歐素瑛編，《臺灣省參議會史料彙編：日產篇（1）》，新北市：國史館，2009 年，頁 136。

2　歐素瑛編，《臺灣省參議會史料彙編：日產篇（1）》，新北市：國史館，2009 年，頁 140。

3　歐素瑛編，《臺灣省參議會史料彙編：日產篇（1）》，新北市：國史館，2009 年，頁 144-148。

同時省參議會又組成日產片倉房屋糾紛估價委員會擬該批日產重新估價第一次會議於三十七年二月四日在議會第二會議室舉行，並有省公共工程局、市工務局、省土木同業工會、市參議會、得標及住戶代表各一人參加重新估價、共決定原租戶有百分之二十之優先權（比最高價減低百分之二十得標）。

二月十七日日產片倉房屋糾紛估價委員會在省議會第二會議室召開第二次會議[4]，會中商討提高總價，原租戶以低百分之二十的方式行使優先權，此時陳來成已來函表示拒絕協商矣！

八月二十三日楊合和、詹廖誦又向省參議會請願，謂片倉合名會社事務之房屋一人得標，原住戶被迫遷移，請求暫緩搬家，並主張廢標，由原住戶以腦來成得標價一千四百五十萬六千元承接[5]。省參議會將請願書轉臺北日產處理委員會研辦，日產處理委員會回覆省參議會「查片倉合名會社……繼續租用，以免糾紛……。」[6]

該案在民國三十七年二月二日在省參議會開第一次調解會議，除省參議員外，糾紛兩造都有參加開會；二月十七日舉行第二次調解會議，均無具體結果。

至此省參議會認為此案頗為辣手，遂於二月十七日報請政府建議該案無效，至於法律問題報會（日產處理委員會）以憑核辦[7]。

日產處理委員會經過詳細研判該案投標經過，做出決議，並致電議會，重要內容如下：

訴願時效已逾：訴願應在行政官署處分後三十日內提出，承受訴願機關應於三個月內辦竣，本案財產係三十六年四月標售；五月間繳款後即辦理移交，並吊銷租約。當時各租用人不依法在規定限期內提起訴願，

4　歐素瑛編，《臺灣省參議會史料彙編：日產篇（1）》，新北市：國史館，2009 年，頁 151。
5　歐素瑛編，《臺灣省參議會史料彙編：日產篇（1）》，新北市：國史館，2009 年，頁 173-178。
6　歐素瑛編，《臺灣省參議會史料彙編：日產篇（1）》，新北市：國史館，2009 年，頁 196。
7　歐素瑛編，《臺灣省參議會史料彙編：日產篇（1）》，新北市：國史館，2009 年，頁 317。

竟於事隔兩年後始行提出，省府應不予受理，於法顯有不符。

本案片倉會社之本公司在日本東京，其臺北事務所（即分公司）即設在臺北濱町一丁目一番地（見臺北市政府原始接收清單）則公告之記載並無錯誤，因企業之標售係以整個企業為單位，而不將所有財產之地點一一刊載，「應載末廣町、西門町、榮町、壽町、川町等處十五字」；則不載該會社之法定所在地，更易受人攻擊。日人之「町」係指某一特定區域，常包括數百或數千座房屋。至該會社在中山堂開標時，亦有租用人當眾質問標售後租戶遷屋情形，有處理委員會案卷可稽，監標人可證。時至今日，安可矇蔽省府，妄推不知，更有進者，查訴願人中有蕭隆玉等十餘人，並非原租用人，均係標售後非法頂進，竟亦參加訴願，主張權利，更屬荒謬。

查十二批企業標售之公告期限僅十四日，較本批更短，因當時除民一人外，尚有五人申請投標，但經參觀財產後，實嫌底價太貴而不參加投標[8]。

十九日省參議會再度召集兩造協商，陳來成因事到臺中未完參加，由林有才代表參加，買方表示，該筆房地產除自用二、三幢外，亦願租與原住戶居住[9]。但陳來成之善意並未得到原住戶的同意，原住戶依然堅持得標者將房屋以得標價讓與原住戶。

三十七年二月二十日得標人陳來成向臺北市參議會請願，其重要內容如下：

據料現住戶初以底價過高放棄投標，（在開標時，有原住戶數人到場），繼又有非法收取權利，將房屋出頂（校對戶口冊及市府租戶以至呈訴姓名、店號，即可證明現居戶有非原住戶者）。

嗣後，因產價升漲，見有利可圖，乃不惜破壞政府信用，聯名四處

8　歐素瑛編，《臺灣省參議會史料彙編：日產篇（1）》，新北市：國史館，2009 年，頁320-322。

9　歐素瑛編，《臺灣省參議會史料彙編：日產篇（1）》，新北市：國史館，2009 年，頁322。

申訴，其唯一理由，則謂當時標售公告未詳列住址，殊不知公告住址係屬代表某一宗日產之總稱，如歷來標售之西松組、流水伊助、鈴木紅等等、其財產房屋則遍布臺南、海山及臺北各地惟標售時之公告，均未詳列住址，苟以此作理由，則歷來所標售日產，將均成問題矣[10]！

而住戶代表再度向省參議會請願，理由是標單未詳細註明地址[11]。此案拖延至三十八年閻錫山任行政院院長時代，原住戶再度向行政院請願，行政院判決該案因為詳細地址及開標公告未達三十天為由判決該標案無效。陳來成於是向行政院提出訴願。

民國三十八年三月省政府裁定陳來成得標部分撤銷，陳來成訴願部分駁回。此時行政院院長已為陳誠矣！

行政院之判決於法於理皆不能成立，其重要違背法理部分：一、陳來成主張，彼得標後已繳清所有款項，並已依法辦理產權登記手續，繳納各種稅款，政府竟不保障得標人權益，以一紙命令予以撤銷，於法不合。二、買賣契約系買賣雙方之行為，決無憑藉行政權之作用，故原住戶不能視為行政官署之不當處分而提起訴願。三、訴願之時效已逾，本案在三十六年四月開標，迄今已兩年有餘，而訴願應在行政官署處分後三十日內提出，該案已逾訴願時效。

至於駁覆原訴願之理由，標單未註詳細地址，全部地號，上訴人舉出當時不少標案，亦未詳列土地房屋資料，至於原住戶謂不知開標乙事，更係謊言，因當時有原租戶在投標現場，並詢問承辦官員有關遷屋情形，更有甚者，原住戶中共有蕭隆玉等十餘人，並非原住戶，係得標後轉「非法頂進」[12]。

---

10 歐素瑛編，《臺灣省參議會史料彙編：日產篇（1）》，新北市：國史館，2009 年，頁 347。

11 歐素瑛編，《臺灣省參議會史料彙編：日產篇（1）》，新北市：國史館，2009 年，頁 349-351。

12 歐素瑛編，《臺灣省參議會史料彙編：日產篇（1）》，新北市：國史館，2009 年，頁 318-323。

　　陳來成案政府處置實在於法無據，無論開標公告日期問題、標單地址不詳等問題均係政府疏失，況且原住戶聲稱不知開標乙事也純屬謊言，因為開標現場有原住戶在場詢問有關日後遷屋情況。陳來成並指出有蕭隆玉等十餘人，是在陳來成得標後從原住戶頂讓而來，冒充原住戶，並沒有優先權。況且得標人並未要求原住戶搬家，願意繼續租給原住戶。

　　行政院對得標人有理由部分視而不見，把此案視為政治事件，完全忽視得標人的權益，這種裁決是典型的違法裁決。是一種國民政府慣用的以「情」害法的權謀手段，權謀的結果等於助長刁民聚眾違法的風氣，政府的權謀是根據「人多有理主義」，是根據「窮人有理主義」。[13]

　　政府一再把法律問題政治解決，傷害了得標人的合法權益，延宕了臺灣社會法治的進程，幾十年後反被民進黨誣為「劫收」、「侵占臺灣人財產」，這就是國民黨做濫好人的結果。

13　附錄本人著作—情理法。

日產接收糾紛案例之二：
市民潘道是請願案

　　臺北市民潘道是，販賣裁縫機及修理裁縫機為業，承租日人泉本阪太郎所有之店舖開業。三月七日向日產處理委員會臺北分會申請租用在案，三月十一日突有本市永樂町劉美卿女士（本省人，現服務民政處）以臺北市日產處理委員會臺北分會發給之封條乙紙，要求潘道是搬走，潘道是百般請求劉美卿不予理會，後來劉美卿用警員、用流氓強迫潘道是遷移，潘道是一直拒絕搬走，九月十八日下午，劉美卿之大兄及警員四、五名，工人二、三名強行將潘道是店中所有物品搬到街上。

　　潘道是於是向省議會陳情，請准於繼續租用該店面，省議會代潘道是函請長官公署民政處、臺灣省日產處理委員會、臺北市日產處理委員會分會，希望查照辦理[1]。

　　民國三十五年十月二十六日長官公署民政處代電回覆省議會，以「事關敵產處理，本處無權處斷。」並將該案移交日產處理委員會依法辦理。至於劉美卿「領用封條，擅封店舖一節，本處已予以記過一次之行政處分。」[2]

　　民國三十五年十一月九日省議會又以書面通知長官公署民政處，轉潘道是之陳情，要求「被占店舖請主持公道，返還原主。」[3]

　　十一月十二日，臺灣省日產處理委員會覆臺灣省議會謂劉美卿記過一次，劉美卿之租約解除（與日產處理委員會），而潘道是屬隱匿日產，應由臺北市分會「補辦接收核報，該會不了予潘道是租用，並先行收管另租，落（略）示懇（懲）戒，以息糾紛。」[4]

1　歐素瑛編，《臺灣省參議會史料彙編：日產篇（1）》，新北市：國史館，2009 年，頁 87。
2　歐素瑛編，《臺灣省參議會史料彙編：日產篇（1）》，新北市：國史館，2009 年，頁 102。
3　歐素瑛編，《臺灣省參議會史料彙編：日產篇（1）》，新北市：國史館，2009 年，頁 110。
4　歐素瑛編，《臺灣省參議會史料彙編：日產篇（1）》，新北市：國史館，2009 年，頁 111。

解讀：潘道是以販賣裁縫機及修理裁縫機為業，如果是在光復前或在日本投降那年，即民國三十四年的八月十五日以前向日人承租該店面並於當年十月十六日以前辦妥登記手續，則糾紛不會發生，但是潘道是三月七日向日產處理委員會申請租用獲准，而任職民政處之本省婦女劉美卿又以日產處理委員會發給之封條要求潘道是搬家，在法律上也是於法有據。問題出在日產處理委員會。省議會根據陳情向民政處服務之要求處理，民政處經員調查該案以後認為該案系日產處理委員會權責，不受理日產糾紛案，但是查出潘道是向日產處理委員會申請時間三月七日早已逾期，其所附之租約等可能均係偽造（檔案中無此類資料），所以裁定潘道是「隱匿日產」，並將該店面由日產處理委員會「補辦接收核報」，而劉美卿之封條可能也是非法取得，所以民政處對職員「記過一次」以為處分。

本案結局兩敗俱傷，本案值得注意者有四點：

一、臺灣人潘道是以賣裁縫機為業，不是什麼大人物，也沒有什麼有力之後臺而敢偽造文書隱匿日產，又抗拒政府官員接收，可謂勇者矣！

二、臺灣人劉美卿在檔案原件中未見職稱，應是小職員，而竟敢擅自騙取封條同時又動用警方強迫潘道是搬家，亦可謂勇者矣！

三、為爭日產小人物之者尚勇於違法，勇於惡鬥，可見當時的臺灣人並不是好欺負的，歐素瑛所謂「甚至強占臺人房產」不攻自破矣！

四、民政處之處理，尊重日產處理委員會之職權，對擅用封條之員工之記過處分，揭穿潘道是隱匿日產之事實，皆合乎法度，以此例看來，長官公署並非像謠傳中之昏庸腐敗也！

兩蔣時代的思想自由

　　近代人類文明之所以進步，其中最重要的一個原因是思想自由。人類的思想從宗教威權、政治威權、學術威權之下解放。人的思想不再受任何束縛，文明得以飛躍進步。民國大師級學者陳寅恪一生追求自由之思想、獨立之人格，也常以此勉勵學生。

　　有一位網路世代的小朋友問我，現在相較兩蔣時代是否思想比較自由？其實他心中早有答案，只是想借我之口譴責兩蔣時代的思想控制而已。我說：「當然兩蔣時代思想比較自由」。我想這位小朋友聽了一定嚇一跳，這跟一般綠營老師的說法差太遠了，令他感到十分驚訝。他問那個時候不是有白色恐怖、不是有警備總部等等。我說沒錯，但是，當時政府只關心共產黨及企圖推翻政府的所謂叛亂分子。思想上除了強行推銷三民主義之外，學術空間比現在大得多，思想比現在自由得多。

　　在那個時代，國民黨內部有許多當權分子是開明派，是自由主義者，所以《自由中國》雜誌每期批評政府，可以存在十年之久，後來因為組黨而被封。而《自由中國》在臺灣傳播了民主、法治、自由、人權的種子影響至今。後來又有《文星》雜誌引起波瀾壯潤的東西文化論戰，規模大而時間很長，對臺灣文化、思想界也有很大影響。

　　在兩蔣時代，我們思辯的哲學問題，如邏輯實證主義、存在主義、唯心唯物等問題；在史學方法上是蘭克學派與柯林伍德學派之爭；在經濟學有海耶克古典經濟學跟凱因斯學派長期的論辯。那個時代，沒有人會質疑你的言論是「愛臺」或「賣臺」，沒有人分外省本省，更沒有統獨問題。那是個美好的時代，思想自由而多元，百家齊放，百家爭鳴。社會議題也都有契合社會變化。經濟問題經常舉行產官學大辯論，凝聚全民共識。

　　但是反觀現在，在綠色烏雲籠罩下，學術界已經變成一言堂，思想

也全面綠化。臺灣已經沒有警備總部了，但是綠營對臺灣青年的洗腦、思想控制比警總還厲害。除了教科書去中國化、二二八偽造文書。在學術界，無論在大學或在中研院，綠色教授結幫拉派，黨同伐異，順我者昌逆我者亡。有仇必報，有功必賞，學術良知蕩然無存。

學術界目前流行一大堆謊言跟謬論如：辛亥革命沒有正當性；二次大戰結束，日本沒有向中國投降；二二八蔣介石下令「格殺勿論」；臺灣文化優於中國文化；臺灣人不是中國人。

這些謬論，弱化了年輕人的判斷力，降低了整個臺灣的學術水準。

一個社會有謬論是正常的，但是那麼多謬論卻無人敢反駁，這就太不正常了。

為什麼沒有人敢反駁，因為一反駁就遭到圍剿，並且冠以各種罪名，什麼賣臺啦！中共同路人啦！甚至叫囂：支那豬滾回中國。

許多學者都吃過苦頭，久之，臺灣學術思想界就變成了一言堂。贊成臺灣獨立，信服民進黨的論述才叫愛臺灣，才是朋友，否則就是敵人。所以用歷史資料做證據，我非常肯定地說，兩蔣時代思想比現在自由得多。

《自由中國》雜誌的起落及影響

蔣介石走向獨裁

蔣介石生於亂世，後來成為亂世領袖。雖然蔣以軍人身分參加辛亥革命，領導北伐、抗日。但是早年蔣的性格卻有過人的度量，甚至有民主氣度。

如蔣在北伐成功以後，一再容忍馮（玉祥）、閻（錫山）、李（宗仁）、白（崇禧）的叛變，抗戰期間能統合所有地方派系一致對外，蔣一生用人也大致能做到內舉不避親，外舉不避仇。

蔣在國政大事上雖有主見，但亦不偏聽。施政雖嫌專斷，但亦常博採眾議，查納雅言。

但是抗日戰爭勝利以後，國共內戰日趨不利。蔣在眾叛親離以後，性格漸漸產生變化。

一九四九年一月二十一日蔣介石在內憂：桂系聯合孫科等反蔣分子，以及外患：剿共戰爭失利的情況下，第三度下野。

蔣在下野當天日記中曰：「**本日為余第三次告退下野之日，只覺心安理得。感謝上帝恩德，能使余得有如此順利引退，實為至幸**」[1]。此時離蔣當選總統僅八個月。

蔣雖在當天日記中表示心情平靜，但是面臨這樣大的挫敗，尤其是許多老同志老部下都背叛他，心情憤懣可想而知。[2]

一月二十六號蔣在日記中反省：「**……桂系叛離已有四五次之多，**

1　林秋敏編，《蔣中正總統檔案：事略稿本（78）民國三十七年十二月至三十八年一月》，臺北：國史館，2013 年 11 月，頁 566。
2　林秋敏編，《蔣中正總統檔案：事略稿本（78）民國三十七年十二月至三十八年一月》，臺北：國史館，2013 年 11 月，頁 559-569。

豈嘗今日始乎！往日大好機會肅奸建國，二十年來，屢得屢失，豈獨桂系？而中共亦無不如此。所謂政治寬大與民族仁愛之精神，今皆成為自取滅亡之禍根矣！政治果真非殘殺與橫霸不可乎？」。[3]

蔣第一次在日記中檢討失敗的原因，歸罪於自己太仁慈、寬大。

二月十九日蔣日記中，上星期反省錄第二條「今日離叛及反對與加害於我者，皆余昔日提攜之人也……政治上毫無恩義可言，殊痛心。」，[4]蔣對親信叛離之痛恨，情見乎辭。

四月十五日上星期反省錄第二條：「……張發奎、李漢魂等，所謂舊四軍系，自十五年北伐以來，屢叛屢撫所養成之後患，致有今日忘恩負義與以怨報德之惡果，可知政治只有執法以繩叛徒，只有畏威而不懷德，絕不能以情與誠所感召。此次下野之經歷，不僅增進我政治常識，亦是改變政治觀念，發現我往日仁義政治之錯誤也。」[5]

蔣對過去的領導作風，做了全盤否定。這也是蔣性格的一個轉捩點。蔣開始變成了一個真正的獨裁者。

在國府風雨飄搖之際，內部派系依然明爭暗鬥。蔣對此異常痛恨。如當時空軍總司令是周至柔，副總司令是王叔銘。蔣常單獨召見王叔銘，周在蔣面前常表不快。六月十一日蔣召見林蔚、陳誠、周至柔、桂永清等。公開出示對於政策失敗之自反錄：「余為復興革命，徹底反省，以往領導幹部之無方，不僅使革命重受挫折，而且革命幹部對余之觀念與認識，有如此錯誤，僅重視法定總統之職位，而不以革命領袖之身分待之，殊為慚怍。但余在臺，絕不放棄革命領袖之責任與權力，無論對軍事、對政治，必盡我監督與指導之職責也。」

會後用餐，餐後留周訓斥之。日記曰：「席撤，公訓斥周至柔總司令之觀念與思想之錯誤並說明，公乃將以革命領袖之身分領導革命，決

3　蔣介石日記 1949 年 1 月 26 日。

4　周美華編，《蔣中正總統檔案：事略稿本（79）民國三十八年二月至四月》，臺北：國史館，2013 年 9 月，頁 98-99。

5　蔣介石日記 1949 年 4 月 15 日。

不因總統名義與職位之存否，而改變其初衷也。」[6]

從以上的日記，蔣把大陸失敗的責任全部歸咎於自己待人太仁厚，太重視制度，太尊重法定權責。所以造成眾叛親離的局面。在臺灣決心做一個有至高無上權力的革命領袖。

為了貫徹蔣的反省，修正以往的錯誤，蔣到臺灣後採取了以下舉措。

一、所有軍隊抵港後徒手下船，接受整編。徹底完成軍隊國家化。非中央嫡系之將軍皆不再准其帶兵。多授以戰略顧問名義，解甲歸田。

二、從事黨務改造，任用新人。瓦解孔、宋及二陳勢力，放逐陳立夫到美國。

三、整頓並擴大特工組織。合併中統、軍統為調查局，加強警備 司令部權力。並將特工系統的整合、指揮權力交給蔣經國。

四、成立革命實踐研究院，強化軍政幹部革命思想。

五、成立政工幹部學校，培養各種軍中人才。

六、整肅任何有共黨嫌疑或美國支持之軍人。孫立人案即是一個案例，蔣懷疑美國人支持孫立人反蔣而遭到罷黜及終身監禁的命運。

完全不同的反省

但是有大批追隨國民黨來臺以胡適為首的學者，以及雷震、陶百川、蔣廷黻、王世杰等官員。他們對大陸失敗的檢討與蔣介石大不相同。他們認為大陸失敗是因為蔣獨裁，國民黨腐敗以及沒有及早推行民主憲政的結果。

這批外省學者、國民黨開明派官員，加上一批臺藉菁英。他們於一九四九年十一月二十日創辦了《自由中國》半月刊。

6　周美華編，《蔣中正總統檔案：事略稿本（80）民國三十八年五月至七月》，臺北：國史館，2013 年 9 月，頁 353-354。

　　《自由中國》創辦之初得到了蔣介石與陳誠的支持。當時蔣對失去大陸也在痛定思痛，進行黨務改造。而《自由中國》標榜的宗旨標示在每一期前幾頁的小框框中：

　　一、我們要向全國國民宣傳自由與民主的真實價值，並且要督促政府（各級政府），切實改革政治經濟，努力建立自由民主社會。
　　二、我們要支持並督促政府用種種力量抵抗共產黨鐵幕之下剝奪一切自由的極權政治，不讓他擴張他的勢力範圍。
　　三、我們要盡我們的努力，援助淪陷區的同胞，幫助他們早日恢復自由。
　　四、我們的最後目標是要使整個中華民國成為自由的中國。

　　乍看之下無論反共、政治改革、推動民主。都與當權者的目標一致，再加上自由中國集團許多是國民黨的黨政要員。《自由中國》成立之初，曾向蔣介石報備，並得到蔣及陳誠的支持，所以開始雙方有很短暫的蜜月期。但是雙方對民主法治的認知不同，標準不同。對大陸失敗的原因的檢討更是南轅北轍。所以雙方必然以決裂收場。

　　《自由中國》上市以後銷量蒸蒸日上。一九五一年夏道平先生寫了一篇社論〈政府不可誘民入罪〉[7]，批評當時保安司令部的金融管制政策。雙方關係開始惡化。

祝壽專號

　　一九五六年十月三十一日是蔣介石七十歲生日。蔣宣稱避壽，鼓勵大家用「建言」，「壽人不如壽國」來為蔣祝壽[8]。當時《自由中國》信以為真，就出了一期「祝壽專號」。胡適寫了一篇〈述艾森豪總統的兩個故事給總統祝壽〉。諷諫蔣先生應該像艾森豪一樣，重視分工、授權，不要事必躬親。

7　夏道平，《自由中國》編輯委員，曾任中華經濟研究院特約研究員。〈政府不可誘民入罪〉，《自由中國》半月刊第四卷第十一期，刊登於一九五一年六月一日。

8　其實蔣有帝王思想，表面避壽而部下揣摩上意，臺灣逢蔣生日，各機構、學校都會張燈結綵、普天同慶，蔣從不加制止。

　　此外雷震、陶百川、蔣勻田[9]、徐復觀、徐道鄰[10]等都寫了批評時政的文章。

　　「祝壽專號」一出，洛陽為之紙貴。國府動用各種機關、媒體、御用學者攻擊《自由中國》，甚至誣以勾結共黨「為匪張目」者[11]，但是「祝壽專號」聲勢一直不衰。到一九五七年三月十六日已經印了第九版。

　　「祝壽專號」使國民黨與自由中國徹底翻臉。國民黨出動大批特務，監控雷震行蹤。同時恐嚇印刷廠不得替《自由中國》雜誌印書。雷震迫於無奈甚至求助黃少谷。希望黃出面向特工單位求情，不要恐嚇印刷廠。黃少谷在政界雖以圓融見稱，但黃知道特工官員不會買他的帳。但又想幫這個忙。情急之下居然向雷震說：「**我找老板（印刷機老板）來說何如？**」[12]。

　　國民黨打壓《自由中國》已經到了不擇手段的地步。但是國民政府

9　蔣勻田曾為民社黨領袖之一。雷震著、傅正主編，《雷震全集38．雷震日記．第一個十年（六）．（1955-1956）》，臺北：桂冠圖書股份有限公司，1990年7月25日，頁348。

10　徐道鄰是江蘇蕭縣人，一九〇六年光緒三十二年十一月初二出生於日本東京。他的父親徐樹錚，是北洋三傑之一段祺瑞的左右手，曾經擔任過陸軍部次長、西北籌邊史。在一九二五年赴歐、日、美等地考察回國後，鼓吹皖、直、奉三大軍閥系統大聯合，共同對抗廣東革命政府，但就在年底離開北京前往上海時，就在北京附近的廊房車站，為馮玉祥派人暗殺身死。徐道鄰本在一九二四年隨父出洋考察時而留在德國讀書，而於徐樹錚遇刺後曾回國奔喪，然後一九二六年重回德國，入柏林大學攻法律，終於一九三一年獲博士學位，然後歸國從政，任職國際設計委員會。一九三五年一月，由老蔣的文膽陳布雷執筆所撰的〈敵乎？友乎？〉一文，主要是對日本軍閥作最後忠告，當時便是用徐道鄰的名字所發布，而非直接用老蔣的名義所發表。一九三六年，調任行政院參議。一九三八年秋奉派赴羅馬，擔任駐意大利史館代辦，直至一九四一年七月，中義斷交後回國，出任國防最高委員會參事。然後又轉任考試院考選委員會委員、銓敘部甄核司司長，直至一九四五年四月，出任行政院政務處處長。雷震著、傅正主編，《雷震全集46．雷震日記—最後十年（二）．（1973-1974）》，臺北：桂冠圖書股份有限公司，1990年9月，頁223-224。

11　「《國魂》一四〇期，整冊是罵《自由中國》的，本來以文章互相批評是好現象，惟該期內中許多無聊的，而且誣衊人，說我走私，捧坤角，打麻將，關於走私一事，這次文章一定要聲明。其實臺灣特務甚多，如果我真走了私，他們早已把我關起來了，《國魂》、《軍友報》、《革命思想》、《中興評論》，甚至內幕新聞之《自由亞洲》亦加入戰團來攻擊我們了。」雷震著、傅正主編，《雷震全集39冊．雷震日記—第一個十年（七）．（1957-1958）》，臺北：桂冠圖書股份有限公司，1990年7月，頁22-23。

12　雷震著、傅正主編，《雷震全集39冊．雷震日記—第一個十年（七）．（1957-1958）》，臺北：桂冠圖書股份有限公司，1990年7月，頁87 88。

不少要員暗助《自由中國》，蔣介石也一直隱忍不發。一九五七年《自由中國》推出一系列的社論。名曰「今日的問題」，從政治、經濟、軍事、民主、法治到反攻大陸問題，容許反對黨問題等。

尤其對反攻大陸問題要實事求是，勿唱高調。被當局指控為倡導「反攻無望論」。

早在自由中國創辦之初，雷震即有另組政黨之考量，但是胡適態度模稜兩可，殷海光則不贊成。但隨著自由中國影響力越來越大，隨著國民黨對自由中國無所不用其極的壓迫。雷震、傅正組黨的念頭日益強烈，認為國府根本沒有改革的誠意，臺灣只有另組新黨，發揮監督、制衡力量，臺灣才有前途。自由中國集團支持此一論調的人也日漸增加。

反對連任

一九六〇年蔣介石兩任總統任期屆滿。依法不得連任。但從各種跡象看來，蔣是準備連任的。《自由中國》連續數十篇文章反對連任。

一月七日：「飯後我說，端木說過，蔣先生如三任則是偽朝，胡先生不能事偽朝，必須辭職，故我們元旦號寫這篇文章，以求發生萬一的效力。端木繼云，今後如三任，他做不做律師是個問題，因為法院皆偽也。」[13]。由此可見，當時知識分子對蔣連任的惑度，也可見當時臺灣知識分子的風骨。

三月一日的《自由中國》可說是反對連任專刊，內容有社論：〈不要再玩政治魔術─告國民黨當局〉，一篇是〈豈容御用大法官濫用解釋權〉。另一篇海外聯合宣言〈我們對毀憲策動者的警告〉。攻擊力道之猛，已經超過了蔣政權的紅線。

但是反對終究無效，後來蔣透過大法官釋憲以及修改臨時條款的方式達到連任的目的。蔣連任成功以後大家非常氣憤。

13　雷震著、傅正主編，《雷震全集40‧雷震日記─第一個十年（八）‧（1959-1960）》，臺北：桂冠圖書股份有限公司，1990年8月，頁223。

三月十六日：「上午到社，十一時上南港，在胡先生處午飯，他對《自由中國》再版、三版，極為憂慮。怕當局在勝利之後，得意忘形，故將蔡子民先生請辭北大校長登報一句話，『殺君馬者道旁兒』告訴我，希望我注意及之。因為大家喝采，使當局妒嫉，可能使《自由中國》夭折。……飯後談天，我問他今後怎麼辦？他說只有民青兩黨和國民黨民主派和臺灣人民合組反對黨，如果組成了，他首先表示贊成，他自己不參加，留幾個無黨無派分子比較好，如果他參加，我們推他做主席，那便無法推卸了。」[14]。

胡適內心深處是希望組黨成功。但是胡也預料到了危機。故以殺君馬者道旁兒這句成語來警告雷震。

決心組黨，悲劇收場

蔣三連任成功。雷震決心組「中國民主黨」。政府當局雖透過各種管道恐嚇《自由中國》不要組黨。但是雷不為所動，堅持組黨。九五八年，雷震日記記載：「自治研究會立案，政府未准，且對他們很注意。就是反對黨之先聲。惟此組織地方色彩太重，將來可能流血。我過去勸胡先生出來領導者，就這一方面說，可以消滅臺灣和內地人之隔閡，且可減少流血。」[15]

當局成立雨田（雷）專案。羅織傅正、雷震叛亂及知匪不報罪判刑入獄。《自由中國》結束營業。臺灣自由主義、民主、法治的火種並未熄滅。一九六一年李敖投稿《文星》雜誌〈老人與棒子〉一文批評老人政治，批評中國文化，引起東西文化論戰。

《文星》一度變成筆戰擂臺，銷路扶搖直上。《文星》風格漸漸蛻變成《自由中國》雜誌的接棒者。除了引進西方學說，同時嚴厲批評時政，一九八六年終因一篇〈論國法黨限〉文章遭當局勒令結束營業。《文

14　雷震著、傅正主編，《雷震全集40．雷震日記—第一個十年（八）．（1959-1960）》，臺北：桂冠圖書股份有限公司，1990年8月，頁270-271。

15　雷震著、傅正主編，《雷震全集39冊．雷震日記—第一個十年（七）．（1957-1958）》，臺北：桂冠圖書股份有限公司，1990年7月，頁346。

星》雜誌負責人蕭孟能的父親—蕭同茲，是中央社創辦人。曾是蔣的重
要幹部，所以蕭孟能能免遭牢獄之災。但是臺灣自由主義的幼苗自此被
連根拔起。長達十餘年之久，臺灣特務橫行，學界淪為官方宣傳工具，
臺灣一度變成文化沙漠。

《自由中國》雜誌，在臺灣的近代發展史上占有重要的一頁，無論
政治、經濟、法律。無論民主、法治、人權。無論觀念、理論到制度。
其影響甚至到今天，依然存在。

《自由中國》雜誌被整肅，雷震、傅正等人為莫須有[16]的罪名坐牢。
在臺灣的民主發展史上是個悲劇。臺灣無論民主、法治，甚至學術都不
進反退。對蔣介石而言落得個殘害忠良的罵名。

經驗與反省

但是經過多年的沉澱，所有當事人都已物化。遺憾、悲痛、憎恨都
還諸天地。筆者平靜地省思這段歷史，漸漸有不同以往的理解。

一、蔣介石失去大陸原因很多，但是連費正清都批評：「蔣介石有
婦人之仁，把品德能力都不夠的軍頭拉入革命陣營而不及早消滅他們，
是蔣失敗的主因」[17]，再加上內戰失利很多親信叛變，使蔣十分痛心。所
以來臺後決心用集權、獨裁治國。但是蔣在這種情況下能容忍《自由中
國》跟自己做對十年之久。顯見蔣的性格有寬厚能忍的一面，蔣在四九
年之前還有民主風度，如無國共內戰，沒有眾叛親離的經驗，蔣可能還
是個豁達大度的領袖；臺灣不搞白色恐怖，蔣的歷史評價肯定更高些，
但蔣的霹靂手段保住了臺灣，讓中國人有實行另外一個制度的機會，也
可謂功過相抵也！

二、《自由中國》集結了當時臺灣一流的學者，其文章範圍之廣、
內容之精，至今沒有一個雜誌可比。民主、法治、人權、現代財經都非

16　秦檜殺岳飛，韓世忠問秦檜岳飛犯了什麼罪，秦檜答莫須有，莫須有有多種解釋，此處我的
　　意思是根本沒有。
17　費正清著、薛絢譯，《費正清論中國：中國新史》，新北市：正中出版，2001 年，頁 330。

古中國文化所有。把中國打造成一個現代化國家，是一種文化轉型工程。以憲法而論《自由中國》持續地討論臺灣的憲政問題，介紹英、美、德、法等國的憲法。其文章對百姓對政府官員都是一種教育。《自由中國》的成員都是高級知識分子。他們學問各有專精，都有真知灼見。他們應該一秉書生報國的職志。深化國人，包括政府現代化知識。現代化知識尤其涉及民主、法治、財經。其困難的程度不是我們當年所能理解。我們一直到今天還在學步階段。結果《自由中國》諸公不能忍一時之忿。既踩到蔣政權的紅線，又要涉入現實政治。這是棄己之長，暴己之短。結果以悲劇收場。我們假設當年《自由中國》在言論上如果稍能自我約束。不組黨，不介入實際政治，扮演一個政府監督者，現代化的推動者的角色繼續經營下去。則臺灣無論百姓、政府對現代化的認識會更深刻些。如果再假以天年，那會是什麼樣的結果。文化的重要性遠遠超過現實政治。當初經營《自由中國》的菁英見不及此。沒有充分發揮自己所長，誠千古憾事也！

　　三、蔣到臺灣未及數年，政權已經十分穩固。黨、政、軍、特皆能完全掌控。假如當時當局准許雷組黨，有臺籍菁英[18]參加，由胡適做黨魁。

18　當時參與中國民主黨組黨的臺籍菁英主要如：高玉樹、李萬居、吳三連、郭雨新、郭國基、李源棧、許世賢、楊金虎等。高玉樹：在臺灣戒嚴時期曾以黨外身分當選民選臺北市（省轄市）市長。臺北市升格為直轄市後的第一位市長，前後擔任十一年臺北市長。臺北市長卸任後歷任交通部部長、政務委員、總統府資政；李萬居：中國青年黨黨員，他是知名的報人與政治家，與郭雨新、許世賢、郭國基、吳三連、李源棧等人並稱臺灣省議會的「五龍一鳳」，有魯莽書生的稱號。1945 年 9 月，李萬居隨臺灣省行政長官公署赴臺灣進行接收，他拒絕接收銀行，而出任臺灣新生報社長，後出任董事長；1947 年自辦公論報，揭示「民主」、「自由」、「進步」的理念；吳三連：前臺灣省議會議員、臺北市長及《自立晚報》、臺南紡織創辦人，亦為日治時期與戰後臺灣政治民主化運動、臺灣本土化運動，及社會運動的重要先驅人物。在臺灣教育上也是南臺工專（今南臺科技大學）、天仁工商、延平中學等三所學校之共同創辦人；郭雨新：中國青年黨黨員。1949 年獲遴選擔任臺灣省參議會參議員。1951 年至 1971 年間擔任中華民國臺灣省臨時省議員、四屆省議員，與李萬居、郭國基、吳三連、李源棧、許世賢省議員有省議會「五龍一鳳」之名；郭國基：1920 年與臺灣留學生組織「新民會」獻身臺灣社會運動，隔年加入臺灣文化協會，1922 年加入「臺灣議會期成同盟會」，1923 年組織「留學生文化演講團」，到各地演講，獲得「郭大炮」的稱號。1925 年，自明治大學畢業，至北京，見黎元洪，上萬言書報告臺灣事情，秘密加入中國國民黨東京支部。1947 年，「二二八事件」被捕入獄 210 天，退出國民黨。1957 年，臺灣省臨時省議會第三屆，轉移至臺北競選，獲第二高票當選。1960 年當選臺北第二屆省議員。1968 年，在高雄當選第四屆省議員，1969 年，當選臺灣省第二選區增選立法委員；李源棧：1952 年以無黨籍身分參選左營

這將是一個高級知識分子，又沒有地域色彩的反對黨。又比民進黨早了那麼多年，這個黨的水準肯定比今天民進黨高得多，以胡適溫和之個性，不容易與蔣決裂。《自由中國》雜誌的壽命也會更長些，果真如此，臺灣民主法治將是另一個面貌。

兩蔣延宕民主進程的結果，最後迫使民進黨煽動民眾，製造族群仇恨，進行去中國化，主張臺灣獨立，造成今日臺灣民主發展的窘境，也造成兩岸關係，中國統一的最大障礙。對一生奮鬥追求國家統一的兩蔣而言，如果地下有知，當深悔昔日之非計也！

《自由中國》以悲劇收場，蔣介石背負了殘害知識分子的罪名，但是隨著國際局勢的變化，國內經濟發展，中產階級興起。《自由中國》的許多主張如放棄反攻大陸、專心建設臺灣，實踐民主法治、尊重人權、尊重憲法、採行自由經濟等，由國民黨主導的政府一一實現。從以後的發展我們也不得不說國民黨的反醒能力值得肯定。

從《自由中國》的案例我們更應該醒悟到知識分子在學術、思想上的努力，其影響往往比現實政治大得多。

楠梓選區市議員，以第二高票進入第二屆高雄市議會，最高票連任至第三屆後，1957 年又以最高票當選第三屆臺灣省臨時省議會議員，共連任三屆。在會中與李萬居、郭國基、郭雨新、吳三連、等黨外議員並稱「省議會五虎將」；許世賢：1946 年許世賢當選嘉義市參議員以及候補制憲國大代表。1954 年許世賢當選臨時省議員，之後當選臺灣省議員長達十五年與李萬居、郭國基、郭雨新、吳三連、李源棧省議員有省議會「五龍一鳳」之名。1968 年當選嘉義市長，1972 年當選增額立法委員，1975 年獲得連任。1982 年 3 月許世賢再度當選嘉義市長；楊金虎：1947 年 11 月當選臺灣省高雄市選出之第一屆國民大會代表。1948 年楊金虎加入中國民主社會黨。1968 年當選第六屆高雄市長。
參見〈維基百科〉，網址：http://zh.wikipedia.org/zh-tw/%E9%AB%98%E7%8E%89%E6%A8%B9。

雷震日記中有關胡適之死

胡適於一九六二年二月二十四日心臟病猝死，那時雷震因《自由中國》雜誌反對蔣介石連任，及準備組織反對黨，而被誣以謀反坐牢。

在獄中雷震得知胡適死了，十分哀傷。茲錄雷震日記如下：

二月二十五日　　星期日

昨天晚上聽到胡先生去世的消息，晚上做了一晚的夢。先是大哭，夢中哭醒。後來又做夢，和他在一起，先是他告訴我蔣先生叫他組黨的事情，他說他有四不，所以不願組黨。後來做夢和他在一起，知道他生病，我陪他，又悉他倒地。總之，搞了一晚，直到天亮起來為止。

今日上午看報，我兩次流淚，這是卅六年秋葬母以後的第一次哭，可見悲哀之甚。

這裡送報人說，拿到報，眼就流淚，許多看報的人哭了。[1]

二月二十六日　　星期一

今日天雨，看報流淚數次。第一次看他們移靈，第二次看到一個商人的話：「我們失去了大陸還可把它收回，現在失去胡先生再也收不回來了。」，下午看到這裡又流淚了。上午函亞英，附了兩付輓聯。今日流淚了，前胸又不適，想我在獄中，連看遺體的機會故沒有。[2]

三月三日　　星期六

報載胡先生喪事，昨日公祭有一百多單位，司儀泣不成聲，連換了五個人。下午二時半大殮，約三時發引。送葬者三萬多人，靈柩車經過之處，商店關門，工廠停工，均立道旁肅靜行禮，幾乎家家路祭。今晨閱報流淚不止。胡先生感人之深。自上月廿五日起，每日看報均流淚。[3]

1　雷震著、傅正主編，《雷震全集 37・雷震日記—獄中十年（二）・（1962）》，臺北：桂冠圖書股份有限公司，1990 年 8 月，桂冠圖書（股）公司出版，頁 44-45。

2　同上，頁 45。

3　同上，頁 52。

　　由日記可見雷對胡適之死有多難過，也可知當時臺灣人對失去胡適的哀傷，同時也可見兩人交情之深。

　　雷震被判刑時，胡適在美國。大家都指望胡適趕快回來救雷震。以蔣介石對胡適的敬重，蔣應該給胡適面子，至少應該判得輕些。

　　結果胡適回來了，也見了蔣，結果雷震還是被判十年徒刑。大家對胡很不諒解。認為胡不夠朋友，不敢得罪蔣介石，沒有據理力爭。胡適生前也不辯駁。

　　一直到前幾年，胡適、蔣介石日記公佈，大家才知道胡適回臺立刻求見蔣。蔣推曰罪證確鑿，不干涉司法審判。胡告蔣雷震案讓胡在雙十節那天，不敢參加任何慶祝活動。因為雷案而羞於見美國友人，臺灣被認為是警察國家。經過激烈爭辯結果不歡而散。

　　從胡適、雷震的交往，可見當年知識分子的格調、風骨，多麼令人敬佩。

李登輝接班、宋美齡奪權考

蔣經國驟逝

蔣經國在一九八八年一月十三日驟逝，根據憲法由副總統繼承總統職務，國民黨黨主席乙職也由當時的中常委取得共識，由李登輝擔任代理黨主席，並擬於二十七日召開之臨時中常會通過。

宋美齡對黨主席產生過程表示異議

未料二十六日，時任國民黨秘書長的李煥接到宋美齡一封信：

李秘書長勛鑒 元月二十四日
來據奉想經國先生不幸逝世，其對國家及本黨之貢獻乃盡其最大之努力，普海公過尤不幸者，經國先生逝世忌逢我推行三民主義統一中國之政策及思想以及本黨黨紀及推動黨務之再次強化，尚且未開始通步行之再者。事實上，經國主席因病纏身不克出席主持常務會議，故由諸常委輪流代行主席職務，所慶者乃諸位常委間殊盡責無瑕疵可詬，為符合本黨黨章，莫若於第十三次全國代表大會開會時，由本黨全體同志遴選及表決主席人選，若是則既可與黨章無所抵觸，且令黨員對黨中央務事煜明磊落有所慰也。
尚旗

並請轉講諸同志為荷

即此順頌
黨安

蔣宋美齡
七十七年元月二十五日

信中，宋美齡主要是希望黨主席問題不宜倉促決定，應依黨章規定，於七月間召開之黨代表大會時決定。當時宋美齡具有中評會主席團主席

的身分，宋的意見當然受到重視。但是，當時所有的中常委，包括重量級如俞國華、李煥、余紀忠、王惕吾、郝柏村等都不同意宋美齡的看法，他們反對宋美齡的原因有：一、當時蔣經國沒有培養接班人，中常委中無人自信有足夠威望擔此重任，也就是說無人想跟李登輝競爭；二、都以大局為重，希望臺灣權利轉移順利，政局穩定；三、即使國民黨內部、即使忠於國民黨的老臣，也醒悟到新的世代來臨了，蔣家該退出臺灣政治圈了，所以根本沒有人考慮過讓宋美齡做黨主席。

問題在蔣經國沒有培養接班人

一直到今天許多人還在問，為什麼蔣經國會選李登輝做接班人。我的回答是：「蔣經國從來沒有意讓李登輝接班的意思」，因為蔣經國根本沒有安排接班人，沒安排的原因是沒有一個醫生敢告訴蔣經國的身體狀況，隨時會倒下[1]，另據李登輝《虎口下的總統》也說蔣生前從來沒說過要他接班[2]。蔣不知道自己身體狀況，何況副總統是虛位元首，在當時國民黨的傳統，副總統在權力排行榜中是敬陪末座的。

根據憲法順利接班

蔣經國驟逝，大家都有不知所措之感，還好臺灣當時政治已上軌道，軍隊也已國家化了，沒有野心分子想覬覦大位，大家只好根據憲法順理成章由副總統接班。宋美齡的信雖然引起了一陣小的騷動，但是最後二十七號的臨時中常會還是通過了李登輝接代理黨主席，七月七日全國黨代表大會通過李登輝擔任國民黨黨主席。

宋、李都有風度

宋美齡在得知多數中常委不同意她的看法以後，對外表示，這只是她個人的建議，一切遵照中常會的決議，並派蔣孝勇向李煥解釋。李登

1　陳三井訪問；李郁青紀錄，《熊丸先生訪問紀錄》（臺北市：中央研究院近代史研究所，1998 年）。

2　東森電視事業股份有限公司製作，《虎口下的總統》，臺北市：臺視文化，2011 年 10 月。

輝在二十七當選代理黨主席後，二十八日由蔣緯國陪同到士林官邸拜謁
宋美齡，李向宋行九十度鞠躬禮。當年七月七日黨代表大會李登輝順利
當選國民黨黨主席後，八日黨代表大會，宋美齡即由李登輝陪同到黨代
表大會會場發表〈老幹新枝〉，並由李煥宣讀演講稿。

庸人自擾，惡意中傷

這本來是李登輝接班過程中的一個小插曲，但是媒體卻大肆炒作，
用斗大的標題如「驚濤駭浪」、「宋美齡奪權失敗」、「宋美齡高估自
己」、「宋美齡錯估情勢」等，內容多譏諷宋美齡意圖奪權，不識實務
企圖宮廷政變，以致自取其辱。其中，《新新聞》更在第四十七期以專
刊的方式，訂定標題「中常委聯手 宋美齡敗退」，對相關宋美齡進行政
爭、奪權。首先，在社論〈砍斷歷史尾巴 迎接嶄新歲月〉中提到：

> 蔣夫人宋美齡一封急信，一通急電，要求將代理主席提案延緩。
> 在黨政部門已不負任何實質責任，不扮演任何角色的的老太太，
> 這樣的要求顯屬逾越。因為，這是太過分的以「私」侵害到「公」。
> 她完全缺乏體恤，甚至更等於跡近輕蔑[3]。

並在國民黨中常委完成聯署推舉李登輝擔任國民黨代主席後，提報
常會前，由李煥寫了封信向宋美齡報備此事，「蔣夫人看完這封信之後，
非常生氣，認為『你們問了那麼多人的意見，為什麼就不問問我？現在
還要求我見諒，見諒個什麼！』」[4]。此外，亦在同期中的〈「宋氏王朝」
結束，「蔣氏王朝」如何？〉裡進一步指出宋美齡此般作為是「國母干
政值得警惕」、「貿然干政自取其辱」。[5]而這樣的誤解，直至二〇〇三
年仍出現在報紙評述中：

> 一九八八年一月十三日蔣經國逝世，蔣宋美齡頓時成為蔣家及國
> 民黨內保守勢力的精神領袖。當天李登輝繼任為總統，但真正具

3　社論〈砍斷歷史尾巴 迎接嶄新歲月〉，《新新聞》，第 47 期，1988 年 2 月 1 日 -7 日，頁 6。

4　葉志清，〈沒人來請示 夫人生氣了〉，《新新聞》第 47 期，1988 年 2 月 1 日到 7 日，頁
　10。

5　〈「宋氏王朝」結束，「蔣氏王朝」如何？〉，《新新聞》第 47 期，1988 年 2 月 1 日 -7 日，
　頁 32-33。

有實權的國民黨黨主席職位懸缺。當時，國民黨內部出現兩種聲音：一是讓李登輝立即真除黨主席；另一是李登輝先擔任「代理主席」，半年後召開十三屆黨代表大會時再扶正。國民黨人士指出，當時，這兩派人馬僵持不下，蔣經國的兒子蔣孝勇忽然攜帶一封蔣宋美齡的親筆信函，赴中央黨部交給祕書長李煥，信中表明，蔣經國屍骨未寒，國民黨不應為黨主席之爭而紛擾不斷；李登輝可以以「代理主席」名義，直到七月黨代表大會扶正。

原本要在即將召開的中常會上提案扶正李登輝的人馬，為了這封信頓時亂成一團。在中常會前，李煥召集了副祕書長鄭心雄與高銘輝商討，更透過中間人傳話給當時的行政院院長俞國華，希望俞能在中常會上提案討論黨主席的人事案。可是，在開會時，俞國華沒有提出相關議案；在最後關頭，列席常會的副祕書長宋楚瑜突然舉手發言，聲淚俱下痛陳國民黨如果沒有立即通過黨主席人事案，就是對不起黨、對不起國家。緊接著常會無異議通過，這就是李登輝扶正過程最著名的關鍵性臨門一腳。

這場宮廷鬥爭就此告一段落，但在七月七日的十三全黨代表大會前夕，蔣宋美齡發表《我將再起》的文章；十三全大會上，蔣宋美齡公開發表《老幹新枝》的專文，雙方全力展開部署中央委員的爭奪戰。⋯⋯[6]

坊間甚至把一九八六年宋美齡回臺參加蔣介石百歲冥誕的文章〈我將再起〉，解讀成宋美齡企圖在臺灣奪權的證據。這種說法也傳到了大陸，大陸人也相信這種說法，再加上大陸一向對孔宋家族的醜化，有一度宋美齡在大陸人心中的地位是相當負面的。

雖然近年來大陸學術界替國民黨，替蔣介石翻案的文章大量上市，但是蔣經國過世，宋美齡與李登輝爭黨主席之說幾成定論。蔣經國過世迄今只有不到三十三年的時間，有大量的資料可供參考，還有許多見證人尚在人世，而歷史真相竟被扭曲至此。

6　謝忠良，〈「我將再起」政爭失利退隱美國〉，《蘋果日報》，2003 年 10 月 24 日。

　　我仔細查看過，從蔣經國一九八八年一月十三日過世後，到一月二十七日臨時中常會召開，通過李登輝任國民黨代理黨主席，這段時間的報紙及雜誌相關新聞，我發現許多譏諷宋美齡企圖與李登輝爭黨主席寶座的文章，作者根本沒看過宋美齡給李煥的那封信，並妄加揣測地說宋美齡想當國民黨黨主席。其實宋美齡那封信的主要內容，是建議黨主席的產生，應該根據國民黨的傳統，由七月七日的十三全黨代表大會產生，「若是則既可與黨章無所抵觸，且令黨員對黨中央務事煜明磊落有慰也」。

　　宋美齡此函之真正動機，我認為除了代理黨主席產生經過有悖國民黨傳統外，可能的原因是擔心李登輝威望不夠，甚至擔心李登輝是否忠於國民黨傳統。無論宋美齡此函的真正動機是什麼，但是當時宋美齡是絕無奪權的念頭。以宋美齡見識之廣、以宋美齡之聰明，以及對政治運作之嫻熟，假如有此野心，豈會只發一函，而無其它任何動作？又假如宋想當黨主席，至少要公開表示參選呀！沒有參選叫黨代表如何選她。

澄清謠言再函李煥

　　一封信引起一場大風波，各種謠言紛紛出爐，夫人心中顯然十分憤怒，乃於二月十九日再致李煥一長函對於「報章雜誌之胡謅、詆論，所做種種之猜測、影射及曲解自有糾正之必要」。信中除駁斥謠言及強調國民黨傳統外，有一句話值得注意：「本黨主席甫逝，尚未安厝，即別出心裁」。蔣經國去世，宋美齡極為傷心，眼看著李登輝急躁地攬權，同時也可能擔心國民黨新的領導班子對臺獨勢力不夠強硬。

老幹新枝吐露心聲

　　七月七號李當選黨主席，七月八號宋在出席十三全黨代表大會的演講稿中，〈老幹新枝〉道出了宋美齡的憂慮。宋在講稿中說：

　　主席，各位同志：
　　中華民國國民黨十三全會定於民國七十七年七月七日集會於復興

基地臺北近郊，是日為歷史上盧溝橋事變日，深具意義，余今與會，目睹各界同志，集集一堂，實深感慰。猶憶民國十三年一全大會集會廣州，與會同志，朝氣蓬勃忠黨愛國之情溢於言表。余當時在座，曾親聆總理昭示，組織有力政黨，以黨改造國家。

國父九十四年前革命創黨，先嚴耀如公為總理密切夥伴，掩護同志籌助經費，余家為秘密集會處所之一，因而遭致清室懸賞通緝，被迫舉家倉促逃避東瀛。國內有志青年紛紛響應，諸如無數成仁黨國元勳，黃花崗七十二烈士拋頭顱灑熱血，勇往直前，歷經推翻滿清創立民國，興辦黃埔軍校，總裁受命東征北伐，統一全國，抗日軍興歷時八載，始獲勝利，得廢除不平等條約，收復臺澎，其艱難困苦，非身歷其境無法體會。而今復興基地，照耀光明之火，為大陸十億同胞希望之所寄。北伐成功至抗戰開始，未及十年，其間軍閥割據，共黨猖亂，日本一再侵犯，人民水深火熱，全面抗戰，陣亡將士及被日軍蹂躪殺戮同胞，更不計其數，諸凡前者之犧牲，始有今日之黨國。

各位同志熟諳黨史，當已了然於胸。三全大會，總裁昭示：保證國民黨光榮歷史的基礎，四全大會昭示：黨內團結為禦侮圖強之基，民國二十七年臨全大會，總裁提示：國民黨必須堅強團結、強化全黨，十全大會昭示：健全組織，悉皆本黨應奉行之準則。眼前正值緊要關頭，老成引退，新血繼之，比如大樹雖新葉叢生，而卓然置基於地者，則賴老根老幹。於今黨內白髮蒼蒼，步履蹣跚者，不乏當年馳騁疆場之鬥士或為勞苦功高之重臣，其對黨國之貢獻，絲毫不容抹煞，當思前人種樹，後人乘涼。夫國之強，黨之壯，賴有一定之原則，連續生存之軌跡，創新而不忘舊，前進而不忘本，當年國父如不建黨立國則無今日之中華，臺澎依舊日本殖民地，飲水思源發人深思。

諸位與會同志，選之各界，皆黨之精英，對黨忠誠，為黨策謀，此次集會一堂，歷時一周，望能竭精殫智，排除自私，捐棄己見，一切以黨國為先，以復興基地為起點，拯救十億大陸同胞，庶幾不負總理、總裁及元勳先烈在天之靈。惟今時逾半世紀，世局不

停動盪，總理、總裁昭示之真義未變，吾黨之原則亦未變，今後黨之發揚光大，有賴紀律之恪遵，有品有德優秀人員之引進，然而其不容變者則是黨之精神、黨之原則、黨之方向及黨之紀律，其不可有者則為藉黨逞私欲，個體求眩眾，標新立異，動搖國本；坊間新聞媒體對國事之批評與建言，應訴諸社論專欄，堂堂正正供大眾判讀，如任意製造民意，混淆視聽，則非所應為，而為國人所共棄。總理創五族共和，志在團結；同為漢族，自無所謂獨立之理。以美國之崇尚民主自由，不惜內戰，制止分離，其理自明。夫崇尚民主，慎防爾民我主。如今社會正受衝擊，人民企求法制民主，持舊創新，在在需求準則。

黨設主席表率全黨，其產生應根據黨章，不宜草率為之。各位同志身負重託，心繫安危，自當內和不同外納輿情，求新而非排舊，守紀而非乖張，法律必須嚴格遵守，暴亂亟應依法切實制止，庶幾可以推行民主鞏固經濟，在黨主席領導下群策群力繼續發揚本黨輝煌歷史，余飽經憂患，志切黨國，肺腑之言，提供各同志參省。敬祝各位身體健康。

　　宋對老同志及接班人的勉勵、警告被人當成耳邊風，若干年後民進黨果然執政。聽說宋美齡的家人到美國看宋美齡的時候，沒人敢把陳水扁當選的消息告訴宋美齡。紀錄片《世紀宋美齡》工作小組訪問前故宮博物院院長秦孝儀的時候，秦孝儀激動地說：「還是夫人的遠見，她認為這個一旦交給李某人是很大的危機！我想是蔣經國先生最大的失誤，他要痛哭流涕的就是這件事！就是這件事！」[7]。

我將再起曲解原意

　　至於把宋美齡一九八六年蔣介石百歲冥誕，宋美齡回臺發表那篇〈我將再起〉，解讀成宋美齡一種復出政壇的宣言，那就太滑稽了，造這種謠的人基本上沒看過這篇文章。我們先看看宋美齡在文中如何解釋〈我將再起〉這幾個字的由來：

7　林蔭庭，《尋找世紀宋美齡》，臺北市：天下遠見出版，2004 年，頁 237。

二十九年戰況正趨激烈，而國際局勢益見陰霾之時，美齡亦不時
振筆為文，以期鼓舞純正的愛國思想，並建立堅強無比的信心，
這些文字，經合刊成書，題名為《我將再起》。先總統還特別寫
了一篇序文，肯定「中國將必從它的許多艱難困苦中，崛起而為
一強大的國家。」但也同時提醒國人：「只有拿出堅忍不拔的勇
氣向前邁進，我們才能使一個新的中國屹立於世。」

「我將再起」一語，來自倫敦首位聖保羅教堂一個饒趣及感人的
故事。倫敦聖保羅教堂南門頂上，有一塊雋刻端莊的石頭，上面
雕刻著一個拉丁字 Resurgam，意為「我將再起」。說起它的歷史
來是這樣的：當教堂的大圓屋頂行將動工時，建築師克來斯陶佛
稜爵士（Sir Christopher Wren）要求一塊石頭作為教堂中央的
準據。於是有人從亂草堆中拿來一塊刻著這個拉丁字的墓碑，它
的意義如此深刻[8]。

我們再看看宋美齡發表這篇文章的動機：

美齡因欣賞此字之寓意，亦正恰合我們中華民族全體同胞的精神、
意志、希望和觀念：一個古老的民族，在天荊地棘的苦難環境中，
經過一場生死掙扎，必能重建它的聲望和力量，崛起而為一個充
滿朝氣和正氣的強大國家。

先總統和美齡，都深深認定中華民族有其必能生存復興的力量。
先總統稱之為「實踐歷史使命的力量」，美齡認為這種浩大潛力，
足以使我們國家民族於痛深創鉅之後恢復元氣。這種力量來自上
下五千年悠久優越之文化與道德的陶冶所成，而且波瀾壯闊，永
不消滅[9]。

我們肯定曲解宋美齡〈我將再起〉原意的造謠者，根本沒看過這篇
演講稿，否則不會編造出如此離譜的謠言。

由宋美齡晚年歷史一系列的謠傳、毀謗，可見臺灣媒體及文字工作

8　〈我將再起！蔣公百年誕辰‧蔣夫人親撰紀念文勗勉中華兒女‧踵武前賢再造中華〉，《聯
　合報》，第二版，1986 年 10 月 31 日。

9　同上。

者之沒有水準。

關於孔宋家族

　　孔、宋、陳（陳立夫、陳果夫）、蔣被大陸官方稱為國民黨四大家族。在臺灣坊間對孔宋家族風評也很差，一九四九年大陸淪陷，許多人認為孔宋家族要負最大政治責任，蔣介石為了黨的改造，也無情地清除了孔宋家族勢力。甚至把陳立夫放逐到美國，陳立夫在美以養雞賣醬菜為生。

　　其實孔祥熙、宋子文都出身豪門世家，都曾出錢助蔣革命，孔宋都有高學歷。孔祥熙美國耶魯大學理工碩士，宋子文哈佛經濟碩士，哥倫比亞大學經濟學博士。對國民政府的財經都有巨大貢獻，國民黨財政崩潰，責任不但不在孔宋，相反他們早就預料到法幣即將崩潰，希望政府緊縮支出，控制貨幣發行。但是抗戰勝利百廢待舉，內戰升高軍費浩繁，蔣與宋子文屢為財政問題爭執不下。宋去職，孔繼之，但亦無能為力。後來由外行人王雲五出任財長，推出包括發行金圓券在內的一系列挽救金融方案，結果治絲益棼，加速了金融崩潰。

　　把大陸金融崩潰歸咎孔宋家族是不公平的，至於孔宋家族貪污案，在政府檔案中找不到直接證據。五十年代杜魯門曾下令聯邦調查局查宋子文在美財產，結果一直沒有公布。美國作家斯特林·西格雷夫（Sterling Seagrave）寫《宋家王朝》[10] 也曾委託聯邦調查局官員調查宋子文、宋美齡家族財產，結果宋美齡名下無財產，宋子文財產亦不公布，想必因為宋子文財產不多也！

　　一九七一年宋子文在美逝世，舉世關注宋的遺產，清算的結果，令世人大吃一驚，居然只有一百多萬美金。美國是一個法治社會，人在死後尚能隱匿巨額遺產的可能性不高，這個結果令人意外，使學術界對孔宋家族貪污問題重新思考。

10　西格雷夫，《宋氏王朝》（The Soong Dynasty）。美國紐約：Harper & Row，1985 年。

關於孔令侃傳說

孔令侃上海聖約翰大學畢業。畢業後任財政部秘書，抗戰初期任職中央信託局，日軍攻占上海，中央信託局撤往香港，孔任常務理事。一九三九年港英政府查獲其秘密電臺，將其逐出香港，孔往哈佛大學留學。

抗戰勝利，孔令侃成立揚子公司。蔣經國上海打老虎，引發宋美齡因揚子案與蔣經國產生磨擦，而蔣介石護短傳言。揚子公司結束營業，孔赴美定居。

國府遷臺後，孔一直擔任宋美齡秘書工作，行事低調，甚少在公開場合露面。

坊間盛傳宋美齡一直想拉拔外甥孔令侃，在蔣介石死後，安排孔令侃做經濟部長，甚至做行政院長，當然這都是無稽之談。但是周宏濤口述歷史《蔣公與我》中提到他跟孔令侃爭經濟部長，後來便宜了李國鼎。孔令侃想做官的傳聞一直不斷，但無證據。周宏濤是蔣家兩代親信，周的口述歷史很多人以為找到了鐵證。但是我們細看周的口述歷史，關於李國鼎出任經濟部部長乙事，牛頭不對馬嘴。周的回憶中說：

> 一九七二年三月二十一日，蔣公當選第五任總統，並於五月二十日就職。就職之前，經國先生內定出任行政院長，由於我在財政方面表現不錯，經國先生和蔣公商量好，準備由我來出任財政部長，我奉命隨經國先生召到日月潭，我倆在途中做了這方面的人事商討及安排，一個意外狀況卻出現了。
>
> 經國先生的堂侄蔣孝佐，時任總統府會計長，以後告訴我整個情況。他說，孔令侃返回臺灣找上蔣夫人，希望在經國先生的內閣插上一腳——他想當財政部長。
>
> 蔣公很為難，因為從政治角度考慮，他堅決認為孔家不宜在此時再出任政府要職，這會影響我國形象。蔣公與夫人發生爭執，後來就有個折衷的作法：既不用孔令侃，也不用自己的人選——周宏

濤，因為我曾是蔣公的祕書，就歸作他的人馬。因此，我期望在
財經方面一展抱負的機會，又擦身而過，以後出任財政部長的是
李國鼎。

蔣孝佐說，這件事對總統夫婦影響不小，蔣公為此事與夫人鬧得不
愉快，就搬到陽明山竹子湖去住了好長一段時間，結果就因當地氣候不
好而生病，他的身體開始轉壞，終至一病不起 [11]。

首先，李國鼎由經合會副主任委員升任經濟部部長是在一九六五年
蔣中正總統內閣局部改組的時候，當時三個年輕閣員除了李之外，蔣經
國任國防部部長，閻振興任教育部長。李在出任部長之前，在財經方面
無論在美援會、經合會，無論對外匯改革、獎勵投資、拓展外銷等都有
不凡表現；在人口問題上有先見之明，提倡節育，並得到老總統的支持。
這些政績都非周宏濤先生可以望其項背者。

至於李國鼎出任財政部長是在一九六九年七月，由經濟部長轉任財
政部長，原經合會秘書長陶聲洋升任經濟部部長，此時李國鼎已經是臺
灣財經界的一個巨人；此時臺灣財經界人才輩出，用人唯才的蔣介石不
會去考慮一個有「家臣」、「帳房」之稱的周宏濤，一向不干涉人事的
宋美齡更不會去推薦一個風評不好的孔令侃。

李國鼎出任財政部部長是在一九六九年，蔣經國時任行政院副院長，
並非周宏濤口述歷史中所說一九七二年。周是蔣的親信，長期在蔣身邊
工作，財政部長職務任命案是大事，周對此事不甚了了，卻相信蔣經國
堂侄孔令佐多年後的話，認為自己部長職務是因為孔令侃爭部長位子而
使自己落空。至於蔣、宋因此事不合，為此蔣一個人搬到竹子湖去住，
因而影響健康，終至一病不起，更是跡近神話。誰都知道蔣介石身體惡
化是受陽明山車禍影響，與經濟部部長人事案毫無關係。周宏濤對此事
的記憶如此顛倒，想必因為沒當上部長，長期心生怨懟而產生的記憶錯
亂現象也。

11　周宏濤口述，汪士淳撰寫，《蔣公與我：見證中華民國關鍵變局》，臺北市，天下遠見出版，
　　2003 年，頁 477-478。

褒貶人物要憑史識

我們評論任何一個政治人物，不能有先入為主的成見。功過是非要憑證據，也就是所謂的第一手資料，此外要根據其一生的作為進行比對，觀其是否相符，是非有否矛盾之處，方能做出正確結論。如晉惠帝會說出「何不食肉糜？」，這句話觀其一生作為，我們不會懷疑其真實性。但如果有人說漢高帝說過「何不食肉糜？」，就沒人信了。

另一個有關宋美齡的傳說，美國總統羅斯福夫人，跟宋美齡同車，街上有人遊行示威，羅斯福夫人問宋美齡：「妳們在中國如何應付遊行」。宋美齡沒說話，用手在頸子前面劃了一下，意思是在中國，政府會用武力、殺人對付示威群眾。此說流傳甚廣。但是我們仔細思考一下，宋美齡是在西方受教育的人，她深知西方民主的內涵，同時又在中國政治圈歷練多年，更重要的是，在如此嚴肅的外交場合，她豈會做出如此幼稚而失態的動作？

大陸有一種說法評論宋氏三姊妹曰：「宋藹齡愛錢、宋美齡愛權、宋慶齡愛國」，此說非但失之過簡而且並不正確。宋藹齡、宋慶齡姑且不論，我們要反問宋美齡不愛國嗎？宋美齡真愛權嗎？答案都是否定的。

宋美齡從嫁給蔣介石以後，一直到蔣介石去逝，宋美齡從來沒有脫離過政治。但是我們從一手的檔案資料裡，也很清楚地知道她一生工作的內容。她的工作大體可以分成兩部分：一為幫蔣石的工作，其工作內容不外翻譯、交際、赴美爭取美援等。由於她英文好，由於她個性圓融，這兩種工作她不但能勝任，而且也樂此不疲從不推辭、怠惰；此外，抗戰期間，她獨當一面的工作不外勞軍，撫慰遺孤，成立孤兒院，擔任航空委員會秘書長等等。來臺以後成立中華婦女反共抗俄婦女聯合總會（簡稱婦聯會），成立孤兒院、三軍托兒所、華興中學等等。

綜觀其一生沒有介入實際政治，我們從檔案資料及蔣介石日記裡，看不到她介入人事或介入政爭的證據。蔣介石熟讀中國歷史，當然清楚

歷代外戚干政之禍，所以知道引以為戒。宋子文雖然是宋美齡的哥哥，但宋子文能在政府中迭任要職，是靠自己本身的學問及能力，而且兄妹之間不甚親近。宋美齡在襄助蔣介石的時候也頗知謹守分際。長達數十年的資料中，我們找不到宋美齡拉幫結派，培養自己勢力或干預政務的證據。

永遠的第一夫人當之無愧

宋美齡憑著自己美麗的外貌，優雅的氣質，深厚的學養，世界四強領袖第一夫人的身分，在抗戰期間投身勞軍、撫卹遺孤，赴美後受到美國朝野的熱烈歡迎，所到之處萬人空巷。開羅會議，以蔣私人秘書的身分周旋在大國領袖及政要之間，令全世界驚艷。

宋美齡是一個結合東西方婦女美德於一身的偉大女性，一生享受過人世間最高的尊榮；一生為她信仰的主義，為她心目中的英雄蔣介石奉獻心力。宋美齡長壽，從出生到過世，橫跨三個世紀。綜觀其一生，我們稱她為民國奇女子，永遠的第一夫人，不為過譽也！

瞭解她一生歷史，我們不可能相信她會在蔣經國去逝之後，跟李登輝去爭一個彈丸小島上的國民黨主席。這種說法不但昧於史實，而且小看了宋美齡。

國家圖書館出版品預行編目資料

武之璋臺灣史研究名家論集 / 武之璋　著者. -- 初版. –
臺北市：蘭臺, 2021.06
　面；　　公分. -- (臺灣史研究名家論集；3)
　ISBN 978-986-06430-4-6(全套：精裝)

1.臺灣研究　2.臺灣史　3.文集

　733.09　　　　　　　　　　　　　　　　110007832

臺灣史研究名家論集 3

武之璋臺灣史研究名家論集

著　　　者：武之璋
主　　　編：卓克華
編　　　輯：沈彥伶、陳嬿竹
封面設計：塗宇樵
出 版 者：蘭臺出版社
發　　　行：蘭臺出版社
地　　　址：台北市中正區重慶南路 1 段 121 號 8 樓之 14
電　　　話：(02)2331-1675 或(02)2331-1691
傳　　　真：(02)2382-6225
E—MAIL：books5w@gmail.com 或 books5w@yahoo.com.tw
網路書店：http://5w.com.tw/、https://www.pcstore.com.tw/yesbooks/
　　　　　　https://shopee.tw/books5w
　　　　　　博客來網路書店、博客思網路書店
　　　　　　三民書局、金石堂書店
經　　　銷：聯合發行股份有限公司
電　　　話：(02) 2917-8022　　　傳　真：(02) 2915-7212
劃撥戶名：蘭臺出版社　　　帳號：18995335
香港代理：香港聯合零售有限公司
電　　　話：(852)2150-2100　　　傳真：(852)2356-0735
出版日期：2021 年 6 月 初版
定　　　價：新臺幣 30000 元整（套書，不零售）
ISBN：978-986-06430-4-6

《臺灣史研究名家論集》

這套叢書是研究台灣史的必備文獻！

　　這套叢書是兩岸台灣史的權威歷史名家的著述精華，精采可期，將是臺灣史研究的一座豐功碑及里程碑，可以藏諸名山，垂範後世，開啟門徑，臺灣史的未來新方向即孕育在這套叢書中。展視書稿，披卷流連，略綴數語以說明叢刊的成書經過，及對臺灣史的一些想法，期待與焦慮。

三編
尹章義、林滿紅、林翠鳳、武之璋、孟祥瀚、洪健榮、
張崑振、張勝彥、戚嘉林、許世融、連心豪、葉乃齊、
趙祐志、賴志彰、闞正宗

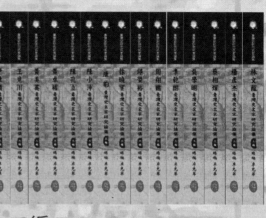

二編 ISBN：978-986-5633-70-7

尹章義、李乾朗、吳學明、
周翔鶴、林文龍、邱榮裕、
徐曉望、康　豹、陳小沖、
陳孔立、黃卓權、黃美英、
楊彥杰、蔡相輝、王見川

9789865633707　30000

臺灣史名家研究論集二編（精裝）NT$：30000

一編 ISBN：978-986-5633-47-9

王志宇、汪毅夫、卓克華、
周宗賢、林仁川、林國平、
韋煙灶、徐亞湘、陳支平、
陳哲三、陳進傳、鄭喜夫、
鄧孔昭、戴文鋒

9789865633479　28000

臺灣史研究名家論集（套書）定價：28000

100台北市重慶南路一段121號8樓之14　　　E-mail：books5w@gmail.com

TEL：(8862)2331 1675　FAX：(8862)2382 6225　網址：http://5w.com.tw/